EDITORIAL **edinumen**

Selena Millares

MÉTODO DE ESPAÑOL PARA EXTRANJEROS
NIVEL SUPERIOR

Dirección Editorial: Fernando Ramos Díaz

© Selena Millares
EDINUMEN
Piamonte 7 - 28004 Madrid
Tfno. 91 308 22 55
Reimpresión: Octubre 1999
Depósito Legal: 25453-1996
ISBN: 84-85789-95-4
Maqueta y diseño de edición:
Angilberto Hernández
Imprime: Gráficas Glodami

PRESENTACIÓN

Este método está concebido para los estudiantes de español como lengua extranjera que ya tengan cierto dominio de su uso y se encuentren en una etapa de perfeccionamiento. Se trata de una continuación del volumen correspondiente al *Nivel Intermedio*, cuya gramática amplía, a la vez que introduce nuevas actividades destinadas básicamente a la mejora de la expresión y comprensión del español. La existencia de un libro de *Claves* permite que el manual pueda ser usado también en el aprendizaje autodidacta.

En la primera sección de cada unidad se presentan situaciones reales de uso del aspecto gramatical al que aquélla se dedica, de modo que el alumno pueda acercarse a él por una vía inductiva. La gramática que le sigue intenta profundizar en temas más complejos que el volumen anterior, aunque también se hacen necesarias recapitulaciones sobre cuestiones fundamentales. Se ha intentado que condense, en un espacio reducido, una cantidad de información lo más amplia posible, configurando esquemas útiles pero sin llegar a componer una sucesión de recetas. Los ejercicios correspondientes a cada tema presentan diversas variantes -completar frases, corregir errores, realizar transformaciones- de modo que se motive también la capacidad crítica y la creativa, a la vez que se aumenta el grado de dificultad. Las actividades inciden en problemas diversos del lenguaje, especialmente léxicos y expresivos, pero desde una vertiente más imaginativa. Se añaden ejercicios diversos sobre el español coloquial y también un apartado relativo al español de América, aspectos ambos descuidados a menudo en la enseñanza.

Los textos, periodísticos y literarios, tienen como fin enriquecer el vocabulario y activar la comprensión escrita y la redacción, así como incentivar reflexiones gramaticales sobre el tema de cada unidad. Son más extensos que los del nivel anterior, y también están adaptados, aunque sólo en cuanto a su extensión y no a su complejidad léxica y gramatical. Finalmente, los textos periodísticos usados para la comprensión oral y escrita intentan potenciar también la expresión a partir del tema de debate que se ofrece. Un apéndice de morfología verbal y otro con los textos utilizados para las audiciones podrán servir como instrumentos de consulta útiles para el alumno.

En conjunto, este volumen intenta abarcar cada una de las vertientes necesarias para el aprendizaje y perfeccionamiento del idioma, de manera que se alcance, a partir del aparato teórico y de múltiples actividades, un grado óptimo de comunicación en español.

Lista de las abreviaturas usadas:

Am.	América
And.	Andes: Ecuador, Perú, Bolivia
Andl.	Andalucía
Arg.	Argentina
Bol.	Bolivia
Can.	Canarias
Car.	Caribe: Cuba, Puerto Rico, República Dominicana
Cen.	Centroamérica: Guatemala, El Salvador, Honduras, Nicaragua, Costa Rica
Ch.	Chile
Col.	Colombia
C.R.	Costa Rica
Cub.	Cuba
Ec.	Ecuador
Esp.	España
Gua.	Guatemala
Hon.	Honduras
Méx.	México
Nic.	Nicaragua
N.E.	Norte de España
Pan.	Panamá
Par.	Paraguay
Per.	Perú
P.R.	Puerto Rico
Rpl.	Río de la Plata: Argentina oriental y Uruguay
S.A.	Sudamérica
Sal.	El Salvador
Ur.	Uruguay
Ven.	Venezuela
arg.	argot
cf.	compárese, confróntese
coloq.	coloquial
fig.	sentido figurado
impers.	impersonal
lit.	literario
vulg.	vulgar
*	enunciado incorrecto

SUMARIO

1. Ser y estar. Estructuras y usos especiales.. 1
   Situaciones
   Gramática / Ejercicios:
         1.1. Ser/Estar
         1.2. Cambios de significado
         1.3. Estructuras y usos especiales
   Actividades comunicativas/Léxico
   Comprensión/ Expresión
         Prensa: *La propina*
         Literatura: José Hierro, *Canción de cuna para dormir a un preso*
         Audición: *Ciencia y futuro*

2. Pronombres. Usos de *se*. Indeterminación e impersonalidad.............................25
   Situaciones
   Gramática / Ejercicios:
         2.1. Pronombres personales: recapitulación
         2.2. Valores y usos especiales de los pronombres personales
         2.3. Indeterminación del sujeto e impersonalidad
   Actividades comunicativas/Léxico
   Comprensión/ Expresión
         Prensa: *Los derechos de los consumidores*
         Literatura: Lino Novás Calvo, *La noche de Ramón Yendía*
         Audición: *Prejuicios*

3. Valores del Indicativo..47
   Situaciones
   Gramática / Ejercicios:
         3.1. Presente
         3.2. Pasado
         3.3. Futuro y condicional
   Actividades comunicativas/Léxico
   Comprensión/ Expresión
         Prensa: *Telenovelas*
         Literatura: Manuel Rojas, *El hombre de la rosa*
         Audición: *El poder de la información*

4. El subjuntivo: correspondencia de tiempos. Oraciones independientes.............................69
   Situaciones
   Gramática / Ejercicios:
         4.1. El subjuntivo: correspondencia de tiempos
         4.2. Oraciones independientes
   Actividades comunicativas/Léxico
   Comprensión/ Expresión
         Prensa: *Víctimas de la publicidad*

Literatura: Luisa Valenzuela, *Aquí pasan cosas raras*
Audición: *Modas*

5. Oraciones relativas...89
   Situaciones
   Gramática / Ejercicios:
   　　　5.1. Los relativos
   　　　5.2. Oraciones adjetivas o de relativo: uso de los modos
   Actividades comunicativas/Léxico
   Comprensión/ Expresión
   　　　Prensa: *¿Legalizar las drogas?*
   　　　Literatura: Laura Esquivel, *Como agua para chocolate*
   　　　Audición: *Manías*

6. Oraciones sustantivas..107
   Situaciones
   Gramática / Ejercicios:
   　　　6.1. Oraciones sustantivas
   　　　6.2. Regla 1
   　　　6.3. Regla 2
   　　　6.4. Otras expresiones
   Actividades comunicativas/Léxico
   Comprensión/ Expresión
   　　　Prensa: *Barbarismos*
   　　　Literatura: Elena Poniatowska, *Hasta no verte Jesús mío*
   　　　Audición: *Imperialismo verde*

7. Sustantivas II: Verbos especiales. Estilo indirecto................................129
   Situaciones
   Gramática / Ejercicios:
   　　　7.1. Verbos de doble construcción
   　　　7.2. El estilo indirecto
   Actividades comunicativas/Léxico
   Comprensión/ Expresión
   　　　Prensa: *Sexismo*
   　　　Literatura: Julio Cortázar, *Un tal Lucas*
   　　　Audición: *Toros*

8. Adverbiales I: Condicionales, temporales y concesivas.........................149
   Situaciones
   Gramática / Ejercicios:
   　　　8.1. Condicionales
   　　　8.2. Temporales
   　　　8.3. Concesivas
   Actividades comunicativas/Léxico
   Comprensión/ Expresión
   　　　Prensa: *Solidaridad*

Literatura: Arturo Pérez Reverte, *La tabla de Flandes*
Audición: *Refranero*

9. Adverbiales II: Causales, consecutivas, finales, modales y comparativas.............................172
Situaciones
Gramática / Ejercicios:
9.1. Causales
9.2. Consecutivas
9.3. Finales
9.4. Modales y comparativas
Actividades comunicativas/Léxico
Comprensión/ Expresión
Prensa: *Arte contemporáneo*
Literatura: Augusto Monterroso, *Los otros seis*
Pablo Neruda, *Fábula de la sirena y los borrachos*
Audición: *Eutanasia*

10. El subjuntivo: recapitulación...193
Situaciones
Gramática / Ejercicios:
10.1. Independientes
10.2. Relativas
10.3. Sustantivas
10.4. Adverbiales
10.5. Contrastes
Actividades comunicativas/Léxico
Comprensión/ Expresión
Prensa: *Xenofobia*
Literatura: Juan José Millás, *El hombre que salía por las noches*
Federico García Lorca, *El poeta dice la verdad*
Audición: *El servicio militar*

11. Perífrasis verbales..223
Situaciones
Gramática / Ejercicios:
11.1. Perífrasis verbales
11.2. Infinitivo
11.3. Gerundio
11.4. Participio
Actividades/Léxico
Comprensión/Expresión
Prensa: *La dictadura de la imagen*
Literatura: Horacio Quiroga, *Yaguaí*
Audición: *Gastronomía*

12. Preposiciones...247
Situaciones

12.1. Preposiciones: tiempo y espacio
12.2. *Para/Por*
12.3. Verbos preposicionales
Actividades comunicativas/Léxico
Comprensión/ Expresión
Prensa: *Generación X*
Literatura: Juan José Arreola, *Una reputación*
Audición: *Burocracia*

Apéndice I: Morfología...271

Apéndice II: Textos 289

Primera Unidad

Ser y Estar. Estructuras y usos especiales

❶ *Construye frases con las siguientes expresiones:*

> **SER...**
> ...un arma de doble filo
> ... el cuento de nunca acabar
> ... el pan nuestro de cada día
> ... más el ruido que las nueces
> ... el mismo demonio
> ... uña y carne
> ... pájaro de mal agüero
> ... un cero a la izquierda
> ... de carne y hueso, no ser de piedra

② *¿Cómo explicarías el uso de* ser *y* estar *en estos textos? Construye frases similares.*

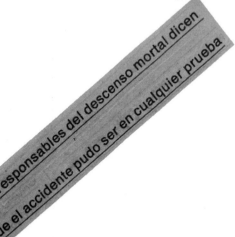

❸ *Las siguientes expresiones se construyen con* ser *o* estar. *Úsalas correctamente en frases de tu invención.*

Con cara de póquer

BOLSAS

INVERSIÓN

En el limbo

Otra historia

EMPRESAS

Coser y cantar

Alfa y Singer buscan en las alianzas
y en la diversificación una salida a la crisis

ALIMENTACIÓN

Tira y afloja

④ *Construye frases con las siguientes expresiones:*

ESTAR...
... a dos velas
... al cabo de la calle
... al pie del cañón
... a las duras y a las maduras
... con la soga al cuello
... curado de espanto
... de uñas
... de los nervios
... en los huesos, Ven. estar hecho un violín
... en ascuas
... en la brecha
... en Babia, la higuera, la inopia, la luna, las nubes, mirando a las musarañas
... en el ajo
... en la gloria
... entre la espada y la pared
... hasta la coronilla, el moño, las narices, el gorro
... hecho una furia, ciego de ira, hecho un basilisco, Am. hecho un chivo, Ch. hecho un quique
... hecho una sopa
... roque, frito
... todo patas arriba, Am. ser todo un relajo
... de bote en bote
... por los suelos, tirado
... por las nubes

1.1. Ser / Estar

➥ Usamos *ser*:

➠ Ante sustantivos o equivalentes (infinitivos, pronombres, *lo* + ADJETIVO):
> *Querer es poder.*
> *Quien lo sabe es él.*
> *Eso es lo mejor que te podía ocurrir.*

➠ Ante adjetivos que indican nacionalidad, religión, ideología:
> *Son franceses/protestantes/demócratas.*

➠ *Ser para* expresa finalidad, destinatario; *ser de* indica origen o pertenencia:
> *Todas estas cartas son para ti.*
> *Esa chica es de Eslovaquia.*
> *Las llaves son del conserje.*

➠ Con el sentido de 'ocurrir, suceder, tener lugar' en el tiempo y el espacio:
> *El concierto será a las diez en el auditorio.*

➥ Usamos *estar*:

➠ Con adjetivos como *lleno, vacío, contento, descontento, oculto, harto, desnudo, descalzo, ausente...* y con los adverbios *bien* y *mal*:
> *Sírvele más; su vaso está vacío.*

➥ *Ser/Estar*: CONTRASTE

➠ *Ser* define al sujeto; *estar* indica un estado o circunstancia de éste, y también se usa para expresar la experiencia sensorial:
> *Es muy alegre pero hoy está triste.*
> *Esta naranja está amarga.*

➠ Usamos *estar* con participios que expresan estados anímicos: *enfadado, excitado, desesperado, preocupado, desolado, asustado, aterrorizado, satisfecho, insatisfecho...*
Usamos *ser* con participios que definen el carácter de una persona: *divertido, pesado...* Con *estar* son posibles, si nos referimos a un estado transitorio:
> *Normalmente es muy divertido pero hoy está pesadísimo.*

➠ Con números cardinales se usa *ser* para cantidades totales y *estar* para cantidades parciales:
> *En la comisión somos ocho pero sólo estuvimos cuatro en la reunión de ayer.*

➠ Precio: *ser* se usa cuando nos referimos a algo que vamos a abonar; *estar a* alude a un precio variable:
> *¿Cuánto es?*
> *¿A cuánto está el dólar esta semana?*

➠ En las expresiones coloquiales, *estar hecho* equivale a *ser,* pero le añade un sentido de resultado:

> *Eres/estás hecho un caradura.*

➠ Para expresar la profesión se usa *ser* pero *estar de* indica que la profesión se ejerce sólo temporal o eventualmente:

> *Es periodista pero está de profesor en un pueblo del norte.*

➠ *Ser de* y *estar hecho de* indican materia:

> *Este pañuelo es/está hecho de seda.*

➠ Tiempo:

> ⇨ fecha, época (festividad), estación y día de la semana se expresan con *ser,* pero coloquialmente usamos la expresión *estamos a/en* .
> En cambio, hora y partes del día sólo admiten *ser* :
>> *Es once de abril/Navidad/primavera/martes.*
>> · *Estamos a once de abril/en Navidad/en primavera/a martes.*
>> *Sólo son las cinco y ya es de noche.*
>
> ⇨ temperatura: *ser de* /coloq. *estar a.*
>> *La temperatura es de siete grados/Estamos a siete grados.*

➠ *Estar* indica localización física, pero hay un uso restringido con *ser* para señalar un lugar:

> *Mi casa está en esa plaza/ Mi casa es allí.*

➠ Neutralización de adjetivos: *casado, soltero* y *viudo* admiten *ser* y *estar.* El segundo es más coloquial, pero el significado es el mismo:

> *Está/es soltero, pero por poco tiempo. Se casa mañana.*

➠ Voz pasiva

> ⇨ de agente (*ser* + PARTICIPIO)
> Expresa una acción, pero con mayor énfasis en el objeto que en el agente. No puede usarse con verbos como *tener* o *haber,* así como con los no transitivos, los reflexivos y los recíprocos. Tampoco es usual en presente o pretérito imperfecto, excepto cuando se quiere comunicar un hecho habitual o reiterado, o en el caso del presente histórico.
>> *La decisión ha sido tomada por el presidente.*
>> *La previsión del tiempo es publicada cada día por la prensa.*
>
> ⇨ de estado (*estar* + PARTICIPIO)
> Expresa el resultado de una acción, con sentido durativo. No suele llevar complemento agente, excepto si la presencia del agente es la causa de que continúe el resultado de la acción.
>> *La decisión ya está tomada.*
>> *La ciudad estaba tomada por el ejército invasor.*

Explica los usos de *ser* y *estar* aplicando la teoría precedente a los siguientes ejemplos. Encontrarás al menos una frase para cada regla.

1. ¿Cuántos documentos son en total? Porque aquí sólo están tres.
   ....

2. Está muy pesado hoy.
   No es que esté pesado. Es que es pesado.
   ....

3. Lo curioso es que no se ha dado cuenta.
   Sí, eso es lo extraño.
   ....

4. Creía que estabas satisfecho con el resultado.
   ....

5. Como estamos en rebajas, todo está por los suelos.
   ....

6. Son de Guatemala y están aquí de vacaciones.
   ....

7. Eso no está nada mal, aunque creo que podrías hacerlo aún mejor.
   ....

8. Los secuestradores estaban ocultos en un chalé de las afueras.
   ....

9. Esas pastillas no son para dormir, son sólo para calmar los nervios.
   ....

10. ¿A cuánto están los aguacates?
    ....

11. Todo está donde tú lo has dejado.
    ....

12. Están muy excitados con la proximidad de las vacaciones.
    ....

13. El terremoto fue a principios de siglo. Desde entonces nadie ha reconstruido el puente.
    ....

14. Tu sitio es allí. Aquí me sentaré yo.
    ....

15. ¿Estás bien?
    Sí, estoy perfectamente. Pero es completamente previsible que me duerma si el acto sigue siendo así de aburrido.
    ....

16. No son de plata, son de acero inoxidable.
    ....

17. Es bióloga pero está de cajera en un supermercado porque no encuentra otro empleo.
    ....

18. Los pomelos suelen ser demasiado amargos pero éstos están deliciosos.
    ....

19. No hace nada. Está hecho un vago.
    ....

20. Estas paredes son de papel. Se oye todo lo que pasa al lado.
    ....

21. Estamos a cinco grados pero no se nota nada de frío.

22. Está soltero y sin compromiso.

23. Llegaremos en seguida. Mi casa está muy cerca.

24. Ya hemos llegado. Mi casa es allí.

25. El concierto ha sido cancelado por los organizadores.

26. El concierto está cancelado.

27. Estas flores son para tu madre, espero que le gusten. Los bombones son para ti.

28. Este tema ya está explicado. Pasaremos al siguiente.

29. La noticia era repetida constantemente por la radio.

30. La autovía está cortada por la policía.

Corrige los usos de *ser* y *estar* cuando sea necesario:

→ no documentos (por ejemplo: policía)

31. Los impresos son sellados desde ayer
    están sellados

32. Los bombones están para ti, a ver si te animas un poco.
    Son para ti

33. Estamos a martes. Ya sólo faltan tres días para tu cumpleaños.
    ~~Somos a martes~~

34. Eres muy guapa hoy. ¿Vas a alguna fiesta?
    Estás

35. El ejercicio es muy bien; merece un sobresaliente.
    está

36. ¿A cuánto son las manzanas?
    están

37. Son estudiantes y están de camareros en verano para conseguir dinero y poder viajar.

38. Las obras de restauración de la catedral son ya terminadas. — resultado
    están

39. La enmienda ha sido declarada anticonstitucional. (voz pasiva)

40. Es muy contento últimamente. Supongo que le van bien las cosas.
    Está

41. El concierto estará en el salón de actos.
    Será

7

42. Ese taladro es ~~del~~ portero. Se lo tenemos que devolver antes de las dos.

[manuscrito: persona]

43. Estamos muy satisfechos con los resultados.

44. Los polizones eran ocultos en un bote salvavidas. *[manuscrito: estaban] [manuscrito: (no característica permente)]*

45. Pronto seremos de vacaciones. *[manuscrito: estamos]*

46. La tarea es terminada. Ya podemos irnos a descansar. *[manuscrito: está]*

47. Hoy sólo estábamos treinta personas en clase.

48. La conferencia es a las ocho en el aula 43.

49. La huelga ha ~~estado~~ desconvocada por los sindicatos. *[manuscrito: OD han] [manuscrito: (voz pasiva)]*

50. Antes era muy honesto pero últimamente está hecho un usurero.

51. Somos desolados desde que nos dieron la noticia. *[manuscrito: Estamos]*

52. Esa colección de sellos era de mis abuelos.

53. No deberías ser descalzo; te puedes enfriar. *[manuscrito: estar] [manuscrito: (sin zapatos) → temporal]*

54. Son muy inquietos ante la posibilidad de que el casero los desahucie. *[manuscrito: están]*

55. Todas las fotos son ya pegadas en el álbum. *[manuscrito: están] [manuscrito: (resultado)]*

56. La panadería es allí, al lado de la farmacia. *[manuscrito: (dos posible) está=lugar también]*

57. Está viudo desde 1990. *[manuscrito: (dos posibles)]*

58. Sólo tiene treinta años pero aparenta cuarenta. Es muy envejecido. *[manuscrito: Está]*

59. Estamos encantados con el nuevo servicio de autobuses. Nos deja en la puerta de casa.

60. Esas goteras están el cuento de nunca acabar. *[manuscrito: son]*

1.2. Cambios de significado

Hay adjetivos que cambian de significado según se usen con *ser* o con *estar*. Éstos son algunos de los más usuales:

sentir=
to feel

	ser	*estar*
abierto	comunicativo	resultado de abrir
aburrido	producir aburrimiento	sentir aburrimiento
atento	servicial, amable	prestar atención
bajo	de corta estatura	(*bajo de moral*) deprimido
bueno	honesto, noble	con salud, tras una enfermedad/ tener buen sabor/ *vulg.* físicamente atractivo
callado	hablar poco habitualmente	no estar hablando
cansado	producir cansancio	sentir cansancio
considerado	ser respetuoso hacia los demás	(*bien, mal considerado*) referencia a la opinión general sobre algo o alguien
delicado	sensible	con problemas de salud
despierto	listo, inteligente	no estar durmiendo
dispuesto	activo	preparado, (*dispuesto a*) con intención de
fresco	descarado	poco abrigado
grave	serio	muy mal de salud
interesado	sentirse atraído por valores materiales	sentir interés por algo
listo	inteligente	preparado/*fig.* acabado
malo	vil, cruel	enfermo/tener mal sabor o estar en mal estado (un alimento)
molesto	molestar	sentir incomodidad por algo
muerto	(*ser un muerto*) aburrido	carecer de vida
orgulloso	soberbio, que no admite sus errores	sentir satisfacción y orgullo por algo
violento	actuar con violencia	estar incómodo con una situación
vivo	alegre/(*ser un vivo*) listo	no estar muerto

✏️ Completa las siguientes oraciones con *ser* o *estar*:

1. ~~Esta~~ **ES** un chico muy abierto. Le encanta conversar con todo el mundo.
2. Creo que voy a apagar la *tele*. Esta película **es** un muerto.
3. Hace tiempo que no nos dirige la palabra. Seguramente ...**está** molesto por algo.
4. Suele ...**está**... bajísimo de moral. Es pesimista por naturaleza.
5. No creemos que pueda hacer ese viaje. Hace tiempo que ...~~somos~~ **está** delicada de salud.
6. ...**Es**... muy orgulloso. No tolera que le critiquen su trabajo. **está**
7. ~~está~~ **ES** un hombre muy atento, todo un caballero.
8. ...**Es**... una falta muy grave. Probablemente le abrirán expediente.
9. Ya no ...**está**... grave pero aún sigue en la clínica.
10. Siempre ...**está** violenta cuando trata con personas muy mayores.
11. ¿Ya (tú) **estás** listo? Pues vámonos, que es tarde.
12. Estas reuniones ...**son**... muy cansadas. Siempre salimos sin ganas de nada.
13. Ha tenido sarampión pero ya **está**... bueno.

9

14. (Nosotros)...*estamos*... muy aburridos, así que nos vamos de paseo.
15. *Es* ...*está*.... muy interesado. Nunca hace un favor sin esperar algo a cambio.
16. Las ventanas ...*están*... abiertas de par en par.
17. Cuando descubrieron que ....*estaba*.. muerto corrieron a llamar a la policía.
18. *Es* ...*está*... muy molesto que te despierten con una sirena de alarma.
19. ....*Es*..... un chico bastante bajo. Mide 1,60 de estatura.
20. (Nosotros) *estamos* interesados en comprarte la bicicleta.
21. *Son* (Ellos) *están*... muy aburridos. Nunca saben qué hacer para entretenerse.
22. *es* Tomar mucha fruta y verdura ....*es*.... bueno para la salud.
23. *es* Ha aprobado las oposiciones a la primera. *Está*... muy listo. (*inteligente*)
24. Llevo todo el día haciendo gestiones y ...*estoy*... cansado.
25. Las escuchas telefónicas ilegales ......*son*... un delito grave.
26. No hables a nadie de esto. *Es*... un asunto delicado.
27. No me ha devuelto los libros que le presté hace un año. *Es*........ un fresco. (*caradura*)
28. *resfriado* "*ahh choo*" Te vas a (constipar). Hace mucho frío y tú *estás*. muy fresco.
29. No me ha gustado la película que me recomendaste. *Es*.... muy violenta.
30. Ha sido un accidente terrible pero lo importante es que (vosotros) *estáis*. vivos.

1.3. Estructuras y usos especiales

➡ *SER*

➡ *Es que...*
⇨ Como inicio de frase, expresa una explicación o justificación:
¿No viene Carmen?
Es que se ha resfriado.
⇨ Se usa también para preguntar:
¿Es que (=acaso) no va a venir?

➡ *Ser* (3ª pers. sing.) + ADJETIVO/SUSTANTIVO + *que*...:
Es cierto/verdad que no puede venir.

➡ *Ser de*:
⇨ *Ser* + SUSTANTIVO + *de* + SUSTANTIVO: caracterización.
Es una mujer de (=con) gran corazón.
Es un desastre de impresora.
⇨ 'Ocurrir a':
¿Qué habrá sido de aquella muchacha?
⇨ *Ser* (3ª pers. sing.) + *de* + INFINITIVO (*esperar, extrañar, imaginar, suponer...*):
matiz de obligación.
Es de suponer (=hay que suponer) que no dirá nada.

➡ *Ser para*: además de expresar finalidad, puede significar 'merecer'.
Lo que te ha pasado es para morirse de la risa/ para denunciarlo.
Negación:
No es para que te enfades/para tanto/para menos.

➡ *De no ser por/a no ser que*: condición.
De no ser por la intervención de los vecinos, se habría quemado la casa.
Creo que aceptará, a no ser que se arrepienta en el último momento.

➠ *Lo que + ser* + SUSTANTIVO O EQUIVALENTE: 'en lo que se refiere a'.
>   *Pues lo que es María, no piensa hacerte caso.*

➠ Énfasis con relativos (*quien, cuando, como, donde,* ARTÍCULO + *que*) y *ser.* Hay tres posibilidades:
>   *La explosión se produjo <u>en unos grandes almacenes</u>.*
>   ⇨ <u>*Fue en unos grandes almacenes donde* se produjo la explosión.</u>
>   ⇨ <u>*Donde* se produjo la explosión *fue en unos grandes almacenes*.</u>
>   ⇨ <u>*En unos grandes almacenes fue donde* se produjo la explosión.</u>

➠ *Érase (había) una vez ...*: inicio de los cuentos tradicionales.
>   *Érase una vez una princesa que vivía en un palacio de cristal...*

➠ EXPRESIONES COLOQUIALES
>   ⇨ *Es decir, o sea*: se usan para dar o ampliar una explicación. El segundo es más coloquial.
>>   *No han conseguido alquilar el local. O sea, que no hay fiesta.*
>   ⇨ *Sea como sea*: 'de cualquier manera, a toda costa'.
>>   *Lo conseguiremos, sea como sea.*
>   ⇨ *Maldita sea*: interjección; se usa para maldecir o quejarse.
>>   *¡Maldita sea! Me acaba de picar un abejorro.*
>   ⇨ *Por si fuera poco/por si no fuera bastante*: 'además'; intensificador.
>>   *La despidieron y, por si fuera poco, le negaron las cartas de referencia que pidió.*
>   ⇨ *Es más*: 'además'; amplificación.
>>   *No me gusta nada la propuesta. Es más, voy a pedir que se anule.*

➡ **ESTAR**

➠ *Estar +* GERUNDIO : acción durativa.
>   *Estamos pintando el garaje.*
>   *Coloq.* Mandato descortés.
>>   *¡Ya te estás largando!* (=lárgate ahora mismo).

➠ *Estar con*
>   ⇨ compañía:
>>   *Ahora el médico está con otro paciente pero le atenderá en seguida.*
>   ⇨ apoyo moral:
>>   *Es un chaquetero. Siempre está con los que tienen el poder.*

➠ *Estar por*
>   ⇨ *estar por +* INFINITIVO:
>>   • con sujeto personal, deseo o intención, 'tener ganas de':
>>>   *¡Qué pereza! Estoy por no salir hoy.*
>>   • con sujeto no personal, '*estar sin*':
>>>   *El problema está aún por solucionar (= sin solucionar).*
>   ⇨ *estar por +* SUSTANTIVO: 'a favor de'
>>   *Estamos por la reforma.*

➠ *Estar para*
>   ⇨ 'estar a punto de' (uso restringido, con verbos como *salir, llover...*):
>>   *El tren está para salir.*
>   ⇨ en frases negativas indica carencia de disposición anímica:
>>   *No está para bromas hoy.*

11

➨ *Estar a* : inminencia de una acción.
    ⇨ *estar a punto de:*
        Estuvo a punto de ahogarse en la piscina.
    ⇨ *estar al caer/ llegar/ venir...:*
        No han llegado todavía, pero están al caer.

➨ *Estar en*
    ⇨ *estar en* + expresiones relativas a atuendo informal
      (*mangas de camisa, ropa interior, bata, zapatillas, bañador ...*):
        Suele estar en pijama cuando está en casa.
    ⇨ *estar en todo* ('estar pendiente de todo'):
        Es una amiga ideal. Está en todo.
    ⇨ *estar en ello* ('estar solucionando un asunto que se tiene entre manos'):
        La secretaria aún no ha acabado de redactarlo, pero
        está en ello.

➨ *Estar que* + VERBO: énfasis.
    Estoy que me muero de hambre.
    Está que no se tiene en pie; no ha dormido en toda la noche.
    Está que arde/ trina/ echa chispas.

➨ *Estar* + ESTRUCTURAS REDUPLICATIVAS (*dale que dale, habla que habla...*): reiteración.
    Está fuma que fuma, nerviosísima.

➨ *Estar venga a* + INFINITIVO: reiteración.
    Estuvo venga a fumar toda la tarde.

➨ EXPRESIONES COLOQUIALES
    ⇨ *Pues sí que estamos bien*: ironía.
        ¿No tienes rueda de repuesto?¡ Pues sí que estamos bien!
    ⇨ *Ya está*: indica que algo está terminado o resuelto.
        ¡Ya está! Tengo la solución perfecta.
    ⇨ *¿Estamos?*: '¿comprendido?,¿de acuerdo?'; implica cierta autoridad del
    hablante:
        No os quiero volver a oír, ¿estamos?

➡ **SER/ESTAR**

➨ *Ser/Estar de lo más* + ADJETIVO: intensificador.
    El asunto es de lo más intrigante (=muy intrigante).
    Luis está hoy de lo más misterioso.

➨ *Ser/Estar de un* + ADJETIVO: énfasis, negativo o positivo.
    Esa chica es de un presumido que no hay quien la aguante.
    Estáis últimamente de un responsable increíble.

➨ *Ser/Estar* + *como para...*: 'merecer'.
    Lo que has hecho es como para matarte.
    Está como para que la encierren en un manicomio.

➠ *Ser/Estar* + ADJETIVO + *de* + INFINITIVO:
    Eso es difícil de entender (caracterización).
    Estamos muy contentos de volver a verte (causa).

Completa las siguientes frases con *ser* o *estar*:

1.   Bueno, ya sabemos que os habéis peleado, pero no .... como para armar ese escándalo.
2.   ¿Que no arranca el coche? Pues sí que .... bien.
3.   No te preocupes por nada. Si te llega algo de correspondencia te la envío a tu nuevo domicilio y ya ....
4.   Te vas a dormir sin protestar ¿...................?
5.   Lo que han hecho .... increíble. Y por si .... poco, ni siquiera se han disculpado.
6.   La situación en Oriente .... que arde. Se habla incluso de la posibilidad de una guerra civil
7.   Mira, ... muy fácil de usar. Sólo tienes que apretar este botón.
8.   (Ellos)................... de deudas hasta las orejas.
9.   Te puedes quedar todo el tiempo que quieras, pero lo que .... yo, me voy ahora mismo a dormir, que tengo que madrugar.
10. No, no (ella) .... , pero puede dejarle un mensaje si quiere.
11. (Él)................... un chico de tez morena y ojos saltones.
12. (Yo)................... en bata, pero en un par de minutos me visto y te voy a recoger.
13. Venga, abre la puerta, que .... yo.
14. No .... (nosotros) para fiestas. Acabamos de enterarnos de que nos han robado el coche.
15. ¿Que (tú) .... a régimen?¡Pero si (tú) .... en los huesos!
16. ¡Ya (tú) te .... callando! Necesito concentrarme.
17. No .... de extrañar que proteste. Le habéis dejado la parte más difícil.
18. Le ha tocado la lotería y (ella) .... que no se lo cree.
19. (Ellos) .... venga a quejarse toda la tarde.
20. Es un niño precioso; .... como para comérselo.
21. ¿Los planos? No te preocupes, (yo) .... en ello. Los acabaré esta tarde.
22. Los sindicatos .... , por una vez, con el gobierno.
23. Es raro que no haya llegado aún. Debe .... al caer.
24. (Tú) .... de un torpe increíble. Has derramado todo el chocolate.
25. (El) .... un hombre de pocas palabras.
26. De no .... por vuestra ayuda, no sé qué .... de mí.
27. Hoy (ella) .... de lo más cariñosa. Algo querrá.
28. Tengo muchas ganas de verlos. (Yo) .... por darles una sorpresa y aparecer sin avisar.
29. Dice que .... una fiesta de Fin de Año impresionante, pero yo creo que no .... para tanto.
30. Animadlo para que venga, ... como ....

Transforma las siguientes frases en enfáticas, usando el verbo *ser* y los relativos *que, quien, cuando, como* y *donde*:

31. No se hace <u>así</u>. Pon más atención.
    No es así como se hace. Pon más atención.
32. Han ido <u>a Maracaibo</u> en viaje de trabajo.
    ....
33. Ha venido <u>el fontanero</u>, pero no el electricista.
    ....
34. El accidente ocurrió <u>de madrugada</u>.
    ....
35. He traído <u>los discos más recientes</u>.
    ....
36. Te ha llegado el telegrama <u>a las siete</u>.
    ....
37. Se han estropeado <u>las cerezas</u> por el calor, pero las naranjas están buenas.
    ....
38. Las tijeras de podar están <u>en la terraza</u>.
    ....
39. <u>El profesor</u> nos ha encargado esta tarea.
    ....
40. Ayer inauguraron <u>la nueva biblioteca</u>.
    ....

 Usa las expresiones con *ser* y *estar* presentadas al principio de esta unidad para completar las siguientes frases:

41. Siempre está diciendo que va a ocurrir lo peor. Es un ....
42. Se acaba de acostar y ya está ....
43. Aún no le han dado las respuestas de los análisis. Está ....
44. No tenemos más remedio que aceptar. Estamos ....
45. Han hecho todo sin contar conmigo. Soy ....
46. Desde que se peleó con su novia está .... con todo el mundo.
47. Esa medida es muy arriesgada. Puede ser ....
48. Es muy despistado. Siempre está ....
49. Es muy cotilla y le gusta estar .... de lo que ocurre a su alrededor.
50. Me han pedido que vuelva a rellenar los impresos. Es ....
51. Puedes contárselo. Ella también está ....
52. Todos los días aparece una nueva avería. Estamos ....
53. Te lo pagaremos el mes próximo. Ahora estamos ....
54. Con este calor, en la playa y con un refresco en la mano se está ....
55. Prepárame una tila, por favor. Estoy ....
56. En esta época no se pueden comprar fresas. Están ....
57. No me sorprenderá nada de lo que digas. Estoy ....
58. Preparar un gazpacho es muy sencillo. Es ....
59. Me he resbalado sobre un charco y estoy ....
60. No es cierto que la lesión fuera tan grave. Es ....

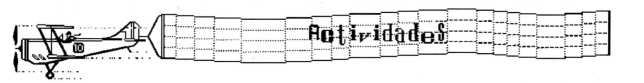

1 . Explica los usos de *ser* y *estar* en las siguientes viñetas. Luego inventa un diálogo usando todas las expresiones que puedas con dichos verbos.

2. Intenta usar las siguientes expresiones comparativas en frases correctas con *ser* o *estar*.

> ... más agarrado que un pasamanos
> ... más bruto que un arado
> ... más bueno que el pan
> ... más fuerte que un roble
> ... más listo que el hambre
> ... más malo que un dolor
> ... más pobre que las ratas
> ... más raro que un perro verde
> ... más viejo que Matusalén
> ... como una flauta, como una cabra, como una regadera
> ... más contento que unas castañuelas
> ... como una seda

3. ¿Qué puedes decir de los siguientes personajes? Usa las expresiones y verbos estudiados en esta unidad.

4. Explica los siguientes usos de *ser* y *estar*.

A perro flaco, todo son pulgas

La epidemia del paro abre algunos interrogantes sobre el Mercado Único y el Estado del bienestar en la Comunidad

«Estoy en contra del bloqueo, que está promovido por pequeños grupos que quieren dictar la política, cuando de hecho hay una gran diversidad»

. **Es**, sin embargo, una modesta película británica, *The crying game*, dirigida por Neil Jordan, la que se ha convertido en sensación de este final de temporada. Ha obtenido cuatro candidaturas para los premios Oscar.

Siempre son de agradecer las lecciones (bien es verdad que la mayoría un tanto elementales) sobre las prescripciones de nuestra Constitución, pero resultan completamente superfluas

Los colegios abrirán el 27-E, pero las clases no están garantizadas

5. En las siguientes afirmaciones hay un gazapo. Encuéntralo:

En el español de Guatemala
- ❏ se tiende a debilitar *ll* e *y* entre vocales (*villa-via*).
- ❏ no se usa *vos* por *tú*.
- ❏ se pronuncia con claridad la *s* final.

La propina

A favor

Rafael Fraguas

Cuando un persa dice a una mujer ¡qué bella eres!, la mujer responde: tus ojos ven bellamente. Las persas creen en el don. La propina, esa práctica semejante al piropo, es un precio sólo para los miserables. Como el piropo, la propina no tiene por qué ser una agresión. Ambos son dos dones similares de mostrar aprecio o deseos de agrado hacia otra persona.

Si hay algún rasgo señaladamente negativo dentro de la cultura judeo-cristiana ése es precisamente el del mecanicismo. Cuando un cristiano dice que habla con Dios, suele estar haciendo negocios sobre su salvación. Mientras un judío hace negocios, suele estar hablando con Dios para salvarse. Pero, al igual que Cristo echó del templo a los mercaderes y Yahvé condenó a los israelíes por idolatrar el becerro de oro, esa mezquindad mecánica de rezar para conseguir algo a cambio forma parte de lo peor de nosotros mismos. Ello nos hace no comprender el don, el desinterés de un donar algo por nada que otras civilizaciones menos prepotentes que la nuestra admiten y ejercen.

Aquellos que tratan de imponer la desigualdad y aquellos otros que dicen que un día lucharon por la igualdad pero hoy la consideran imposible, se oponen de consuno a la propina. Unos por miedo, por vergüenza los otros. Por ello, la propina debe ser cosa buena. Para la gente normal, se trata únicamente de una manera de solidarizarse con aquellos que sufren la injusticia de un salario desguarnecido de la atacada, pero realmente existente, plusvalía. Los que se la apropian nunca dejan propina.

En contra

Joaquín Vidal

La mayor parte de las cosas que se venden en este país y los servicios que se prestan, tienen dos precios: el que figura en catálogo y el resultante de ese mismo precio más la voluntad. Una almohadilla que se alquile en el fútbol, un café que se tome en el bar, una factura que se pague en el hotel, valen su precio "y la voluntad". La llamada voluntad es, naturalmente, un redondeo del precio o un porcentaje sobre el total de la factura que, a su vez, redondean el salario del empleado que presta el servicio. He aquí la falacia de la voluntad, llamada propina: muchos empresarios contratan a sus empleados por un sueldo exiguo -y éstos lo aceptan; no tienen otro remedio- contando con que lo podrán mejorar con el suplemento de las propinas.

Esta maniobra usuraria, que viene de antiguo, ha sido posible institucionalizando la propina y elevándola a la categoría de manifestación de buena voluntad y signo de distinción en las relaciones humanas. Un caballero o una señora que se precien dejarán propina a cuantos empleados se crucen en su camino y si no la dejan serán motejados de miserables. La institución de la propina está tan enraizada y extendida que frecuentemente se deja en el platillo inadvertidamente, como un acto reflejo, y muchas veces quienes la reciben no dan ni las gracias. En algunos establecimientos tienen incluso el llamado bote, que figura bien a la vista en una estantería, etiquetado con su propio nombre. También el bote ha sido institucionalizado, aunque no pasa de constituir un vergonzante eufemismo. Entre el bote y la manta gallofera no hay más diferencia que el material de que están hechos -tela y lata-, pues su finalidad es la misma: recoger el óbolo que deposita la caridad humana. Unos lo llamarán propina y otros limosna, pero en realidad es lo mismo. Con mayor o menor generosidad y con elegante soltura, pero lo mismo.

El País

de consuno: de común acuerdo.
desguarnecer: quitar la fuerza y protección.
exiguo: insuficiente, escaso.
falacia: engaño, fraude.
gallofero: vagabundo, que pide limosna.
motejar: poner motes o apodos.
óbolo: donativo escaso con que se contribuye para un fin.
usura: interés excesivo en un préstamo, abuso económico.

Cuestiones

☻ Sintetiza los argumentos de estos autores a favor y en contra de la propina.

☻ La palabra *piropo* proviene del griego; su significado inicial fue 'semejante al fuego' y después 'cierta piedra preciosa o metal brillante', en el siglo XV español. En el XVI ya empieza a usarse como lisonja a una mujer, a la que se compara con una piedra preciosa. Relaciona cada uno de los siguientes términos y expresiones con su correspondiente etimología:

> estraperlo
> guiri
> hortera
> bisoño
> morder el polvo
> quemar las naves
> boicot
> no hay tu tía
> viva la Pepa
> juanete

.... : originariamente, 'especie de escudilla'; en Madrid se pasó a apodar así a los mancebos de las tiendas de mercader -quizá por la artesa en que llevaban sus mercancías- con desprecio por su modestia y con el sentido de 'pordiosero'. Hoy se llama así a lo carente de elegancia.

.............................: los caballeros medievales, al sentirse heridos de muerte, tomaban un puñado de tierra y la besaban en señal de despedida. Actualmente significa darse por vencido o humillarse.

.............................: desde el siglo XVII se llama así al hueso del dedo grueso del pie cuando sobresale en exceso; es despectivo de Juan, entendido como nombre de rústicos que solían padecer este problema.

.............................: se dice que Hernán Cortés, conquistador de México, para evitar que sus soldados desertasen quemó las naves. Hoy la expresión indica que se toma una determinación extrema y radical aunque suponga una ruptura con lo anterior.

.............................: del italiano, 'necesito', se usó para llamar a los soldados españoles recién llegados a Italia en el siglo XVI a causa de su indigencia; luego, se ha pasado a llamar así a las personas nuevas e inexpertas en un oficio.

.............................: en 1934, Strauss y Perle intentaron introducir en España una ruleta mecánica de su invención; después se comprobó que estaba trucada, lo que produjo un escándalo de mucha repercusión. Desde entonces este término se empezó a usar para hacer referencia a la compra o venta clandestina de géneros sometidos a régimen de racionamiento o sujetos a tasas estatales, y en general a los negocios fraudulentos.

.............................: la tuthía, del árabe *altutiyá*, era un ungüento medicinal. La expresión indica que no hay remedio o solución para algo.

.............................: Charles Cunningham Boycott (1832-97), capitán inglés apartado del comercio a causa de su oposición a los acuerdos de la Liga Agraria de Irlanda, da lugar a este término, con el que se hace referencia a la exclusión del trato comercial.

.............................: expresa desenfado y felicidad, y tiene su origen en el nombre popular que se dio a la Constitución de 1812, promulgada el 19 de marzo, día de San José. Se convirtió en lema de los partidarios de Riego y la constitución, abolida por Fernando VII.

.............................: es abreviatura del vasco *guiristino*, cristino, como *carca* de *carlista*, y es el nombre con el que en el siglo XIX los carlistas designaban a los partidarios de la reina Cristina y después a los liberales y afrancesados. También se puede considerar que la palabra proviene de las tres letras -G.R.I., "Guardia Real de Infantería"- que figuraban en la gorra de una de las unidades del ejército cristino. Hoy se llama así a los extranjeros, coloquialmente.

❂ ¿Qué es un *eufemismo*? Busca algunos en español y explícalos.

❂ No significa lo mismo *óvolo* ('adorno en figura de huevo') que *óbolo* ('donativo'). Indica las diferencias entre los siguientes homónimos:

> baca/vaca
> barón/varón
> basto/vasto
> bate/vate
> bello/vello
> bobina/bovina
> bota/vota

Expresión

Da tu propia opinión sobre la propina y compara los hábitos que se dan al respecto en los países que conoces.

Escrita

L a gaviota sobre el pinar.

(La mar resuena).
Se acerca el sueño. Dormirás,
soñarás, aunque no lo quieras.
La gaviota sobre el pinar
goteado todo de estrellas.

Duerme. Ya tienes en tus manos
el azul de la noche inmensa.
No hay más que sombra. Arriba, luna.
Peter Pan por las alamedas.
Sobre ciervos de lomo verde
la niña ciega.
Ya tú eres hombre, ya te duermes,
mi amigo, ea...

Duerme, mi amigo. Vuela un cuervo
sobre la luna, y la degüella.
La mar está cerca de ti,
muerde tus piernas.
No es verdad que tú seas hombre;
eres un niño que no sueña.
No es verdad que tú hayas sufrido:
son cuentos tristes que te cuentan.

Duerme. La sombra toda es tuya,
mi amigo, ea...

Eres un niño que está serio.
Perdió la risa y no la encuentra.
Será que habrá caído al mar,
la habrá comido una ballena.
Duerme, mi amigo, que te acunen
campanillas y panderetas,
flautas de caña de son vago
amanecidas en la niebla.

No es verdad que te pese el alma.
El alma es aire y humo y seda.
La noche es vasta. Tiene espacios
para volar por donde quieras,
para llegar al alba y ver
las aguas frías que despiertan,
las rocas grises, como el casco
que tú llevabas a la guerra.
La noche es amplia, duerme, amigo,
mi amigo, ea...

La noche es bella, está desnuda,
no tiene límites ni rejas.
No es verdad que tú hayas sufrido,
son cuentos tristes que te cuentan.
Tú eres un niño que está triste,
eres un niño que no sueña.
Y la gaviota está esperando
para venir cuando te duermas.
Duerme, ya tienes en tus manos
el azul de la noche inmensa.
Duerme, mi amigo...
        Ya se duerme
mi amigo, ea...

acunar: mover acompasadamente, como una cuna.
alameda: sitio poblado de álamos.
degollar: cortar el cuello.
lomo: parte inferior y central de la espalda.
pandereta: instrumento rústico de percusión (piel estirada sobre un aro de madera con cascabeles).
pinar: lugar poblado de pinos.
reja: conjunto de barras de hierro que se pone en las ventanas para seguridad.

➥ **José Hierro** *(España),*
Canción de cuna para dormir a un preso

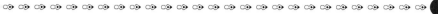

∽ **CUESTIONES** ∽ ∽ ∽ ∽ ∽

Hay en este poema numerosos usos de *ser* y *estar*. Explica cuándo son intercambiables y cuándo no.

    MODELO

    La noche está desnuda:

    el adjetivo *desnudo* nunca se usa con *ser*.

Explica las siguientes expresiones:

    el pinar goteado todo de estrellas

    la mar muerde tus piernas

La mar resuena: encontramos aquí un término construido a partir de otro con el prefijo latino *re*, que significa 'de nuevo'. Busca al menos dos ejemplos para cada uno de los siguientes:

> *ante* : 'delante'
> *bi(s)*: 'dos'
> *equi*: 'igual'
> *infra*: 'debajo'
> *inter*: 'entre'
> *intra* : 'dentro'
> *multi*: 'muchos'
> *omni*: 'todo'
> *pre*: 'delante'
> *retro*: 'hacia atrás'
> *tran (s)*: 'a través de'
> *ultra*: 'más allá'

CIENCIA Y FUTURO

L ee las siguientes preguntas e intenta comprender todo su vocabulario. Luego, escucha o lee atentamente el texto correspondiente a esta sección (p. 290) y contéstalas, eligiendo tan sólo una de las tres opciones que se ofrecen.

☞ *Fue un fascinante futurible de la época*

    (a)   la astronave de 2001, odisea espacial.

    (b)   la máquina que preparaba ricos menús.

    (c)   el invento que prepara un gazpacho cortijero.

☞ *La biotecnología ha conseguido*
- *(a)* hacer el maíz resistente a las heladas al insertarle el gen de un pez
- *(b)* insertar gen de pollo en el arroz
- *(c)* cultivar paella valenciana

☞ *Ante el debate de los principales líderes políticos en televisión, los espectadores*
- *(a)* se interesaban sólo por su imagen
- *(b)* se ponían nerviosos
- *(c)* se trituraban los higadillos

☞ *La biotecnología*
- *(a)* es la loca de la casa
- *(b)* materializa los sueños de la fantasía
- *(c)* seguirá siendo el motor del mundo

DEBATE

Los avances científicos pueden servir al progreso pero también pueden tener consecuencias nefastas. Discute sobre el tema.

Segunda Unidad

Pronombres.
Usos de Se.
Indeterminación
e impersonalidad

2

❶ *Explica el uso de* búscate *en lugar de* busca *en este contexto.*

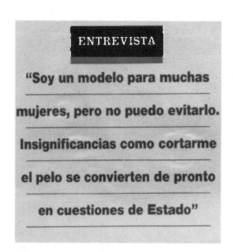

ENTREVISTA

"Soy un modelo para muchas

mujeres, pero no puedo evitarlo.

Insignificancias como cortarme

el pelo se convierten de pronto

en cuestiones de Estado"

② *¿Por qué no podemos sustituir* cortarme el pelo *por* cortar mi pelo?

❸ *En este ejemplo sería más lógica la expresión* se lo ve *en lugar de* se le ve *¿Podrías deducir la causa de esta aparente incongruencia?*

④ *Busca el significado de las siguientes expresiones coloquiales con presencia del pronombre* se *y construye un ejemplo con cada una de ellas.*

MODELO
No sé qué te iba a decir; se me ha ido el santo al cielo.

> *ahogarse en un vaso de agua*
> *andarse por las ramas*
> *armarse una marimorena*
> *caerse la cara de vergüenza*
> *caerse la baba*
> *creerse la mamá de los pollitos (Am.)*
> *curarse en salud*
> *darse con un canto en los dientes*
> *hacerse la boca agua*
> *irse el santo al cielo*
> *mantenerse en sus trece*
> *meterse en camisa de once varas*
> *meterse entre las patas de los caballos (Am.)*
> *no chuparse el dedo*
> *partirse el corazón*
> *pasarse de la raya*
> *ponerse a tono*
> *quedarse en agua de borrajas*
> *quedarse corto*
> *rascarse el bolsillo*
> *rascarse la barriga*
> *salirse con la suya*
> *salirse por la tangente*

❺ *Aquí tienes una forma pronominal exclusiva de ciertas zonas hispanohablantes. ¿Cuál es? ¿Qué puedes decir sobre ella?*

2.1. Pronombres personales: recapitulación

GRUPO I (TÓNICOS)

	singular	plural
1ª persona	yo (mí, conmigo)	nosotros, nosotras
2ª persona	tú (ti, contigo)	vosotros, vosotras
3ª persona	él, ella usted sí, consigo (refl.) ello(neutro)	ellos, ellas ustedes

➡ Pueden funcionar como **sujeto**. No suelen aparecer en la frase, pues la terminación de los verbos españoles ya indica la persona a la que se hace referencia, pero pueden usarse para evitar ambigüedad, dar énfasis o producir contrastes.

➡ También pueden usarse como **complementos con preposición**, aunque hay que tener en cuenta que *tú* y *yo* se transforman en *ti* y *mí* cuando van detrás de una preposición que no sea *entre*, *según*, *salvo*, *incluso* y *excepto;* después de *con* encontraremos *conmigo* y *contigo*.

➡ **La segunda persona**: usamos *tú* cuando tratamos con personas con las que tenemos confianza; *usted* corresponde a situaciones más formales, en que nos dirigimos a personas de más edad que nosotros o con las que no tenemos confianza. *Vosotros* es el plural de *tú* en España, pero en América, Canarias y parte de Andalucía se usa *ustedes* como plural de *tú* y *usted* de manera generalizada y *vosotros* prácticamente no se usa, excepto en textos literarios. Además, en Argentina, Uruguay, Paraguay, Chile y Centroamérica se usa la forma arcaizante *vos* en lugar de *tú*, con formas verbales específicas.

➡ **Ello** se usa en el lenguaje formal y culto para referirse a conceptos o frases y tiene un valor parecido al de los pronombres demostrativos.

GRUPO II (ÁTONOS)

	singular	plural
1ª persona	me	nos
2ª persona	te	os
3ª persona	la, lo le (se) lo (neutro)	las, los les (se)

➥ Los pronombres de primera y segunda persona pueden funcionar como complemento directo o complemento indirecto (1) indistintamente, y no presentan cambios de género.

➥ El neutro *lo*, cuya forma es idéntica al artículo neutro y al pronombre CD masculino de tercera persona de singular, se utiliza para sustituir adjetivos y frases completas. Es común su uso para contestar preguntas con la estructura *sí/no + lo* + VERBO.

➥ *Lo, la, los* y *las* funcionan como CD, y presentan diferencias de género y de número.

➥ *Le* y *les* no presentan diferencias de género y funcionan como CI. La Real Academia de la Lengua admite como correcto el uso, generalizado en amplias zonas de España, de *le* por *lo* cuando se hace referencia a persona masculina (*Vimos a Javier*➢Lo/le *vimos*).

➥ Cuando coinciden los pronombres de CD y CI en una oración, el CI (*le, les*) se transforma en *se* por razones de fonética.

➥ El orden de los pronombres del grupo II es variable. Lo normal es que vayan antes del verbo(2), primero el CI y después el CD, pero hay excepciones: el imperativo afirmativo, el gerundio y el infinitivo; las estructuras de VERBO CONJUGADO + INFINITIVO O GERUNDIO permiten las dos opciones anotadas.

➥ Si alteramos el orden habitual de la oración y situamos el CD o el CI antes del verbo a fin de producir énfasis sobre ellos, tenemos que añadir un pronombre como refuerzo expresivo.

➥ Cuando la preposición *a* va seguida de un pronombre tónico hay que reforzar éste obligatoriamente con el correspondiente átono.

NOTAS

(1) Es fundamental comprender las diferencias entre COMPLEMENTO DIRECTO (CD, acusativo) y COMPLEMENTO INDIRECTO (CI, dativo) para usar correctamente los pronombres átonos. Recuerda que el CD se transforma en sujeto de las oraciones pasivas (*Abrieron la puerta a las seis* ➢ *La puerta fue abierta a las seis* ➢ *La abrieron a las seis*) y lleva la preposición *a* cuando se refiere a seres animados (*Vieron a Héctor en la plaza* ➢ *Héctor fue visto en la plaza* ➢ *Lo vieron en la plaza*). El CI va precedido por *a* (o *para*) y nunca puede convertirse en sujeto de la oración al transformarla en pasiva (*Entregaron el paquete al portero* ➢ *El paquete fue entregado al portero* ➢ *Le entregaron el paquete*). Un verbo es TRANSITIVO cuando presenta o puede presentar CD (e.g. *comer*), e INTRANSITIVO cuando no (e.g. *llegar*).

(2) Existe un uso literario que contraviene esta norma: "Por alguna que otra travesura nuestra, el padrastro *habíanos* levantado la voz mucho más duramente" (Horacio Quiroga, *Nuestro primer cigarro*).

✏️ **Explica los distintos usos de los pronombres en las siguientes frases a partir de la teoría hasta aquí expuesta :**

1. ¿Qué deseaba usted?
   ~~Objetivo~~ Sujeto, ud Corresponde situaciones formales

2. Al jardinero lo hemos visto dos veces esta mañana.
   Objetivo directo

3. Dicen que ha sido él el autor del delito, pero yo no lo creo.
   Objetivo directo

4. Si vienes conmigo te mostraré las nuevas instalaciones. (a tí)
   Preposición de objetivo   objetivo indirecto

5. Nos han insinuado que no deberíamos ir.
   objetivo indirecto

6. Nos felicitaron por nuestro trabajo.
   objectivo directo

7. A ellas no les importan en absoluto esas habladurías.
   objetivo indirecto

8. Me la enviarán por correo aéreo.
   Objetivo indirecto / directo

9. Se lo comió en un santiamén.
   objetivo indirecto / directo (lo)

10. Les comentaremos la nueva normativa a las secretarias.
    se objetivo indirecto

11. Hoy ha amanecido el día lluvioso; por ello han suspendido el festival al aire libre.

12. Y vos, ¿qué querés?
    ~~Subjeto~~ sujeto

13. A tu hermana le hemos traído unas bermudas de Bali.
    Objetivo indirecto

14. Lo quiero pensar detenidamente.
    Objetivo directo

15. ¿Sabías que se casan el mes próximo?
    No, no lo sabía.
    Se - O reciproco / O Directo   ✏️

✏️ **En algunas de las frases que siguen hay errores. Corrígelos.**

16. Me se ha olvidado todo lo que estudié anoche. ~~se~~ se me
17. ✓ No sé dónde están Silvia y Ester. ¿Las has visto?
18. La dije todo lo que pensaba sobre su decisión. le
19. A Luis vimos en la verbena del sábado. Le/Lo
20. Han contratado a todos, excepto a mí. LOS
21. Todos estaban de acuerdo, excepto mí.
    yo.

22. A ella, saludamos cuando nos la encontramos en el teatro. *la*
23. No quisiera la despertar con mi llamada. Es ya muy tarde.
24. Por favor, ¿podría nos decir cómo se va a la Alameda?
25. No lo me digas si no estás seguro. *me/lo*
26. Eso se demuestra lo haciendo.
27. Yo a usted no lo encuentro cambiado.
28. Yo a usted no lo consiento que me diga eso. *Le*
29. A Ana la di la noticia en cuanto me fue posible. *Le*
30. Se sienten inmediatamente.

2.2. Valores y usos especiales de los pronombres personales

➡ **REFLEXIVO**

El sujeto es agente y destinatario de la oración. El pronombre reflexivo se puede reforzar con expresiones como *a sí mismo,-a,-os,-as.*

Siempre se está compadeciendo (a sí mismo).

➡ **RECÍPROCO**

La acción se produce entre dos sujetos que se afectan mutuamente. El pronombre recíproco, siempre plural, se puede reforzar con expresiones como *uno(s) a otro(s), los unos a los otros...*

Los líderes se atacaron (unos a otros) con dureza en el debate televisado.

➡ **ENFÁTICO** (intensificador) **o EXPLETIVO** (redundante, no necesario)

Se trata de usos expresivos :

Se fuma tres cajetillas diarias.

VERBOS

> *aprender, beber, callar, comer, conocer, creer, encontrar, estudiar, fumar, ganar, gastar, imaginar, leer, llevar, morir, pensar, recorrer, reír, saber, suponer, tomar, traer, tragar, ver...*

➡ **INCOATIVO** (comienzo de acción)

Se trata también de un valor coloquial e indica el inicio u origen de la acción; su supresión produce un cambio de significado, a veces importante, en el verbo.

Durmió trece horas.
Se durmió inmediatamente.

VERBOS

> *bajar, ir, dormir, salir, subir, venir, volver...*

objectivo directo
who? what?

objectivo indirecto
for whom?
for what?

➡ **VERBOS PRONOMINALES**

Hay verbos que se construyen con pronombre, por lo que presentan ese rasgo formal aunque sin efectos en su significado. Para algunos de esos verbos el pronombre es obligatorio en su conjugación:

> *Se abstuvo de opinar.*
> **Abstuvo de opinar.*

En otros casos es opcional pero la construcción varía:

> *Nos alegramos de tu venida.*
> *Tu venida nos alegró.*

VERBOS

⇨con pronombre obligatorio:

abstenerse, arrepentirse, atreverse, constiparse, enterarse, quejarse, resfriarse...

⇨con pronombre opcional:

acostarse, ahogarse, alegrarse, alejarse, animarse, aprovecharse, casarse, curarse, decidirse, deprimirse, derretirse, despedirse, despertarse, enamorarse, entusiasmarse, espantarse, fugarse, levantarse, moverse, preocuparse, olvidarse, retirarse, sentarse...

➡ **CAMBIO DE SIGNIFICADO**

Muchos verbos cambian de significado según se construyan o no con pronombre:

> *Acordamos* (= decidimos) *enviar el informe.*
> *Nos acordamos de* (= recordamos) *enviar el informe.*

VERBOS

acordar (ponerse de acuerdo en algo, decidir)	*acordarse de* (recordar)
creer (pensar, opinar)	*creerse* (dar por ciertas cosas que probablemente no lo son)
echar (arrojar, verter)	*echarse a* (empezar a)
encontrar (hallar)	*encontrarse* (sentirse)
estar (localización física)	*estarse* (permanecer, indica un acto de voluntad)
fiar (vender productos sin esperar un pago inmediato)	*fiarse de* (confiar en)
fijar (establecer)	*fijarse* (observar)
hacer (realizar)	*hacerse* (convertirse en), *hacerse a* (acostumbrarse a)
jugar (entretenerse, travesear)	*jugarse* (apostar, arriesgar)
llamar (pronunciar o dar un nombre)	*llamarse* (tener un nombre)
marchar (caminar; funcionar)	*marcharse* (abandonar un lugar)
meter (introducir)	*meterse a* (realizar una tarea que no se realiza habitualmente)
negar (decir que algo no es cierto)	*negarse a* (rehusar, rechazar)
pasar (entrar; caminar); *coloq.* *pasar de* (ser indiferente a)	*pasarse* (excederse)

VERBOS

portar (transportar)	*portarse* (comportarse)
prestar (dar algo en espera de su devolución)	*prestarse a* (acceder a)
quedar (*impers.* sobrar; citarse)	*quedarse* (permanecer)
temer (tener miedo de)	*temerse* (creer que algo desagradable ocurre)
volver (retornar a un lugar)	*volverse* (girar la cabeza o todo el cuerpo)

➡ **DATIVO POSESIVO**

No es frecuente en español utilizar posesivos para las partes del cuerpo y los objetos personales. En su lugar se usa el dativo posesivo:

> *Se nos ha roto el transistor* (=se ha roto nuestro transistor).

➡ **INVOLUNTARIEDAD**

Con *se* podemos expresar que una acción ha tenido lugar sin la intervención de nuestra voluntad; a menudo, esa construcción se combina con un dativo que expresa la persona o cosa a la que afecta indirectamente la acción; cf.

> *He quemado el arroz* (acción voluntaria).
> Se *ha quemado el arroz* (acción involuntaria).
> Se me *ha quemado el arroz* (*se*: acción involuntaria ;
>   *me*: persona afectada).

NOTA

Diversos verbos que indican formas de morir se usan con pronombre, paradójicamente, tanto para indicar reflexividad (a) como involuntariedad (b):

> *Se mató con una pistola* (a)/ *Se mató en un accidente* (b).
> *Se envenenaron con cianuro* (a)/ *Se envenenaron con setas* (b).

➡ **DATIVO ÉTICO O DE INTERÉS**

Muestra el interés o afecto del hablante hacia lo que se trata y su supresión no produce cambios de significado. Su uso, casi siempre en oraciones negativas y con el pronombre de primera persona, es coloquial:

> *No te* me *enfades, que no es para tanto.*
> *Desde que está enfermo, el niño no* le *come nada.*

➡ **DATIVO DE DIRECCIÓN**

Hace referencia al lugar hacia el cual se dirige el movimiento que indica el verbo:

> *Se* le *acercó en cuanto la vio.*

✏️ **Explica los distintos usos de los pronombres en las siguientes frases a partir de la teoría hasta aquí expuesta.**

1. No te me vayas todavía, que nos quedan muchos temas por tratar.
....

2. ¿Se te ha perdido la agenda?
....

3. Se estrelló contra un muro porque estaba harto de la vida.
....

4. Se estrelló contra un muro porque se durmió mientras conducía.
....

5. Me he leído ya tres artículos sobre el mismo tema.
....

6. Cállate un rato, que estamos aburridos de oírte.
....

7. Nunca nos hemos arrepentido de haber renunciado a esa oferta.
....

8. Desde que os ganasteis el premio estáis desaparecidos.
....

9. Es mejor que te rías de los problemas. No vale la pena angustiarse.
....

10. Venga, olvídalo. No te me deprimas por algo tan insignificante.
....

11. Se odian tanto que no se dirigen la palabra.
....

12. Se pone calcetines diferentes cuando quiere acordarse de algo importante.
....

13. Súbete al apartamento y tráenos unos refrescos.
....

14. ¿Te has enterado de la última novedad?
....

15. Me abstendré de hacer comentarios. ✏️
....

✏️ **Utiliza el verbo entre paréntesis adecuadamente y añade un pronombre cuando sea posible o necesario.**

16. (Yo, temer) .... que nos hemos perdido.
17. (Quedar, a mí) .... un problema por resolver.
18. (Quedar) .... usted; yo me tengo que ir.
19. ¿(Tú, fumar) .... dos paquetes de cigarrillos al día?
20. (Conocer, yo) .... la isla como la palma de mi mano.
21. Siempre (gastar, tú) .... el sueldo antes de llegar a fin de mes.
22. Si (beber, tú) .... la manzanilla (encontrar, tú) .... mejor.
23. Es imposible (leer) .... *Crimen y castigo* en una noche.
24. ¿(Creer, tú) .... que no me he dado cuenta?

25. No (pensarlo, tú) .... tanto y (decidir, tú) ....

26. (Yo, negar) .... a tolerar esta situación.

27. No (negar, yo) .... que sea interesante, pero no me apetece ir.

28. No debes (marchar, tú) .... sin dar una respuesta.

29. ¿Aún no (aprender, tú) .... los verbos irregulares?

30. (Nosotros, tomar) .... toda la cerveza que había en la nevera. Estábamos sedientos.

31. Cervantes (morir) .... sin ver publicada su última novela.

32. (Nosotros, imaginar) .... que habías salido porque no vimos luz en tu ventana.

33. Si (tú, venir) ...., (nosotros, jugar) .... a las cartas.

34. (Ella, saber) .... muchas historias de terror.

35. No (tú, tomar) .... la pastilla sin (beber) .... un vaso de agua; podrías atragantarte.

36. Anímate y (tú, venir) .... a la verbena de San Juan.

37. (Yo, pasar) .... mucho frío en el paseo de esta tarde. Seguramente (yo, constipar) ....

38. Todavía no (yo, hacer) .... a vivir en un lugar tan apartado. (Yo, creer) .... que soy muy urbano.

39. En la reunión (ellos, acordar) .... cambiar el anagrama de la empresa.

40. Es un romántico. (Él, enamorar) .... perdidamente de cada chica que conoce.

41. (Nosotros, fijar) .... la fecha de la próxima tertulia para el martes.

42. (Tú, estar) .... quieto mientras te hago la cura.

43. No deberías (tú, pasar) .... tanto de lo que ocurre a tu alrededor.

44. No deberías (tú, pasar) .... tanto con el alcohol.

45. En esa tienda no le (fiar, ellos) .... porque no (ellos, fiar) .... de su solvencia. ✎

2.3. *Indeterminación del sujeto e impersonalidad*

➡ **INDETERMINACIÓN CON *SE***

◾➡ PASIVA REFLEJA

Se originó en el siglo XVI y ha ido sustituyendo progresivamente a la pasiva con *ser*. Su esquema básico es " *se* + verbo transitivo en 3ª persona (singular o plural) + sujeto (cosa, oración, personas indefinidas)":

Se prohibió la proyección de la película a causa de las escenas violentas.
Se prohibió que proyectaran la película.
Se necesitan dependientes.

◾➡ CONSTRUCCIÓN IMPERSONAL

Es muy parecida a la pasiva refleja y surgió con posterioridad para evitar ambigüedades: *se liberaron los rehenes* puede ser recíproca (unos a otros) y reflexiva (a sí mismos). La construcción impersonal *se liberó a los rehenes*, en cambio, no es ambigua; indica que los rehenes fueron liberados por otra(s) persona(s). Presenta el verbo siempre en singular y no es una construcción pasiva. Admite verbos:

⇨ intransitivos: *Aquí no se vive mal.*
⇨ copulativos (*ser, estar*): *Se está muy bien en esta cafetería.*
⇨ transitivos con CD animado: *Se informó a los interesados sobre lo ocurrido.*

NOTAS

(1) A causa de la similitud entre las construcciones impersonal y refleja, es frecuente encontrar en el habla informal y descuidada expresiones incorrectas que muestran cruces entre ambas, como *se alquila habitaciones*. Cuando el CD de la construcción impersonal es indeterminado no se suele usar la preposición *a* para persona: *se busca camarero/s*.

(2) En la expresión de la impersonalidad con el pronombre *lo(s)* éste puede verse sustituido por *le* para evitar la confusión con una estructura reflexiva; cf.

> *Se lo ve bien (reflexivo, impersonal)/ Se le ve bien (impersonal).*

➡ USOS COLOQUIALES DE *SE* :

⇨ OBLIGACIÓN:

> *Eso no se dice, no seas maleducado* (= no debes decirlo).
> *¿Que no admiten perros? Pues eso se avisa* (= deberían avisarlo).

⇨ *SE* = *YO*

> *Se agradece la invitación* (= te agradezco la invitación).
> *Vale, se aceptan las disculpas* (= te acepto las disculpas).

➡ **INDETERMINACIÓN DE LA TERCERA PERSONA**

➡ TERCERA PERSONA DE PLURAL (no equivale necesariamente a *ellos*; puede referirse a un sujeto singular encubierto):

> *Lo han expulsado del trabajo* (= su jefe lo ha expulsado).
> *Dicen que habrá huelga de trenes* (=la gente dice...).

➡ *LA GENTE, TODO EL MUNDO, HAY QUIEN, ALGUNOS*:

> *La gente siempre tarda en asimilar lo nuevo.*
> *Todo el mundo sabe que esta crisis durará más de lo que se dice.*
> *Hay quien piensa que sería mejor solicitar una subvención.*
> *Algunos se oponen a la nueva alianza.*

➡ **INDETERMINACIÓN DE LA PRIMERA PERSONA**

SINGULAR

➡ *Tú* (encubre a *yo*):

> *Te matas a trabajar y nadie te lo agradece* (= me mato a trabajar...).

➡ *Uno* (encubre a *yo* pero con matiz general):

> *Uno nunca sabe a qué atenerse.*

PLURAL

➡ **Plural de modestia** (*nosotros = yo*). Usado por escritores, ensayistas, conferenciantes y periodistas para evitar la impresión de excesivo protagonismo en el oyente o lector:

> *En este ensayo intentamos defender una postura opuesta a la tradicional.*

➡ **Plural mayestático** (*Nos = yo*). Usado por reyes, papas y obispos.

➡ **Usos coloquiales**. Expresan la solidaridad del hablante con el sujeto del que se trata:

⇨ *nosotros* por *tú*:

> *¿Cómo andamos?* (=¿cómo andas?, ¿cómo estás?).
> *A ver si nos cuidamos más esa gripe* (= a ver si te cuidas más...).

⇨ *nosotros* por un grupo o entidad con que el hablante se identifica:

> *Ayer empatamos con Alemania* (= el equipo de nuestro país empató ...).

✐ **Construye libremente oraciones de sujeto indeterminado a partir de las siguientes ideas.**

1. (Callarse de una vez; no poder concentrarse).
   ....
2. (Esperar que la guerra termine pronto).
   ....
3. (No deber hacer esto a los amigos).
   ....
4. (Estar de vacaciones y olvidar los problemas).
   ....
5. (Agradecer que se acuerden de nosotros en ciertas ocasiones).
   ....
6. (No estar de acuerdo con las nuevas normas de tráfico).
   ....
7. (Considerar urgente la solución de los problemas del medio ambiente).
   ....
8. (Alquilar habitación con mucha luz).
   ....
9. (Animarse al beber un par de copas).
   ....
10. (Creer que el arte figurativo murió con el nacimiento de la fotografía).
    ....
11. (No deber ser intransigente).
    ....
12. (Al fin terminarse la sequía).
    ....
13. (Necesitar secretario/a con conocimientos de informática).
    ....
14. (Hablar francés e inglés).
    ....
15. (Encontrar a los secuestradores antes de lo previsto).
    .... ✐

✐ *Se*: **recapitulación. Explica el valor de *se* en cada una de las siguientes oraciones.**

16. Se abrieron las oficinas más tarde a causa de la amenaza de bomba.
    ....
17. A Juan el regalo se lo llevaron personalmente.
    ....
18. A los familiares se lo comunicaron por teléfono.
    ....
19. Se le nombró doctor *honoris causa* como premio a su vida entregada a la investigación.
    ....

20. A menudo se ducha por la noche. Así puede dormir más por las mañanas.

....

21. Se casó con un australiano y ahora vive en Sydney.

....

22. Se porta siempre como un donjuán.

....

23. Se comió un filete de medio kilo él solo.

....

24. Se salió de la reunión muy ofendido.

....

25. Nunca se atreve a tomar decisiones sin consultar a nadie.

....

26. Se fracturó la mano en una caída tonta.

....

27. Se le averió el coche en mitad de la autopista.

....

28. Eso no se toca, que puedes romperlo.

....

29. Se supone que eso es una broma,¿no?

....

30. Se necesitan ingenieros forestales.

.... ✏️

Actividades

1. Inventa titulares periodísticos que presenten casos de indeterminación o impersonalidad.

MODELO
Se rumorea que habrá elecciones anticipadas.

2. En las siguientes afirmaciones hay un gazapo. ¿Podrías señalarlo?

El español de la zona del Caribe (Cuba, República Dominicana, Puerto Rico)
  ❏ es poco conservador, dadas las influencias africanas e inglesas.
  ❏ pronuncia con énfasis la -s final.
  ❏ confunde *l* y *r* en final de sílaba, especialmente en Puerto Rico.

3. Explica los usos de *se* en las siguientes viñetas. Luego, localiza en ellas todas las expresiones usadas con valor despectivo; ¿conoces alguna más?

SE RECUERDA A TODOS LOS MOTORIZADOS ZOPENCOS QUE TIRAR COLILLAS POR LA VENTANILLA PUEDE SER CAUSA DE INCENDIO

SE ADVIERTE A LOS EDILES QUE ES DE ESTULTOS SITUAR LOS VERTEDEROS EN LUGARES QUE NO ESTÉN AL ABRIGO DEL VIENTO Y A IS LADOS DEL MATORRAL

SE SUGIERE A LOS ZOQUETES QUE BEBEN PASEANDO, QUE NO ROMPAN SUS LITRONAS Y SE VUELVAN A CASA CON ELLAS

SE EXHORTA A ESOS TRAGALDABAS QUE NO SABEN SALIR AL CAMPO SIN COMER PAELLA, QUE SE LA TRAIGAN HECHA DE CASA O QUE AYUNEN UN POCO

SE SUPLICA A ESOS MENTECATOS QUE QUEMAN RASTROJOS EN VERANO, QUE LO HAGAN EN INVIERNO O EN UNA FOSA EN UN DESCAMPADO

SE ACONSEJA A ESOS BOTARATES QUE HACEN UNA HOGUERA PORQUE ES BONITO, QUE LA HAGAN EN SU CASA, LA FILMEN Y SE LA LLEVEN EN VIDEO

SE CONMINA A ESOS MAL NACIDOS QUE, POR MALICIA O NEGOCIO, PRENDEN FUEGO, A QUE SE ARROJEN EN ÉL, TAL COMO ORDENÓ ALFONSO X EL SABIO

Y A ESOS PIRÓMANOS MAMACALLOS, QUE VISITEN CON FRECUENCIA AL PSIQUIATRA, AL CONFESOR, A LA TABERNA O A LA LOLA, PERO AL CAMPO, JAMÁS

Y YO SOY UN BERZAS AL QUE LE ENCANTA PERDER EL TIEMPO YA QUE TODO ESE PERSONAL, SI SABE LEER, LEE ESTO Y LE ENTRA, LO USARA IGUALMENTE PARA ATIZAR EL FUEGO

ÁNIMO

...SI NO HAY MANERA...

4. Observa las siguientes viñetas y explica las situaciones estudiadas en esta unidad.

5. El español proviene básicamente del latín, pero hay muchas palabras que tienen su origen en otras lenguas. Relaciona cada vocablo de la columna de la izquierda con su origen correspondiente.

aquelarre	hebreo
tungsteno	portugués
cábala	italiano
ñandú	griego
aduana	francés
chicle	alemán
aguacate	azteca
mejillón	sueco
ágape	guaraní
arlequín	vasco
maíz	árabe
regalar	taíno
té	náhuatl
tabú	chino
vals	inglés

Los derechos de los consumidores

El cliente no siempre tiene razón

LUCÍA ARGOS

Las protestas imposibles de los profesionales de la reclamación son numerosas en España.

¿Tiene la culpa la agencia de viajes de que la novia de un viajero se líe con el guía de la excursión? ¿o Iberia de que a un pasajero le huelan los pies? El consumo exigente empieza a implantarse en un país con fama de protestar mucho en la calle y poco por los cauces correctos. Pero, junto a las 243.024 reclamaciones registradas oficialmente en 1992, ha habido cientos procedentes de profesionales de la queja, a veces pícaros, que se amparan en aquello de que "el cliente siempre tiene razón". ¡Cuidado!, porque la obsesión por pleitear, dicen los especialistas, puede crear un problema psiquiátrico.

Los hospitales públicos son reacios a revelar las reclamaciones pintorescas que a veces reciben. Pero haberlas, haylas. Una mujer se acercó al servicio de atención al paciente de un hospital de Madrid para quejarse de que en una consulta de oftalmología habían apagado la luz para mirarla el fondo de ojo. "Y así, ¿cómo pretenden que vea?", protestaba. En la Oficina del Defensor del Pueblo, canal de reclamaciones exclusivamente contra la Administración pública, algún parroquiano ha ido a poner verde a su vecino de arriba.

Como éstas, muchas quejas son sólo achacables a una falta de información. ¿Cómo explicarle a un ciudadano furioso en la estación madrileña de Chamartín que no hay horario de trenes a las islas Canarias si él asegura que a su primo se lo han facilitado? Tampoco tenía información una mujer que se acercó a la Unión de Consumidores de España (UCE) en Sevilla porque el manual de instrucciones de su recién estrenado microondas "era incompleto". No ponía nada de que no se pudieran secar gatos y el suyo, al parecer, se le había chamuscado.

La compañía Iberia es una mina de denuncias y reclamaciones atípicas. Raúl Balado, jefe de relaciones con los clientes de Iberia, recuerda algunas "de tipo sexual" con cierta timidez. "En esta línea, hubo un pasajero que se quejó de que un aterrizaje demasiado brusco le había costado 'cierto nivel de incumplimiento posterior'. A una pasajera extranjera que viajaba a Canarias se le cayó el café caliente encima. 'Sí, ahí, encima', y nos acusó de que le habíamos chafado sus pinitos vacacionales".

También se las han visto en Iberia con algún cliente que se queja de que al del asiento de atrás le huelen los pies; o que el de al lado se les duerme en el hombro y que ¡el personal de vuelo podía evitarlo!; o que ellos no han pagado para aguantar a un niño en el avión. "Pero, en fin, ¿qué podemos hacer? Nosotros no tenemos la culpa", responde Balado. Un pasajero llegó a presentar una queja porque el vuelo había sido demasiado rápido y sólo le había dado tiempo a tomarse un whisky.

Algunos consumidores calibran la liquidez del contrincante y dejan correr el contador. Caso verídico el de otro cliente de Iberia al que le extraviaron la maleta donde llevaba las llaves de su coche y de su domicilio. Al llegar a su ciudad, en lugar de llamar a un cerrajero para ambos menesteres, se instaló en un hotel y cogió taxis durante los dos meses que tardó en recuperar su equipaje. Por supuesto, el importe de la indemnización por extravío no llegaba a cubrir ni la cuarta parte de sus pretensiones. La picaresca pone a prueba el legítimo derecho del consumidor. Una sevillana de pro compró un traje de faralaes días antes de la Feria de Abril. Cuando terminó la juerga pretendió devolverlo porque le quedaba estrecho. "En el sector de tintorerías se da

41

mucho la picaresca. Por ejemplo, el cliente que tiene una prenda algo deteriorada y como al entregarla pasa inadvertido, pretende que se le resarza después del servicio", comenta Ana María Melero, de la Organización de Consumidores y Usuarios (OCU). Hasta esta asociación ha llegado una señora enfadada porque el salchichón que había comprado no tenía el mismo grosor en toda su longitud y un madrileño que quería demandar a Gas Madrid porque en un corte de suministro por obras tuvo que calentar agua en una olla y se quemó.

La UCE de Madrid tiene sus anécdotas. Uno de sus socios quería algún tipo de satisfacción de su agencia de viajes porque, en la excursión que había realizado con su novia, ésta se había enrollado con el guía. Otro asociado pidió ayuda para enterarse de quién era el dueño de una empresa de multipropiedad de la que había recibido una llamada publicitaria a la hora de la siesta. El hombre sólo quería devolver la llamada al empresario todos los días a la hora de la siesta. A la UCE llegó una reclamación de un joven que se había sentado a trabajar tranquilamente con su ordenador en el asiento del tren. También se abrió una cervecita. Cuando la locomotora arrancó, se le cayó encima del ordenador y éste se fastidió. Pretendía que Renfe le pagara otro.

Hasta en la asociación de Mujeres Separadas y Divorciadas, donde arrancar una queja a mujeres atenazadas por el miedo es difícil, existe alguna reivindicación exagerada. ¿Por qué no dejar ya de machacar al ex marido con una reclamación de 4.000 pesetas al mes cuando su pensión es de 43.000 pesetas mensuales y la de la ex señora de 47.000?

El País

achacar: atribuir.
chamuscar: quemar superficialmente.
pleitear: litigar judicialmente.
reacio: que muestra resistencia.
resarcir: compensar un daño.
traje de faralaes: traje de volantes típico andaluz.

Cuestiones

❂   Explica las siguientes expresiones coloquiales:

> pero haberlas haylas
> poner verde a su vecino
> habíamos chafado sus pinitos vacacionales
> se las han visto con algún cliente
> una sevillana de pro
> se había enrollado con el guía
> se abrió una cervecita
> el ordenador se fastidió
> machacar al ex marido

✪ La frase *habían apagado la luz para mirarla el fondo de ojo* presenta un error en el uso del pronombre, frecuente en ciertas zonas de la Península y no admitido como correcto por la Real Academia de la Lengua. ¿Puedes explicarlo?

✪ *El personal de vuelo podía evitarlo.* Aquí el imperfecto *podía* cumple las funciones del condicional, algo frecuente en el lenguaje coloquial. ¿Se te ocurre algún otro ejemplo?

Expresión

- Redacta una composición acerca de alguna estafa o reclamación que te haya afectado o que conozcas directamente. También puedes inventar alguna divertida, usando tu imaginación.

Escrita

*S*in embargo no se le acercaron inmediatamente; temían una emboscada. Dentro del auto iba -sin duda- alguien más que el chofer. Si no ¿a qué venía la persecución? Uno de los que ocupaban el primer auto aseguraba haber visto, al empezar la caza, cómo un hombre se tiraba al suelo dentro del auto de Ramón. Sin embargo, nadie había contestado a sus disparos; tan sólo aquel chofer loco, huyendo como un desesperado. El mismo chofer tenía que ser culpable; de otro modo, no se explicaba que se expusiera de modo tan extraño. Lo siguieron a distancia, ya sin disparar, pero sin acercarse demasiado. El perseguido perdía, visiblemente, velocidad, estabilidad. A veces parecía que iba a detenerse definitivamente, pero cobraba un nuevo impulso y seguía, aunque a tirones. Lo tenían ya, no sólo al alcance de los fusiles, sino de los revólveres. Gradualmente se fueron acercando. Frente al Palacio, el auto de Ramón llegó casi a detenerse, pero cobró un nuevo y breve impulso, y siguió adelante, como remolcado por una fuerza invisible. Los otros guardaron la distancia; se fueron aproximando. Ramón se detuvo, nuevamente, en el mismo sitio de donde había partido.

Dentro de la estación continuaban las luces encendidas; entraba y salía gente; el aire parecía lleno de un rumor lejano, un rumor filtrado y amortiguado a través de un denso muro de fieltro. Las voces distintas se hicieron un solo murmullo igual, desvaneciente. Ramón volvió la mirada hacia el edificio, cuya iluminación interior brotaba por las ventanas; y su cabeza se inclinó sobre el hombro izquierdo, se dobló, se derrumbó. Todavía aquel rumor apagado y desvaneciente, a lo lejos, muy a lo lejos...

43

Los tres autos se pararon, pareados, en medio de la calle. Varios hombres armados se tiraron de ellos; otros, salidos de la estación rodearon el auto de Ramón. Uno abrió la puerta delantera, y el chofer se desplomó sobre el estribo, todavía con los pies en los pedales. Simultáneamente, otros hombres abrían las puertas posteriores, y buscaban dentro con sus lámparas de bolsillo. Luego se miraron unos a otros asombrados ¡No había nadie dentro! Uno de los principales se inclinó entonces sobre el chofer, que había quedado derribado, el cuerpo retorcido, con la cabeza colgando y los ojos cerrados. Le enfocó la lámpara: lo miró despacio; apagó la lámpara y se quedó pensando, como tratando de recordar; nuevamente volvió a bañar el rostro con la luz de la lámpara, y otra vez se quedó pensando. Todos en derredor se habían quedado callados, esperando una explicación. El hombre dijo: "¿Lo conoce alguno?"

Nadie lo conocía. De la estación vinieron más hombres. Se sacó el cuerpo, todavía caliente, y se le condujo al interior. Y a la luz eléctrica podían distinguirse bien sus facciones; no eran rasgos vulgares; cualquiera que los hubiese conocido, lo reconocería. Pero allí nadie lo reconocía. Se llamó al primero que había disparado contra él.

¿Qué viste tú ahí dentro?- preguntó el oficial de guardia.

-Estoy seguro de que vi un hombre; asomó por la ventanilla y se escondió. Entonces miré al chofer, y éste, instantáneamente intentó escapar. Por eso lo seguí; y él allá abajo contestó a los tiros.

Se buscó en el auto, pero no había ningún arma. Ramón no había disparado; alguien lo había hecho, sin duda de alguna de las casas. Nadie había visto nada más. El único testimonio era el de aquel muchacho, que creía haber visto un hombre en el asiento posterior. Pero ¿por qué había huido el chofer?

Por fin, hacia la madrugada, un hombrecito uniformado, antiguo policía convertido en ordenanza, se abrió paso entre los presentes y se quedó mirando fijamente el cadáver. Miró en derredor, al tiempo que se mesaba los caídos bigotes tabacosos.

-¿Por qué han matado a éste? -preguntó-. Si es uno de los suyos... Yo lo recuerdo. No sé quién es, ni cómo se llama, pero lo he visto traer aquí, hace bastante tiempo, y golpearlo. Era, según decían, un revolucionario ¡Y tenía que ser de los bravos! Dos o tres veces lo metieron ahí, y le dieron golpes de todos colores, sin que pudieran hacerlo hablar. Luego no volvió más...

Se miraron unos a otros. El viejo dio la vuelta, se abrió de nuevo paso por entre el gentío, volvió a su trabajo, doblegado por los años y por las experiencias.

▪ Lino Novás Calvo *(Cuba),*
La noche de Ramón Yendía

amortiguar: moderar, disminuir.
desvanecer: disgregar, desaparecer.
doblegar: torcer encorvando.
emboscada: ocultación de personas para atacar por sorpresa.
en derredor: alrededor.
estribo: especie de escalón.
parear: juntar dos cosas iguales.

CUESTIONES

- Intenta imaginar los hechos que preceden a este fragmento. ¿Cuál es el motivo de la persecución? ¿Por qué puede sentirse culpable Ramón Yendía?

- Explica cada uno de los numerosos usos de *se* presentes en el texto, así como de los demás pronombres personales.

- *Lo siguieron, lo reconocía...* ¿Qué puedes decir del uso del pronombre complemento directo masculino para persona?

- ¿Por qué *se le condujo* y no *se lo condujo*?

- Explica las diferencias entre *se le acercaron* y *se le condujo*.

- *Si es uno de los suyos...* Esta frase presenta una estructura coloquial con un valor diferente al condicional. Justifícala, y construye otros ejemplos según este modelo.

- *Auto* y *chofer* son vocablos comunes en el español de América. ¿Cuáles serían sus equivalentes en España?

PREJUICIOS

ee las siguientes preguntas e intenta comprender todo su vocabulario. Luego, escucha o lee atentamente el texto correspondiente a esta sección (p.291) y contéstalas, eligiendo tan sólo una de las tres opciones que se ofrecen.

☛ *Según encuestas recientes*
- *(a)   el 44% de los empresarios norteamericanos no daría trabajo a personas gordas.*
- *(b)   el 56% daría trabajo a personas gordas.*
- *(c)   el 16% daría trabajo a personas gordas sólo excepcionalmente.*

☛ *Los gordistas argumentan que*
- *(a)   las grasas producen voluntad y empuje.*
- *(b)   en las grasas se les nota la autodisciplina.*
- *(c)   en las grasas se nota la pasividad de las personas.*

☛ *Una* tontuna *es*

    (a)   *la pura estampa física de la ejecutiva eficiente.*

    (b)   *la caótica inseguridad.*

    (c)   *una tontería.*

☛ *La autora llama* gordismo *a*

    (a)   *no ser popular.*

    (b)   *la discriminación de los obesos.*

    (c)   *ser mantecoso y rollizo.*

DEBATE

¿Conoces casos en que se haya dado este tipo de prejuicios u otros de diferente índole? ¿Y tú, has sido causa o víctima de alguno de ellos? Conversa con tus compañeros sobre los prejuicios más frecuentes en tu entorno o país.

Tercera Unidad

Valores del Indicativo

3

❶ *En todos estos fragmentos encontramos formas del futuro de indicativo. ¿Podrías indicar sus distintos valores?*

¿**S**ABRÁN los estudiantes de la Ciudad Universitaria, de Madrid, que a diario cruzan frente al monumento «Los portadores de la antorcha» quién lo hizo? ¿Les dirá algo el nombre de la escultora Anna Vaughn Hyatt? El tiempo que pasa a veces no perdona, y quizás ya nadie sepa que Anna Vaughn Hyatt era una dama norteamericana nacida en el Boston patricio del siglo pasado que se enamoró de un hombre extraordinario y a través de él de España. El hombre era Archer Milton Huntington y vamos a recordarle aquí.

Hace unos años, el festival de Cannes programó una película de título bíblico: *No matarás,* cuyo estilo pulverizaba las fórmulas convenidas por el comercio de cine.

② *¿Qué valor del futuro tenemos aquí?*

❸ *En este texto se encuentran multitud de usos diferentes de las formas de indicativo. Hállalos y explica los más relevantes.*

La figura del anciano protagonista debe inscribirse en la saga de los héroes de «El viejo y el mar», de Hemingway o de «El coronel no tiene quien le escriba», de García Márquez. Ante la esterilidad de su mujer, Dolores Encarnación del Santísimo Sacramento Estupiñán Otavalo, el matrimonio que se habría instalado, como colono, en El Idilio se traslada hasta plena selva, en el vano intento de domesticarla: «Se sentían perdidos, en una estéril lucha con la lluvia que en cada arremetida amenazaba con llevarles la choza, con los mosquitos que en cada pausa del aguacero atacaban con ferocidad imparable, adueñándose de todo el cuerpo, picando, succionándolo, dejando ardientes ronchas y larvas bajo la piel [...] hasta que la salvación les vino con el aparecimiento de unos hombres semidesnudos, de rostros pintados con pulpa de achicote y adornos multicolores en las cabezas y en los brazos.// Eran los shuar que, compadecidos, se acercaban a echarles una mano». Fue entonces cuando se inició el aprendizaje de Proaño. Gracias a los indígenas conoció los secretos de la caza y de la supervivencia, el respeto a una Naturaleza que imponía sus propias leyes. Su integración es mayor tras ser curado de la mordedura de una serpiente venenosa.

Incapaz de romper la dependencia que ha establecido con la selva, regresará a El Idilio, donde se instalará como cazador. Allí conocerá al dentista Rubicundo Loachamín, quien, gracias a sus viajes periódicos, le suministrará las novelas de amor que le permitirán combatir la soledad de su voluntario aislamiento. En cada uno de sus encuentros le suministrará nuevas novelas sentimentales. La segunda parte del relato lo ocupa la caza del tigre. Unos desaprensivos cazadores blancos matan una camada de tigres. Porque «tanto los colonos como los buscadores de oro cometían toda clase de errores estúpidos en la selva. La depredaban sin consideración, y esto conseguía que algunas bestias se volvieran feroces». La lucha contra «la tigrilla», que busca al hombre para vengarse, se convierte de este modo en un canto a la libertad y a la inteligencia. Las páginas que trazan esa aventura que comienza como una partida de caza y pasa a convertirse en el enfrentamiento, no exento de nobleza, entre el hombre y la bestia, adquieren un tono épico. Luis Sepúlveda consigue mantener en vilo al lector en la descripción de las peripecias y, una vez más, la selva y sus leyes pasan a ser las auténticas protagonistas. El viejo cazador, lector impenitente de relatos que tratan «del otro amor, del que duele», muestra su sensibilidad ante la tigresa muerta: «era un animal soberbio, hermoso, una obra maestra de gallardía imposible de reproducir ni con el pensamiento.// El viejo la acarició, ignorando el dolor del pie herido, y lloró avergonzado, sintiéndose indigno, envilecido, en ningún caso vencedor de esa batalla.»

④ *Contrasta los siguientes usos del condicional.*

«Con Aeroflot ya habría llegado»

3.1. Presente

➡ Valores (recapitulación):

➡ Actual
  ⇨ lo que ocurre en el momento en que se habla; equivale a *estar* + GERUNDIO.
  ⇨ lo habitual.
  ⇨ lo que empieza en el pasado y continúa en el presente.

➡ Futuro (normalmente, con alguna expresión que indique futuro).

➡ Pasado (*presente histórico*), para acercar en el tiempo hechos que ya han ocurrido. Puede usarse tanto en el lenguaje formal como en el coloquial.

➡ Atemporal (verdades o realidades permanentes).

➡ Mandato (coloquial); implica autoridad y ausencia de cortesía del que lo usa.

●

Explica los valores del presente en español a partir de las siguientes frases:

1. Su casa es la que tiene las ventanas pintadas de verde.
   Atemporal
2. En la Edad Media proliferan la hechicería y la magia.
   pasado
3. Les encanta la música ruidosa.
   Atemporal
4. La temperatura normal del cuerpo humano es de 37 grados.
   Atemporal
5. Llega al garaje y de pronto se da cuenta de que la están siguiendo.
   pasado
6. Siempre toma la fruta antes de las comidas.
   Actual
7. Mañana nos vemos en mi casa a las ocho y media.
   futuro
8. Me dedico al periodismo desde el verano del 90.
   Actual
9. El próximo trimestre nos inscribimos en el curso de perfeccionamiento de español.
   futuro
10. Buscamos a Luisa.
    Actual

11. Todas las mañanas van a correr al parque para mantenerse en forma.
.... *Actual* ....

12. Te vas ya a dormir, que es muy tarde.
.... *mandato* ....

13. Intentan buscar una solución.
.... *Actual* ....

14. Sales antes de la oficina y me ayudas a hacer las maletas.
.... *Mandato* ....

15. El protagonista es un genio loco que busca una poción para eliminar la fuerza de la gravedad;
cuando la encuentra y la prueba se queda para siempre flotando en el espacio.
.... *pasado* ....

3.2. Pasado

➡ **IMPERFECTO** (hablaba)

➡ Acción pasada en su transcurso:
> *Miraban tus cuadros con mucho interés.*

➡ Cortesía con valor de presente, en primera persona (*quería, venía a...*):
> *Queríamos solicitar una prórroga.*

➡ Sorpresa en el presente:
> *¿Pero tú no lo sabías?*

➡ Estados emocionales y actividades mentales en el pasado:
> *Era muy feliz. Creía que nada malo podía ocurrirle.*

➡ En el lenguaje de los niños expresa la irrealidad, la ficción (recuérdese que los cuentos infantiles comienzan con expresiones como *érase una vez, había una vez...*):
> "Ahora -prosiguió Juan- tú *sacabas* la pistola y me *matabas* a mí"(Miguel Delibes, *El príncipe destronado*).

➡ El imperfecto puede cumplir en el lenguaje coloquial dos funciones que normalmente corresponden al condicional:
> ➪ Futuro en relación con el pasado:
> > *Me comentaron que el envío llegaba (=llegaría) aquella tarde.*
> ➪ Hipótesis:
> > *Tenías (=tendrías) que ser más cuidadosa .*
> > *Yo en tu lugar no iba (=iría).*

➡ *Coloq.* Se puede usar con valor de presente para recordar algo que se ha olvidado:
> *¿Tú cómo te llamabas?*

➡ **Imperfecto/Indefinido o perfecto simple** (hablaba/ hablé)

⟶ La acción repetida en el pasado se expresa con imperfecto si es habitual y con indefinido si sucede un número concreto de veces:
El curso pasado solía llegar a clase puntualmente pero un día me retrasé media hora porque se me averió el coche.

⟶ En el pasado, la descripción se expresa con imperfecto y la narración con indefinido:
Ayer dimos un largo paseo y encontramos una iglesia preciosa. Era muy antigua y estaba recién restaurada.

⟶ Cuando expresamos una acción pasada en su desarrollo y otra que está terminada, la primera va en imperfecto y la segunda en indefinido:
Estaba leyendo tranquilamente y de pronto se fue la luz en todo el edificio.

En este sentido, es importante la actitud del hablante, que puede presentar la acción objetivamente (con el indefinido) o situándose en ella (con el imperfecto):
Era/fue siempre muy amable con nosotros.

NOTA

También puede usarse el imperfecto con un valor estilístico de acercamiento, aunque la acción esté terminada:
Ayer moría en su casa el solista del grupo, víctima de un infarto.

➡ **Perfecto/ Indefinido** (he hablado/ hablé)
Ambos expresan una acción terminada, pero hay dos grandes diferencias:

⟶ Si en la frase hay una expresión de tiempo, usaremos pretérito perfecto para las que indican tiempo no terminado (*hoy, este año...*) y pretérito indefinido para las que indican una unidad de tiempo que ya ha terminado (*ayer, el año pasado...*).
La semana pasada recibí dos cartas suyas pero esta semana aún no he recibido ninguna.

⟶ El pretérito perfecto expresa un pasado cercano aunque a veces indica una acción que comienza en el pasado y continúa en el presente. El indefinido expresa un pasado que el hablante considera más lejano.
He decidido/decidí resolver el problema cuanto antes.
He vivido aquí toda mi vida.

NOTA

Como regla práctica, podemos decir que, si no hay otras indicaciones temporales, con las expresiones *todavía, ya, aún, nunca, jamás y siempre* se suele preferir el perfecto al indefinido en el español peninsular. Hay que tener en cuenta también las preferencias dialectales, ya que hay un claro retroceso del uso del pretérito perfecto en muchas zonas hispanohablantes, especialmente en América.

➡ **Pluscuamperfecto** (había hablado)
Indica una acción pasada y terminada, anterior a otra acción también pasada:
Me enteré de que habían tenido un accidente.

➡ **PRETÉRITO ANTERIOR** (hubo hablado)

Normalmente se suprime de los métodos y gramáticas de español por estar casi en desuso. Sin embargo, es importante conocerlo porque aparece en textos formales y literarios actuales. Se suele acompañar con partículas temporales como *apenas, una vez que, cuando o en cuanto*, y expresa una acción pasada completamente terminada e inmediatamente anterior a otra también pasada:

> "Montegrifo entró en materia rápidamente, *apenas* una secretaria les *hubo servido*, en tazas de porcelana de la Compañía de Indias, café que Menchu endulzó con sacarina".

> "Excelente -dijo por fin, cerrando la carpeta *cuando hubo terminado*-. Es usted una joven extraordinaria".

(Arturo Pérez Reverte, La tabla de Flandes)

✏ **Completa las siguientes frases con la forma de pasado adecuada.**

1. Nos dijeron que no (ellos, encontrar) *encontraron* a nadie en la casa, pero que (ellos, dejar) *dejaron* un mensaje en la portería.
2. Yo que tú (ir) *iba* en seguida a ver lo que está pasando.
3. Ante aquella situación, (nosotros, hacer) *hicimos* lo que (nosotros, considerar) *consideramos* más conveniente.
4. ¿(Poder, tú) *Podrías* explicarme de nuevo las reglas de este juego? Es que es muy complicado.
5. Cuando la (yo, ver) *vi*, ella (salir) *saldría / salía* de la tintorería y yo (entrar) *entraba*.
6. (La semana pasada)(yo, solicitar) *solicité* una beca para estudiar en el extranjero.
7. (Ellos, comentarme) *me comentaron* que (ellos, ir) *fueron* al zoo al día siguiente.
8. (Ser) *Era* el típico día de verano, con el cielo sin una sola nube y un calor asfixiante.
9. (Nosotros, ir) *íbamos* todos los días a la playa, pero en dos ocasiones (nosotros, irnos) *nos fuimos* de excursión para explorar la isla.
10. ¿(Poder, usted) .... hablar más despacio? Es que aún no (yo, conseguir) *he conseguido* comprender bien el español.
11. (Encantar, a ellos) *les encantaba* hacer barbacoas los domingos en la finca de sus padres.
12. Yo (ser) *era* un marciano y (yo, matarte) *te mataba* con mi pistola.
13. ¿Pero (tú, estar) *estabas* enfermo? (Tú, poder) *Podrías* habérmelo dicho.
14. Aunque (él, pensar) *pensaba* que aquello no (ser) .... justo, (él, decidir) *decidió* callarse.
15. (El, ser) .... un niño serio y orgulloso; nunca (él, llorar) *se lloraba*
16. Mira, se ha vuelto a romper el grifo. (Nosotros, deber) *debemos* llamar a un fontanero.
17. Ten cuidado. (Yo, barnizar) *barnicé* esa silla y aún no (secarse) *se ha secado*
18. (Tú, deber) *debrías* venir más a menudo a visitarnos.
19. (Hoy)(ellos, contestar) *han contestado* a mi solicitud.
20. ¿Todavía no (vosotros, regar) .... las plantas? Se os van a morir.

21. Apenas (él, llegar) *llegó* , (él, dirigirse) *se* a la estación de autobuses y (él, tomar) *tomo* el primero que (salir) *salió o salía* para su pueblo.

22. ¡Qué sorpresa! ¿No (tú, estar) *estabas* de viaje?

23. ¿(Saber, tú) *sabes/sabrás* que ya (ellos, abrir) *han abierto* la nueva cancha de tenis?

had pasado 24. Comentó que jamás (él, oír) *había oído* nada semejante. (igual)

25. Nunca (él, salir) *había salido* de su país antes de ir a Grecia. (Ser) *fue (era)* la primera vez que (él, viajar) *viajó/viajaba* al extranjero y no (él, poder) *podía* creérselo. (El, estar) *estaba* radiante de felicidad.

26. En cuanto (ellos, recibir) *recibieron* el telegrama, la (ellos, llamar) *llamaron* para felicitarla.

27. Yo en tu lugar no me (callar) *callaba*

28. En cuanto la conferencia (terminar) *terminó* , (ellos, abandonar) *abandonaron* la sala.

29. Este siglo el progreso de la ciencia (ser) *ha sido* espectacular.

30. De pequeño (él, ser) *era* muy comunicativo, pero cuando (él, hacerse) *se hizo* mayor (él, convertirse) *se convirtió* en una persona muy reservada. ✎

✎ **En algunas de las siguientes frases hay errores. Corrígelos.**

31. Todavía no nos mostraste las fotos de tu último viaje.
   has mostrastado

32. Nos enterábamos ayer de que la compañía ha quebrado.
   enteramos

✓ 33. Ese año hicimos muchos proyectos nuevos.

34. Este año hicimos muchos proyectos nuevos.
   hemos hecho

35. Pensó que el tren ha llegado ya.
   había llegado

36. El domingo pasado he ido a visitar a unos parientes que no vi desde hace años.
   fue

✓ 37. Quería decirte que estoy muy indignada por lo que está ocurriendo.

38. Ya sé que cuando eras joven conseguías la copa del mundo. → una vez
   conseguiste

✓ 39. Estaba preocupada porque no la han llamado para volverla a contratar.

40. El año pasado vivíamos en un barrio lleno de jardines. ✓ o
   vivimos

41. Se fueron a dormir porque estuvieron muy cansados.
   estaban

42. Como estaba enfermo, llamó al médico, que había llegado muy pronto.
   llegó

43. Me enteré de que el director tenía un accidente de tráfico.
   tuvo

44. Mientras bebí el café con leche sonó el teléfono tres veces.
   bebía

✓ 45. En cuanto hube desayunado, me duché y me fui al trabajo.
   o había

Transforma las siguientes oraciones en pasado:

46. ¿Consideras necesario cambiar el aceite al coche?
...Considerabas...

47. No pueden creer lo que están viendo.
...Podía... estaban...

48. Dice que aún no ha terminado, pero que termina en un par de minutos.
...Dijo... había... terminaba...

49. Acabamos de enterarnos de que han cerrado nuestro cine favorito.
...Acababamos...

50. Creo que es una persona muy responsable aunque muchos opinan lo contrario.
...Creía era... opinaban...

51. Nunca ve películas violentas; le producen pesadillas.
...Veía... producían...

52. ¿Quieres saber lo que ha pasado?
...Querías... pasó...

53. Hay que tener mucho cuidado para no ofenderlo; es un chico muy susceptible.
...era...

54 Todos piensan que tiene mucho talento para la música.
...Pensaban... tenía...

55. Están ocurriendo cosas muy extrañas en esta casa.
...Estaban...

56. (Cada) invierno ascienden los niveles de contaminación a causa de la calefacción.
...ascendían...

57. (Siempre) nos encontramos en la cafetería.
...encontrabamos...

58. La película trata de una chica drogadicta que quiere rehacer su vida.
...trató o trataba...

59. Es una casa preciosa; tiene una terraza y un jardín inmensos.
...Era... tenía...

60. Dice que nunca ha visto una casa tan bonita como ésa.
...Dijo... había...

3.3. Futuro y condicional

➡ **FUTURO SIMPLE** (hablaré)

➡ **Posterioridad**

⇨ **Acción posterior** al momento en que se halla el hablante. Puede sustituirse por la perífrasis *ir a* + INFINITIVO o por el presente con valor de futuro:
Mañana iremos (=vamos a ir, vamos) *a un concierto estupendo.*

⇨ **Mandato** (sin cortesía):
No te irás sin nuestro permiso (=no te vayas sin nuestro permiso).

55

⫸ **Presente**

➪ **Probabilidad** en el presente:
> *¿Qué hora es?*
> *No sé, serán las diez* (=probablemente son las diez).

➪ **Incertidumbre** en preguntas que el hablante se plantea a sí mismo, conjeturas con valor de presente:
> *¿Estará enfadada conmigo?* (= me pregunto si está enfadada conmigo).

➪ **Valor concesivo** (equivalencia con *aunque* + PRESENTE), en estructuras adversativas (con *pero, sin embargo*):
> *Serán ricos, pero son muy desgraciados* (=aunque son ricos, son muy desgraciados).

➪ **Sorpresa** en el presente:
> *¿Será posible que no nos haya avisado?* (=no nos ha avisado; es increíble).

⫸ **Pasado:** futuro del presente histórico (también posible con la forma de futuro perfecto, aunque menos frecuente).
> *La novela trata sobre un grupo de amigos que se pierde en la selva. Al final, sólo dos sobrevivirán a la aventura.*

➡ **FUTURO PERFECTO O ANTEFUTURO** (habré hablado)

⫸ **Acción futura** anterior a otra acción también futura en relación con el presente:
> *A las 10* (=futuro) *ya habremos llegado* (=antefuturo) *a casa.*

⫸ **Pasado cercano**

➪ **Probabilidad** en el pasado cercano:
> *Aún no han llegado tus padres. Habrán encontrado mucho tráfico a causa de la lluvia* (=probablemente han encontrado...).

➪ **Incertidumbre** en preguntas, conjeturas con valor de pretérito perfecto:
> *¿Habrá ocurrido algo malo?* (=me pregunto si ha ocurrido algo malo).

➪ **Valor concesivo** (equivalencia con *aunque* + PRETÉRITO PERFECTO) en estructuras adversativas:
> *Habré aprobado el curso, pero no he aprendido nada* (= aunque he aprobado el curso, no he aprendido nada).

➡ **CONDICIONAL SIMPLE** (hablaría)

⫸ **Futuro**

➪ **Futuro** en relación con un pasado: *They said the plane would arrive*
> *Nos confirmaron que el avión llegaría puntual.*

➪ **Hipótesis** en el futuro o en el presente:
> *Te acompañaría al médico, pero a esa hora me resulta imposible/pero ahora me es imposible.*

⫸ **Pasado**

➪ **Probabilidad** en el pasado:
> *Era un señor muy mayor. Tendría unos noventa años* (=probablemente tenía...)

⇨ **Valor concesivo** (equivalencia con *aunque* + PRETÉRITO INDEFINIDO O IMPERFECTO), en estructuras adversativas:
> *Tendría muy buenas intenciones, pero no lo demostraba* (= aunque tenía muy buenas intenciones, no lo demostraba).

⇨ **Incertidumbre** en preguntas, conjeturas con valor de pretérito indefinido o imperfecto:
> *¿Estarían enfadados por algo?* (=me pregunto si estaban enfadados por algo).

➠ **Presente**

⇨ **Cortesía** (presente):
> *¿Me podría conceder una entrevista?*

solo opinión

⇨ **Modestia** (de uso poco frecuente, con verbos como *decir* o *jurar* para expresar una opinión sin imponerla):
> *Yo diría que no están en absoluto satisfechos con lo que ha ocurrido* (= creo que no están...).

⇨ **Condicional de rumor** (uso periodístico no recomendado como correcto, con valor de presente):
> *Según las encuestas, la mayoría de la población estaría* (=está) *en contra de la pena de muerte.*

➡ **CONDICIONAL COMPUESTO** (habría hablado) *would have*

➠ Acción **futura** anterior a otra en el futuro en relación con el pasado:
> *Creían* (=pasado) *que por la noche* (=futuro) *ya habrían llegado* (=antefuturo).

➠ **Pasado**

⇨ **Hipótesis** no realizada en el pasado:
> *Yo te habría prestado mi coche, pero no sabía que tenías el tuyo averiado.*

⇨ **Probabilidad** en un pasado anterior a otro pasado:
> *La llamé anoche pero no cogió el teléfono. Habría salido.*

⇨ **Valor concesivo** (equivalencia con *aunque* + PRETÉRITO PLUSCUAMPERFECTO) en estructuras adversativas:
> *Habría estudiado mucho, pero no logró aprobar la oposición* (= aunque había estudiado...).

⇨ **Incertidumbre** en preguntas, conjeturas con valor de pretérito pluscuamperfecto:
> *Estaban muy serios. ¿Habrían recibido ya la mala noticia?*

⇨ **Condicional de rumor** (uso periodístico no recomendado como correcto, con valor de pasado):
> *Se piensa que cerca de 5.000 estudiantes habrían participado en la manifestación contra la subida de tasas académicas* (= se cree que han participado...).

NOTA

Los usos de futuro y condicional con valor concesivo a menudo tienen un matiz de ironía.

✏️ **Explica el valor de las formas de futuro y condicional que hay en las siguientes frases.**

1. El año que viene iremos de viaje a Nueva Zelanda.

   ....

2. Yo diría que ésa no es la mejor solución.

   ....

3. ¿Será él quien ha robado el ordenador de la oficina?

   ....

4. Sería muy simpático, pero a la hora de la verdad no era una persona de fiar.

   ....

5. ¿Habrán aprobado ya la nueva normativa?

   ....

6. Habría llegado a ser un gran poeta pero murió muy joven.

   ....

7. Es una película de ciencia ficción. Los habitantes de Venus invaden nuestro planeta pero al final serán vencidos por los terrícolas.

   ....

8. Serían las 9 cuando dieron la noticia por la radio.

   ....

9. Él nunca se burlaría de ti.

   ....

10. Confirmaron que el partido tendría lugar a la hora prevista.

    ....

11. ¿Te importaría ayudarme a mover este arcón? Es demasiado pesado.

    ....

12. Cuando llegues a la tienda ya la habrán cerrado.

    ....

13. Según las últimas informaciones, el incendio se habría extendido hasta las poblaciones de la costa.

    ....

14. ¿Qué habrá sido de aquella chica tímida que trabajaba en esta cafetería?

    ....

15. No lo veo desde que terminó la carrera. Se habrá convertido en un abogado famoso y muy ocupado.

    .... ✏️

✏️ **Sustituye las siguientes frases por otras con futuro o condicional que presenten el mismo valor:**

16. ¿Crees que han oído nuestra conversación?

    ....*habrán*..

17. No sé si es demasiado tarde para llamarla por teléfono.

    ....

18. Aunque es un caballero, no lo parece.
...... *será* ......

19. Hazlo ahora mismo.
Lo Harás

20. Aunque era muy difícil conseguirlo, él lo logró.
...... *sería → pasado* ......

21. Seguramente había comprendido toda la explicación, porque no hizo ninguna pregunta.
...... *habría* ......

22. No sé por qué no ha venido. Seguramente ha olvidado la cita que teníamos.
...... *habrá* ......

23. No sé si han aceptado mi propuesta.
...... *habrán* ......

24. Me pregunto si están diciendo la verdad.
...... *estarán* ......

25. Pesa unos cincuenta kilos.
Pesará

26. Llegaron aproximadamente a las dos de la mañana.
llegarían

27. Aunque tiene sus defectos, es un ser adorable.
...... *tendrá* ......

28. Cuando llegamos ya no estaban. Probablemente se habían cansado de esperar.
habrían

29. No sé qué edad tenía aquella mujer.
...... *tendría* ......

30. Aunque se había enfadado mucho, nadie lo notó.
habría

✓ Para la mañana   *16/4/00*

Sustituye el infinitivo por una forma correcta de futuro o condicional:

31. Cuando llegues ya (yo, preparar) *habré preparado* la cena.
32. Imaginaba que (apetecerte) *te apetecería* venir de excursión con nosotros.
33. No tengo reloj, pero (ser) *serán* las 8:30.
34. (Yo, jurar) *Juraría* que había dejado sobre esta mesa las entradas para el teatro.
35. Dicen que en otoño ya (ellos, empezar a aplicar) *habrán empezado* la nueva ley.
36. ¿(Poder, usted) *Podría* indicarme dónde se encuentra la estación de tren?
37. (Tú, asistir) *Asistirás* a clase todos los días.
38. (Yo, prestarte) *te prestaría* el libro pero es que aún no he terminado de leerlo.
39. ¿(Concederme, ellos) *me* .... el préstamo que pedí?
40. Estás muy pálido. ¿(Tú, tener) *Tendrás* fiebre?
41. (Gustarnos) *nos habría gustado* estar más tiempo de vacaciones pero sólo nos habían concedido una semana.
42. No (tú, irte) *te irás* sin terminar tu tarea.
43. Ya debería haber llegado. ¿(Él, perderse) *se habrá perdido*?
44. Hace tiempo que no nos llama. ¿(Pasar, a él) *Pasará* algo?
45. Si no terminas el informe antes de las 9, todo tu trabajo no (servir) *servirás* para nada.

46. Siento interrumpirte. Pensé que a esta hora ya (tú, terminar) *habrías terminado*

47. (Ella, parecer) *Parecerá* .... muy atenta, pero a la hora de la verdad es bastante egoísta.

48. El concierto (ser) ..... *Será* .... a las 8:30.

49. (Ir, yo) *Iría* .... a esquiar con vosotros, pero aún no me he recuperado de la lesión en el tobillo.

50. (El, no asistir) *no habrá asistido* a clase, pero el examen lo ha hecho perfecto.

51. (Ella, ser) ... *Sería* .... muy inteligente, pero no lo demostraba.

52. (Encantarnos) .... cenar con vosotros, pero ya hemos quedado.

53. Había un ambiente muy raro. ¿(Ocurrir) *habría ocurrido* algo malo?

54. (Ellos, hacer) ....cualquier cosa para conseguir tu felicidad.

55. El próximo verano (nosotros, hacer) *haríamos* un safari por África.

56. ¿(Ser) .... verdad que han sido atracados?

57. Era muy alto, (Medir, él) *mediría* cerca de dos metros.

58. (Ser) ... *Será* .... un televisor de buena marca, pero funciona fatal.

59. Yo, en tu lugar, (negarse) .... a trabajar en domingo.

60. La batalla se inicia en 1545 y no (terminar) *terminará* hasta 1547.

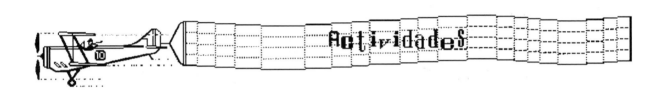

Actividades

1. Elige uno de los siguientes argumentos de películas y escribe una historia en pasado de unas 200 palabras.

El maestro de esgrima

1992. España. Director: Pedro Olea. Intérpretes: Omero Antonutti, Assumpta Serna, Joaquim de Almeida. Don Jaime Astarloa, el mejor maestro de esgrima de Madrid, es convocado durante el verano de 1868 para impartir clases a una dama. Las clases se suceden en casa de Adela de Otero y la relación se va haciendo cada vez más personal, en un clima de sensualidad creciente. La vinculación entre la alumna y el maestro se ve quebrada cuando ésta, en una conferencia, conoce a un apuesto y arrogante aristócrata.

Como agua para chocolate

Director: Alfonso Arau. Intérpretes: Marco Leonardi, Lumi Cavazos, Regina Torre. México, 1910, en plena época de la Revolución. En Piedras Negras, Pedro y Tita se han enamorado, pero es un amor prohibido. Elena, la madre de Tita, se niega a concederle la mano de su hija, pues, según la tradición, la hija pequeña tiene que cuidar de su madre en la vejez. Sin embargo, mamá Elena recuerda a Pedro que la hermana de Tita, Rosaura, está soltera. Pedro acepta casarse con ella para poder vivir en el rancho de la familia y estar cerca de su amada.

El lado oscuro del corazón

1992. Argentina-Canadá. Director: Eliseo Subiela. Intérpretes: Darío Grandanetti, Sandra Ballesteros, Nacha Guevara. Oliverio, un treintañero que sobrevive editando poesía comercial, es un hombre un tanto drástico. Sólo quiere encontrar a la mujer de sus sueños, que comprenda su poesía y que sepa volar.

Belle époque

1992. España. Director: Fernando Trueba. Intérpretes: Jorge Sanz, Maribel Verdú, Penélope Cruz, Ariadna Gil, Miriam Díaz de Aroca. Fernando es un desertor en la época de la pre-república. Encontrará la salvación en un burdel, donde conocerá a Manolo. En la estación, mientras aguarda el tren para dirigirse a Madrid, conoce a las cuatro hijas de Manolo y decide quedarse con él.

Un lugar en el mundo

1992. Argentina. Director: Adolfo Aristarain. Intérpretes: José Sacristán, Federico Luppi, Cecilia Roth, Leonor Benedetto. Película premiada con la Concha de Oro en el Festival de San Sebastián. Ernesto vuelve durante un día al pequeño pueblo de Argentina donde pasó su infancia, y recuerda su primer amor y los años de lucha en una cooperativa ovejera en contra de los intereses económicos de los poderosos.

El amante bilingüe

Director: Vicente Aranda. Intérpretes: Ornella Mutti, Imanol Arias. El destino hace que Juan y Norma se encuentren, se enamoren, se casen y se separen a una velocidad pasmosa. Con la separación comienza la turbia y verdadera historia de amor de esta pareja.

2. Inventa situaciones y excusas usando el condicional simple.

MODELO
¿Te vienes con nosotros a hacer vela el domingo?
Me encantaría, pero tengo un compromiso.

3. Intercambia con tus compañeros preguntas y respuestas usando las formas que indican probabilidad.

MODELO
(En una fiesta)
¿ Dónde estará Marta?
No sé, se habrá ido ya a su casa. Estaba bastante aburrida.

4. En las siguientes afirmaciones hay un gazapo. Hállalo.

El español de México
❏ tiende a suprimir las vocales no acentuadas (caf*e*cito).
❏ no pronuncia la *s* al final de la palabra.
❏ tiene muchos términos de origen azteca, algunos muy extendidos, como *tomate, chocolate, cacao* y *coyote.*

5. En español es habitual enunciar sólo la primera parte de un dicho, pues la segunda se sobreentiende. Busca la terminación de los siguientes.

Perro ladrador...
Ojos que no ven...
Más vale malo conocido...
Dime con quién andas...
Cría cuervos...
Dime de qué presumes...
No dejes para mañana...
A buen entendedor...
Más vale pájaro en mano...
Ojo por ojo...
Mal de muchos...
Cuando el río suena...
Del dicho al hecho...
A palabras necias...
Am. A boca de borracho...
De tal palo...
Am. Cual el cuervo...
Méx. De tal jarro...

6. Explica las expresiones contenidas en los siguientes fragmentos de prensa.

Nadar y guardar
la ropa

El cuerpo le pide dejar la política, señala a EL MUNDO. Sería una lástima que un hombre de su valía y dedicación tirara la toalla.

A flor de piel

LO ELEGANTE ES LAVAR LOS TRAPOS SUCIOS EN CASA

PERO PARA BLANQUEAR LA COLADA, NO HAY NADA COMO COLGARLA AL SOL

Curarse en salud

La paella, el típico plato valenciano, ha entrado en el mercado del servicio culinario a domicilio.

Ir al grano

Telepaella se suma al próspero servicio a domicilio

Atar cabos sueltos

Elco ofrece servicios de 'checking' laboral, negociación y arbitraje

Haití: mucho ruido y pocas nueces

Ojo al dato

Con la música a otra parte

La competencia internacional reduce la fabricación artesanal de guitarras

Telenovelas

El secreto de los culebrones

Inmaculada Vicente

xpertos en comunicación se reúnen en Barcelona para estudiar las telenovelas.

"Todos los partidos de fútbol consisten en ver a 22 hombres que golpean una pelota, pero los partidos de fútbol no son todos iguales. Eso ocurre exactamente con las telenovelas". Así justifica el autor de *La dama de rosa*, José Ignacio Cabrujas, el éxito que han obtenido las telenovelas latinoamericanas. ¿Por qué los *culebrones* llegan a alcanzar un índice de audiencia elevado? Una veintena de expertos en la materia intentaron contestar esta pregunta en las *Primeras jornadas sobre la telenovela latinoamericana*, que se han celebrado en Barcelona.

La buena aceptación de las telenovelas estriba en que apelan a los sentimientos: Lágrimas, amor, engaños, peleas, reconciliaciones y paternidades dudosas se combinan para dar forma a un producto televisivo creado para el consumo masivo de las amas de casa mayores de 30 años. Pero lo cierto es que los seriales han conseguido llamar la atención de comunicólogos, sociólogos y publicistas por la audiencia que consiguen arrastrar. Más de 20 expertos se han reunido en unas jornadas celebradas en la Universidad Autónoma de Barcelona.

En España, la emisión de *Cristal* -que programó Televisión Española (TVE)- supuso un hecho insólito: mantener en algunos momentos a más de nueve millones de personas ante el televisor para seguir las vicisitudes de la protagonista. Éste fue el punto de partida para el estudio del éxito de las telenovelas latinoamericanas en España. El fenómeno no pasó inadvertido, incluso se convirtió en uno de los titulares del *Telediario* de TVE-1: 'Hoy finaliza *Cristal*'.

Las televisiones públicas y privadas, que ya habían incorporado la franja matinal a su programación, necesitaban rellenar horas a un coste bajo. Ya que ninguna era capaz de generar tantas horas de producción, se optó por una solución fácil y golosa: la emisión de telenovelas latinoamericanas. Televisión Española adquirió *Cristal* en 1987, "al parecer por un precio cercano a los 750.000 dólares, lo que cuatro años antes había costado 200.000 dólares en producción. El precio de venta puede ser, pues, de hasta más de cuatro veces el coste, y puede suponer una facturación de hasta más de 15 veces el valor pagado por la telenovela", explica Luis Adolfo Rojas Vera, profesor de la universidad venezolana de Zulia, en su publicación *La telenovela venezolana. El éxito de un negocio comunicacional*. A pesar de que las telenovelas en España ya no tienen el éxito de hace dos temporadas, las cadenas siguen apostando por este tipo de producciones, que mantienen un buen nivel de audiencia en sus franjas horarias, y actualmente se emiten más de una docena de *culebrones*.

El término *culebrón*, cuya aparición se atribuye a los críticos televisivos, tiene su origen en los espectadores venezolanos. Las telenovelas, al incluir cortes publicitarios y ofrecerse a diario, tienen que mantener un ritmo de interés creciente. Momentos antes de que se llegue al punto culminante de la acción, se finaliza el capítulo o se da paso a la publicidad; si la trama se representase en un gráfico, éste no sería lineal, sino similar a una culebra. Esta llamada de atención que retiene al telespectador fue comparada por los venezolanos a una picadura de curiosidad, a la picadura de una culebra. De ahí salió el término *culebrón.*

El éxito de las telenovelas venezolanas, en detrimento de las brasileñas, según los estudiosos venezolanos, se debe a su capacidad para crear una fórmula secreta de fácil decodificación basada, fundamentalmente, en los diálogos. Los brasileños tienen una estética más cercana a la cinematográfica, tratan una temática distinta, menos llorona, y tienen un coste adicional de doblaje.

decodificar: descifrar lo codificado.
estribar en: apoyarse en.
franja: banda, tira.
goloso: dominado por el deseo de comer alguna cosa (aquí, fig.).
serial: serie de televisión.

El País

Cuestiones

❁ Explica las posibles razones de que se llame *culebrones* a las telenovelas.

❁ ¿Por qué se comenzó a emitir este tipo de programas?

❁ ¿Cuáles son las causas del éxito de los culebrones?

❁ Explica las siguientes expresiones:

> solución golosa
> temática llorona
> franja horaria

Expresión

• ¿Qué opinas tú sobre la calidad de los distintos seriales televisivos?
Redacta un texto sobre este tema.

Escrita

*D*io una vuelta alrededor del patio, y otra, y otra. (Empezar) .... a transcurrir lentamente los minutos, muy lentamente; nunca (transcurrir).............................. tan lentos los sesenta minutos de una hora. Al principio, el padre Espinoza (estar)............................. tranquilo. No sucedería nada. Pasado el tiempo que el hombre fijara como plazo, él abriría la puerta y lo encontraría tal como lo dejara. No tendría en sus manos ni la rosa pedida ni nada que se le pareciera. Pretendería disculparse con algún pretexto fútil, y él, entonces, le largaría un breve discurso, y el asunto terminaría ahí. (Él, estar)............................. seguro. Pero, mientras (él, pasear)............................., (ocurrírsele) .... preguntarse:

-¿Qué estará haciendo?

La pregunta lo (sobresaltar)............................. . Algo estaría haciendo el hombre, algo intentaría. Pero, ¿qué? La inquietud (aumentar)............................. ¿Y si el hombre lo hubiera engañado y fueran otras sus intenciones? (Él, interrumpir) .... su paseo y durante un momento (procurar)............................. sacar algo en limpio, recordando al hombre y sus palabras. ¿Si se tratara de un loco? Los ojos ardientes y brillantes de aquel hombre, su desenfado un sí es no es inconsciente, sus propósitos...

(Él, atravesar)............................. lentamente el patio y (pasear)............................. a lo largo del corredor en que (estar) .... su celda. (Él, pasar) .... varias veces delante de aquella puerta cerrada. ¿Qué estaría haciendo el hombre? En una de sus pasadas (él, detenerse) .... ante la puerta. No se (oír)............................. nada, ni voces, ni pasos, ningún ruido. (Él, acercarse) .... a la puerta y (él, pegar)............................. su oído a la cerradura. El mismo silencio. (Él, proseguir)............................. sus paseos, pero poco a poco su inquietud y su sobresalto (aumentar).............................Sus paseos (irse acortando)............................. y, al final, apenas (llegar)............................. a cinco o seis pasos de distancia de la puerta. Por fin, (él, inmovilizarse)............................. ante ella. (Él, sentirse)............................. incapaz de alejarse de allí. (Ser)............................. necesario que esa tensión nerviosa terminara pronto. Si el hombre no (hablar)............................., ni (quejarse)............................., ni (andar)............................., era señal de que no (hacer)............................. nada y no haciendo nada, nada conseguiría. (Él, decidirse)............................. a abrir antes de la hora estipulada. Sorprendería al hombre y su triunfo sería completo. Miró su reloj: (faltar)............................. aún veinticinco minutos para las cuatro y media. Antes de abrir (él, pegar)............................. nuevamente su oído a la cerradura: ni un rumor. (Él, buscar)............................. la llave en sus bolsillos y colocándola en la cerradura la (hacer) .... girar sin ruido. La puerta (abrirse) .... silenciosamente.

(Mirar)............................ el fraile Espinoza hacia adentro y (él, ver)............................ que el hombre no (él, estar)............................ sentado ni (él, estar)............................ de pie: (él, estar)............................ extendido sobre la mesa, con los pies hacia la puerta, inmóvil.

Esa actitud inesperada lo (sorprender)............................ ¿Qué haría el hombre en aquella posición? (Él, avanzar)............................ un paso, mirando con curiosidad y temor el cuerpo extendido sobre la mesa. Ni un movimiento. Seguramente su presencia no habría sido advertida; tal vez el hombre (dormir)............................; quizá (estar)............................ muerto... (Él, avanzar)............................ otro paso y entonces (él, ver)............................ algo que lo (dejar)............................ tan inmóvil como aquel cuerpo. El hombre no (tener)............................ cabeza.

(Él, cerrar)............................ la puerta con llave y (él, alejarse)............................ Durante los diez minutos siguientes el religioso (pasearse)............................ nerviosamente a lo largo del corredor, intranquilo, sobresaltado; no (él, querer)............................ dar cuenta a nadie de lo sucedido; esperaría los diez minutos y, transcurridos éstos, entraría de nuevo a la celda y si el hombre (permanecer)............................ en el mismo estado comunicaría a los demás religiosos lo sucedido.

¿Estaría él soñando o se encontraría bajo el influjo de una alucinación o de una poderosa sugestión? No, no lo (estar) .... Lo que (acontecer) .... hasta ese momento (ser) .... sencillo: un hombre (suicidarse)............................ de una manera misteriosa... Sí, ¿pero dónde (estar)............................ la cabeza del individuo? Esta pregunta lo (desconcertar)............................ ¿Y por qué no (haber) .... manchas de sangre? (Él, preferir) .... no pensar más en ello; después se aclararía todo.

Cuando el fraile Espinoza (abrir)............................ la puerta, el hombre no (estar)............................ ya extendido sobre la mesa, decapitado, como (él, estar) .... quince minutos antes. Parado frente a él, tranquilo, con una fina sonrisa en los labios, le (él, tender) ...., abierta, la morena mano derecha. En la palma de ella, como una pequeña y suave llama, (haber)............................ una fresca rosa: la rosa del jardín de las monjas Claras.

•• **Manuel Rojas** (Argentina),
El hombre de la rosa

decapitar: cortar la cabeza.
estipular: convenir, acordar.
fútil: insignificante.
pararse: Am. ponerse de pie.
sugestión: acción de sugestionar (captar o dominar la voluntad de una persona).
un sí es no es: de algún modo.

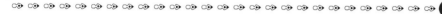

CUESTIONES

🕭 La acción de este cuento transcurre en Chiloé, isla que se encuentra al sudoeste de Chile, y trata sobre el encuentro entre un sacerdote y un hechicero. El segundo ruega al religioso que le permita demostrarle sus poderes mágicos pidiéndole algo imposible. Aquél le sugiere que le traiga una rosa del jardín de un convento de Santiago (a dos días de viaje) en una hora, tras lo cual el hechicero se encierra para su viaje mágico. Lee el texto con atención, completa los espacios con la forma de pasado apropiada y luego resume su contenido.

🕭 Halla las expresiones enfáticas que hay al principio del texto. ¿En qué recurso se basan?

🕭 *Fijara* y *dejara* son ejemplos de un uso especial del subjuntivo en lugar del indicativo (v. unidad 4). ¿Podrías deducir por el contexto cuál es su valor?

🕭 Explica el valor de las formas de futuro y condicional presentes en el texto.

🕭 *"Le largaría* un breve discurso" es expresión coloquial; ¿qué significa?

🕭 Explica los siguientes usos de *se*:

> nada que se le pareciera
> se le ocurrió
> se tratara de un loco
> pretendería disculparse
> se detuvo ante la puerta
> no se oía nada
> sus paseos se fueron acortando
> se inmovilizó
> se sentía incapaz
> se quejaba
> se decidió a abrir
> la puerta se abrió silenciosamente
> se paseó nerviosamente
> se aclararía todo

🕭 Explica la diferencia entre las siguientes expresiones:

> *el hombre no hablaba, ni se quejaba, ni andaba*
> *ni un rumor (...) ni un movimiento*

EL PODER DE LA INFORMACIÓN

ee las siguientes preguntas e intenta comprender todo su vocabulario. Luego, escucha o lee atentamente el texto correspondiente a esta sección (p.292) y contéstalas, eligiendo tan sólo una de las tres opciones que se ofrecen.

☞ *La violencia*

    (a)   se repite constantemente en los medios de información.

    (b)   se multiplica en los espejos.

    (c)   se reproduce al ser repetida por los medios de información.

☞ *La filosofía actual sólo se ocupa*

    (a)   de sus fuentes.

    (b)   de la única fuente.

    (c)   de los asuntos morbosos.

☞ *La sobrecarga de información ha creado*

    (a)   una catástrofe planetaria.

    (b)   un público cebado de noticias.

    (c)   una galería de espejos.

☞ *Las imágenes hacen*

    (a)   que los asesinos se sientan héroes.

    (b)   que nadie se pueda considerar un héroe.

    (c)   que los asesinos salgan en la cabecera del telediario.

DEBATE

¿Crees que debería suprimirse o limitarse la violencia en los medios de información y comunicación? ¿Qué otros aspectos de la televisión, la prensa y la radio te parecen discutibles?

Cuarta Unidad

El subjuntivo: correspondencia de tiempos. Oraciones independientes

4

❶ *El pretérito indefinido y el pluscuamperfecto de indicativo (hablé, había hablado) pueden expresarse, en el lenguaje periodístico y literario, por medio del pretérito imperfecto de subjuntivo (hablara). Sustitúyelo en el siguiente fragmento por la forma correspondiente del indicativo.*

ahora decide, nuevo Antonioni en su propio país, contar una algo diferente, una historia de ficción que se sirve sin pudor de las fuentes del documental para construir la misma película que viene haciendo desde que, con *Sorgo rojo,* irrumpiera en el panorama del cine mundial.

② *Explica los siguientes usos de* que + SUBJUNTIVO.

"Que se lo paguen ellos"

"¿Encuestas, qué encuestas?", se preguntaban los profesores de la licenciatura. Que ellos supieran, sólo el Gabinete de Evaluación e Innovación Universitaria (GAIU) de la Universidad de Barcelona (UB) puede sondear a los estudiantes

❸ *¿Qué puedes decir sobre el futuro de subjuntivo?*

④ *Quisiera y pudiera son formas de subjuntivo que aquí se usan en lugar de un tiempo de indicativo; ¿cuál?*

LA FAMILIA BIEN, GRACIAS
Engañoso film no tan inofensivo y conservador como pudiera parecer

LA CHICA del GANGSTER
Un poli que quisiera ser un artista.
Un gángster que quisiera ser un cómico.
Y una chica que quisiera estar donde sea, menos entre los dos.

❺ Sustituye las formas *hubiera evitado* y *me hubiese gustado* de los siguientes fragmentos por otras equivalentes de indicativo y explica la correspondencia.

YVES BONNEFOY / Poeta francés

«Me hubiese gustado cruzar la mirada con Goya»

Según algunas versiones, los familiares de la donante no informaron a los médicos de que ésta había sido operada de tumor maligno. Ahora, con el actual registro para casos así, la transmisión de la enfermedad se hubiera evitado.

⑥ *Extrae tus propias conclusiones sobre los usos de subjuntivo que se subrayan.*

«*Estaba* ya pensando en decir muchas gracias y adiós cuando me trajo consuelo un aborigen vestido con guardapolvo que *tal vez hubiera sido* blanco el día anterior»

La reapartura del proceso por la muerte de Enrique Ruano reivindica a dos generaciones, afirma la existencia de dos legitimidades divergentes y posiblemente afile la espada que corta a España en dos.

El disparo de su pistola no fue un asesinato, sino un acto de justicia. Puede que los tribunales no le condenen, pero no tendrá nunca la absolución de la historia.

Este movimiento, profundamente democratizador y de neto carácter humanitario y progresista, despertó enseguida el interés de ciertos grupos de izquierda más o menos radicales así como el de numerosos simpatizantes del Ejército Republicano Irlandés, que no dejaron de percibir en él un enorme potencial desestabilizador muy apto para convertirse en el gérmen de lo que podría llegar a ser una revolución a gran escala, cuya finalidad última acaso fuese el viejo sueño irlandés de la reunificación del país.

4.1. El subjuntivo: correspondencia de tiempos

➡ **Presente** (hable)
Puede equivaler a presente y futuro de indicativo. Para evitar ambigüedad, se suele acompañar con expresiones de tiempo:

> *Quieren que salgas (ahora mismo/ mañana) para Sevilla.*

➡ **Pretérito perfecto** (haya hablado)
Su significado se corresponde con:

⇒ pretérito perfecto de indicativo:
> *No creo que haya pasado nada grave* (=creo que no ha pasado...).

⇒ futuro perfecto de indicativo:
> *No creo que el viernes ya hayas encontrado una solución* (=creo que no habrás encontrado...).

➡ **Pretérito imperfecto** (hablara/ hablase)

⇒ Puede expresar simultaneidad, anterioridad y posterioridad, y a menudo va acompañado de expresiones temporales para evitar la ambigüedad:
> *Le pidieron que preparara* (posterioridad) *una conferencia para el lunes.*
> *No creo que le resultara* (anterioridad) *fácil encontrar la dirección.*
> *Me gustaría que me dieras* (simultaneidad) *una respuesta ahora mismo.*

⇒ Las dos formas de este tiempo, *hablara* y *hablase*, tienen el mismo significado, pero hay que anotar que:

> ⇨ sólo la forma *hablara* puede equivaler a pretérito indefinido y pluscuamperfecto de indicativo, en un uso poco recomendado pero muy extendido, especialmente en la prensa:
> > *Todas las promesas que hiciera el presidente en el último congreso han sido incumplidas.*

> ⇨ con ciertos verbos -*querer*, *poder*, *deber*- existe la posibilidad de sustituir, en algunos casos, el condicional simple por la forma de imperfecto de subjuntivo en -*ra*:
> > *Quisiera* (querría) *comentarte algo.*
> > *No debieras* (deberías) *actuar de un modo tan imprudente.*
> > *Pudiera* (podría) *ser que te llamaran para darte esa plaza.*

> ⇨ en las oraciones condicionales las formas *hablara* y *hablaría* pueden sufrir alteraciones:
> > *Si lo supiera te lo diría* (uso correcto).
> > *Si lo supiera te lo dijera* (uso arcaizante que se da en diversas zonas de Hispanoamérica).
> > **Si lo sabría te lo diría* (uso vulgar que se produce en el País Vasco y zonas limítrofes, principalmente).

NOTA

En textos literarios no actuales podemos encontrar el uso de *hablara* en lugar de *hablaría*:
> *¿Quién me dijera, Elisa, vida mía...?* (Garcilaso de la Vega, s. XVI, *Égloga I*)

➡ **Pretérito pluscuamperfecto** (hubiera hablado/hubiese hablado)

⏩ Expresa una acción pasada en relación con otra acción en el pasado. Puede equivaler al pluscuamperfecto o al condicional compuesto de indicativo:
No creo que lo hubiera hecho (=creo que no lo había/habría hecho).

⏩ También presenta dos formas con un mismo significado, y puede sustituir al condicional perfecto para expresar hipótesis no realizada en el pasado:
Le hubiera gustado (habría gustado) *ser periodista.*

➡ **Futuro simple y compuesto** (hablare/ hubiere hablado)
Ha ido desapareciendo del lenguaje oral y actualmente sólo puede encontrarse en casos muy específicos, como:

⏩ textos legales:
El que presentare a sabiendas testigos falsos en juicio, será castigado como reo de falso testimonio (Art. 333 del Código Penal).

⏩ textos antiguos:
Mátente por las aradas...si no dijeres la verdad de lo que te fuere preguntado (Romance "La Jura de Santa Gadea").

⏩ fórmulas estereotipadas:
Ya sé que lo hizo sin mala intención, pero sea como fuere, el mal está hecho.

➡ **La correspondencia de tiempos: modelo**
Éstas son las relaciones de tiempo más comunes entre indicativo y subjuntivo:

INDICATIVO	SUBJUNTIVO
Creo, creeré que lo comprende.................	No creo, creeré que lo comprenda
Creo, creeré que lo ha comprendido..........	No creo, creeré que lo haya comprendido
Creo, creí, creía que lo comprendía, comprendió, comprendería......................	No creo, creí, creía que lo comprendiera, -se
Creo, creí, creía que lo había comprendido..	No creo, creí, creía que lo hubiera,-se comprendido
Creo que lo comprenderá..........................	No creo que lo comprenda
Creo que lo habrá comprendido.................	No creo que lo haya comprendido
Creo, creí, creía que lo habría comprendido..	No creo, creí, creía que lo hubiera,-se comprendido

Transforma en pasado cada una de las siguientes frases:

1. Esperamos que te arrepientas de lo que estás haciendo.
    ....

2. Te aseguro que haré todo lo que sea posible para ayudarte.
    ....

3. No creo que hayan aceptado esas condiciones.
    ....

4. Han decidido que si se confirman las expectativas electorales formarán grupo parlamentario.
    ....

5. Eso no justifica que lo hayan calumniado.
    ....

6. El guardián le dijo que escapara.
    ....

7. Niegan que se trate de una conspiración.
    ....

8. Los problemas económicos de la compañía impiden que haga frente a una subida de salarios.
    ....

9. Es poco probable que vuelva a dedicarse a la política.
    ....

10. No estamos seguros de que haya recibido el mensaje.
    ....

11. No creí que el peligro fuera tan inminente.
    ....

12. Temíamos que hubieran desaparecido los documentos.
    ....

13. Lo haremos para que escarmienten.
    ....

14. Espero que a las 7 ya hayas acabado.
    ....

15. Los sindicatos se quejan de que no se haya respetado el acuerdo.
    ....

Pon el verbo en infinitivo en una forma correcta de subjuntivo:

16. Te dejaré aquí las revistas para que (tú, verlas) _las veas_ cuando (tú, tener) _tengas_ tiempo.

17. Si (tú, ser) _hubieras sido_ más observador, te habrías dado cuenta de lo que estaba pasando.

18. No lo creeré hasta que (yo, verlo) _lo vea_

19. Nada indica que (ellos, ir) _vaya_ a cambiar de opinión.

20. Queremos que (tú, aceptar) _aceptes_ colaborar con nosotros.

21. Nos gustaría que (tú, aceptar) _aceptaras_ colaborar con nosotros.

22. Aunque no (tú, decírmelo) _me lo digas_, sé que estás pasando un momento difícil.

23. Llamaré inmediatamente para que (hacernos, ellos) *nos hagan* la reserva de hotel.
24. Probablemente (ser) *sea* demasiado pronto para comentar los resultados de la votación.
25. Dirígete a la embajada en cuanto (tú, poder) *puedas* . *(as soon as)*
26. Cuando ya (tú, terminar) *hayas terminado* estas gestiones podrás tomarte un par de días libres.
27. Es probable que (ellos, escuchar) *hayan escuchado* nuestra conversación de ayer.
28. Si (tú, ser) *hubieras sido* más discreto, nadie se habría enterado de esto.
29. (Encantarnos) *nos encantó* que (tú, estar) *estuvieras* en la entrega de premios.
30. (Nosotros, querer) *Quisiéramos* que (tú, darnos) *nos dieras* tu opinión sobre este asunto.
31. Aunque (tú, contarlo) *lo contaras* no te creerían.
32. Hemos solicitado que (ellos, cambiar) *cambien* la fecha de la convocatoria.
33. Van a intentar que las negociaciones (ser) *sean* rápidas a fin de que el mercado (quedar) *quede* preparado lo antes posible.
34. Puede que (él, acabar) *acabe* por hartarse si no le damos ya una solución.
35. Los convencimos para que (ellos, aceptar) *aceptaran* el plan propuesto.
36. Nos dijeron que, por mucho que (nosotros, intentarlo) *lo intentáramos* el esfuerzo sería inútil.
37. Me (gustar) *gustaría* que (ellos, avisarme) *me avisaran* de lo que proyectaban.
38. ¿Sería posible que (usted, mostrarme) *me mostrara* otro modelo mejor?
39. No creo que (haber) *haya* consenso sobre este tema.
40. Cuando (tú, terminar) *hayas terminado o termines* de arreglar el enchufe, podrías ayudarme a mover estos muebles.
41. (Nosotros, querer) *Queremos* que (usted, escucharnos) *nos escuchen* al menos una vez.
42. No me pareció que (ellos, estar) *estuvieran* contentos con el resultado.
43. Pasaremos a verte antes de que (tú, irte) *te vayas* de vacaciones.
44. No sabía que (vosotros, ganar) *hubierais ganado* un viaje a Jamaica.
45. Es muy extraño que aún (ellos, no llegar) *no hayan llegado* . Espero que (ellos, no perderse) *no se hayan perdido*

✏ **Al convertir en negativas las siguientes frases, el segundo verbo habrá de ir en subjuntivo. Sigue el modelo.**

46. Veo que lo has conseguido.
    No veo que lo hayas conseguido.
47. Soñé que habías descubierto un galeón hundido.
    ....
48. He leído que va a bajar la gasolina.
    ....
49. Nos dimos cuenta de que era un farsante.
    ....
50. Recuerdan que les has prometido acompañarlos al zoo.
    ....
51. Reconoció ante el jurado que había cometido el crimen.
    ....
52. Está claro que la situación va a cambiar en las próximas semanas.
    ....

53. Estamos seguros de que han dicho la verdad.

....

54. Era cierto que habían caído en una trampa.

....

55. Nos dimos cuenta de que estaba bromeando.

....

56. Somos conscientes de que has hecho todo lo posible.

....

57. Es obvio que han comprendido el problema.

....

58. Estoy convencida de que ésa es la salida más idónea.

....

59. Está demostrado que el hombre es un animal de costumbres.

....

60. Me consta que ha estado aquí hoy.

....

4.2. Oraciones independientes

Aunque normalmente el subjuntivo depende de un verbo principal en indicativo, hay oraciones que se construyen con un solo verbo que puede o debe ir en subjuntivo.

➡ **SUBJUNTIVO**

➡ **DESEO**

⇨ *ojalá (que)*
>   *Ojalá llueva* (futuro).
>   *Ojalá haya llovido* (pasado inmediato).
>   *Ojalá lloviera* (pasado/presente poco probable/ futuro poco probable).
>   *Ojalá hubiera llovido* (deseo no realizado en el pasado).

⇨ *que*
Expresa deseos, positivos o negativos, y suele usarse con presente y pretérito:
>   *¡Que te mejores de ese catarro!* (futuro)
>   *¡Que me trague la tierra si miento!* (presente)
>   *Estoy oyendo sirenas. ¡Que no haya pasado nada!* (pasado inmediato)

NOTA

A veces se pierde la conjunción *que*:
>   *¡Mal rayo te parta!*
>   *Descanse en paz.*

⇨ otros usos de *que*+ SUBJUNTIVO
> • Las órdenes y ruegos dirigidos a terceras personas se construyen con *que* + presente de subjuntivo:
>>   *Que entre el siguiente.*
>>   *Que vengan aquí los que quieran ayudar.*

• Sorpresa:

> *¡Que tú me hayas hecho esto!*

• Fórmulas

→ *Que yo sepa, recuerde, vea*; *que nosotros sepamos, recordemos, veamos* (sirven para matizar lo que se dice):

> *Que yo recuerde, éste no es el color que yo elegí .*

→ *Que digamos , que dijéramos* (se usa tras una negación y con sentido irónico):

> *El libro que me prestaste no es/era muy interesante, que digamos/dijéramos.*

⇨ ***si, quién*** (+ imperfecto o plusc. de subjuntivo)

Expresan deseos cuya realización es poco probable (imperfecto) o imposible (pluscuamperfecto).

> *¡Quién pudiera estar en su lugar!* (=me gustaría estar en su lugar).
> *¡Si al menos te hubieran dado una oportunidad!* (=me habría gustado que te dieran una oportunidad).

⇨ ***así***

Malos deseos, maldiciones, en frases exclamativas de uso poco frecuente:
> *No me importa nada de lo que haga. ¡Así se muera!*

➠ POSIBILIDAD: ***puede que***

> *Puede que acepte* (futuro).
> *Puede que haya aceptado* (pasado inmediato).
> *Puede que aceptara* (pasado, futuro menos probable).
> *Puede que hubiera aceptado* (pasado no realizado).

(Por el contrario, con la expresión de posibilidad **a lo mejor** siempre usamos indicativo: *A lo mejor te damos una sorpresa*).

➠ *Coloq.* ***ni que*** (+ imperfecto/plusc. de subjuntivo)

Valor comparativo y matiz de ironía:
> *No quiero que me invites. ¡Ni que fueras rico!* (=no eres rico y actúas como si lo fueras).
> *No te enfades tanto. ¡Ni que te hubiera pegado!* (=te has enfadado tanto que parece que te he pegado).

➠ INDICATIVO/SUBJUNTIVO

➠ PROBABILIDAD

⇨ ***quizá(s), tal vez, probablemente, posiblemente***

Si la expresión va antes del verbo, éste puede ir con indicativo (mayor grado de probabilidad) y subjuntivo (grado menor). Si va después del verbo, éste se construye con indicativo:

> *Probablemente iremos/vayamos a la huelga.*
> *Iremos a la huelga, probablemente.*

NOTAS

(1) *Acaso* sigue las mismas normas pero su uso es muy formal: "Los sentí poseedores de un secreto que no compartirían con un extraño. Acaso veneraban al Tigre Azul y le profesaban un culto que mis temerarias palabras habían profanado" (J.L.Borges, *Tigres azules*).

(2) La Academia considera más correcta la forma *quizá*, pero *quizás* se usa ante vocal por razones fonéticas: *quizás aprecie tu contribución*.

⇨ *¿y si...*(+ indicativo/subjuntivo, imperf. o plusc.)?:
    • conjeturas:
        ¿Y si es/fuera verdad? (=¿será verdad?).
        ¿Y si nos ha/hubiera engañado? (=¿nos habrá engañado?)
    • sugerencias:
        ¿Y si nos vamos/fuéramos?

Completa los espacios adecuadamente:

1. Quizá (yo, ir) _vaya_ a visitarte el próximo jueves.
2. ¿Y si (nosotros, preparar) _preparáramos_ una fiesta sorpresa para su cumpleaños?
3. No sabía que te ibas de vacaciones. ¡Que (tú, tener) _tengas_ buen viaje!
4. Puede que (ellos, contestar) _hayan contestado_ ya el formulario.
5. Tal vez (yo, decidirme) _me decida_ a matricularme en ese curso de contabilidad.
6. ¡Quién (tener) _tuviera_ una casa como ésa!
7. ¡Que (ganar) _gane_ el mejor!
8. Ojalá no (tú, enfermarte) _te hubieras enfermado_. Ahora podrías acompañarnos a la playa.
9. ¡Ah, si (yo, tener) _tuviera_ poderes mágicos!
10. Probablemente (ellos, autorizar) _autoricen_ el envío de soldados para una misión de paz.
11. (Ellos, enviar) _Enviaron_ soldados, posiblemente.
12. Aún no han adoptado ninguna medida, que yo (saber) _sepa_.
13. Esas palabras no son muy halagüeñas, que (decir) _digas_.
14. Está entusiasmado. ¡Ni que le (tocar) _hubiera tocado_ la lotería!
15. (Gustarle) _Le gustaría_ participar en la regata.
16. ¡Que la (partir) _parta_ un rayo!
17. Ojalá que (ellos, traer) _traigan_ las fotos que nos prometieron.
18. En otras circunstancias, (él, presentar) _hubiera presentado_ una solicitud para la plaza vacante, pero ya no la necesita.
19. Probablemente, ésta (ser) _sea_ la mejor marca conseguida por un atleta de nuestro país.
20. ¿Pero por qué no contestas? ¡Ni que el gato (comerte) _te hubiera comido_ la lengua!
21. ¿Y si (olvidamos) _nos olvidáramos_ del trabajo un rato y (ir, nosotros) _fuéramos_ a tomar un café?
22. Quizá nunca (él, ver) _vea_ de cerca cómo son los delfines.
23. ¡Que nos (fallar) _falles_ tú, nuestro mejor amigo!
24. Aún no han salido los resultados, y puede que (tardar) _tarde_ bastante en hacerlo.

25. ¡Si (tú, verla) *la hubieras visto* disfrazada para la fiesta de carnaval! Estaba cómica.
26. Las predicciones meteorológicas no son muy prometedoras, que (decir) *diga* .
27. Que yo (saber) *sepa* , aquí no han traído ningún telegrama para ti.
28. Tal vez éstas (ser) *sean* las mejores vacaciones de nuestra vida.
29. Posiblemente (yo, llamarte) *te llame* esta noche; tengo muchas novedades que contarte.
30. ¿Y si (ser) *fuera* un bulo lo que nos han dicho?

Completa libremente las siguientes frases:

31. .... , tal vez.
32. Puede que no ....
33. ¿Ya te vas? ¡Ni que .... !
34. Ojalá .... en la vida.
35. Quizá .... en las rebajas.
36. ¡Que .... pronto!
37. ¿Y si .... la feria de antigüedades?
38. Tal vez .... cuando tenga un rato libre.
39. Probablemente, la guerra ....
40. A lo mejor .... antes del amanecer.
41. Puede que .... el informe.
42. ¡Quién pudiera .... !
43. Que .... en la fiesta de mañana.
44. Que yo ...., ... sobre la mesa.
45. No es .... , que ....

1. ¿Qué deseos o posibilidades te sugieren las siguientes imágenes? Construye frases correctas usando las estructuras estudiadas en esta unidad.

2. Copiad los siguientes fragmentos en trozos de papel y repartid a cada uno al menos uno de la primera columna y otro de la segunda. Intercambiadlos hasta formar frases correctas. Quien se quede con dos trozos que no se correspondan perderá el juego. Escribid las frases en la pizarra, añadiendo los signos de puntuación, interrogación y exclamación que sean necesarios.

Tal vez	que digamos.
Puede que	vuelven a abrir el centro cultural.
Ojalá	el nuevo alcalde crea un clima de confianza.
Que	hubieras visto un fantasma.
Ni que	sea ya muy tarde para pedir una prórroga.
No es muy elegante	fuera tonto.
El atentado ha sido cometido por terroristas	se hayan vuelto a ver.
Hubiera jurado	no se hubiera estropeado la cosecha.
A lo mejor	nos fuéramos de copas.
Quizá	que era ella la que estaba allí ayer.
Posiblemente	probablemente.
Quién	haya conseguido el premio.
Y si	no haya sido grave.
Ni que	te lo pases muy bien.
Que	hubiera podido ser millonario.

3. La estructura *ni*+ SUBJUNTIVO presente en estas viñetas es diferente a la estudiada en esta unidad. ¿Podrías explicarla?

4. Halla el gazapo:

En el español de El Salvador, Honduras y Nicaragua
❏ se llama a sus habitantes, respectivamente, *guanacos, catrachos* y *nicas.*
❏ se pronuncia la jota con énfasis.
❏ se usa *vos* por *tú* en el lenguaje familiar.

5 . ¿Qué puede estar pensando nuestro náufrago? Formula sus deseos.

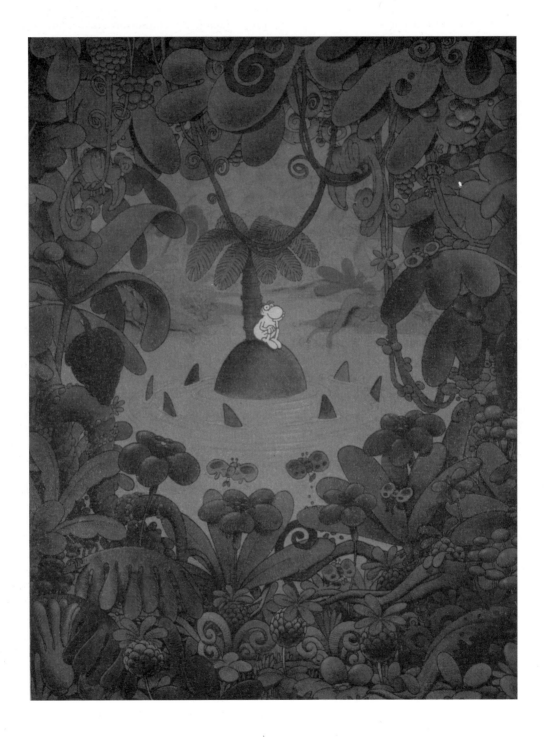

Víctimas de la publicidad

¡No se lave tanto! Verá qué bien

AGUSTÍN GARCÍA CALVO

sté U. atento, y especialmente, esté U. atenta; con cada nueva loción, con cada nueva fricción, con cada nuevo artilugio sanitario, le están matando el olor, le están matando la esencia.

Debe U. saber que vivimos bajo un Imperio que tiene como fin y plan convertirlo a usted en dinero puro, que ni viva ni sienta, y está ese Imperio, por ello mismo, poseído de una saña furibunda contra eso que le hacen a U. llamar "mi cuerpo", y por tanto, le ordena a U. por todos los Medios fregarlo, refregarlo, desodorarlo, untarlo de ponzoñas, arrancarle la flor de la piel y los sudores: en fin, aniquilarlo.

Todo ello, como se suele, bajo pretexto de que es por su bien de usted, y que puesto que U. obedece y lo hace y se lava y baña y ducha y unta y restriega a troche y moche, es que le gusta a Usted. Para que vea que no puede U. fiarse de sus gustos de U. ni de sus votos, cuando tan claramente coinciden con las órdenes de Arriba y las necesidades del Mercado.

¿Se ha fijado U. en lo que ha llegado a ser la promoción del sanitario y de los productos de limpieza, en cómo las viviendas de los millonarios y las estrellas de los hoteles se gradúan por la cantidad y progreso de los sanitarios de que están dotados, en cómo los anuncios televisivos van a eso sobre todo, que parece que no se vive más que para desodorarse, ducharse, untarse algo de marca y volverse a duchar implacablemente, y en fin, que, si dejara U. de lavarse un poco, se iba a hundir en dos días el Mercado todo y el Imperio? Para que se fíe U. de sus gustos personales, señora, lo mismo que de las opiniones políticas de su marido.

El pretexto principal que se manejó para llegar a esta bárbara invasión fue el de la Higiene, una peste del mundo que el Desarrollo le debe a la iniciativa de las damas británicas de hace siglo y medio; no a las altas aristócratas inglesas, que ésas probablemente se lavaban igual de poco que las de otros sitios (tal vez ni siquiera habían adoptado de las francesas la institución del bidé), pero, una vez que la colonización lanzaba señoras de coroneles a residir en sitios como la India o Tanganica, ya el proceso estaba desatado: la obsesión de la *plumbery*, de las instalaciones sanitarias en junglas y desiertos, el terror de los *germs*, enseguida ratificados como 'microbios' por la Ciencia, luego perfeccionados como 'virus', la adoración de la limpieza a todo trapo, el miedo de que un cuerpo pudiera oler a algo más, más que a productos de droguería, en fin, la Higiene como enseña de la Civilización triunfante.

Ese pretexto, higiénico y científico, era falso, por supuesto: bien ha visto U. cómo la higiene genera sus nuevas suciedades y sus nuevas pestes; y por debajo de la Ciencia, lo que había era, como siempre, religión; la persistencia, bajo nuevas formas, de la ablución penitente de nuestros pecados, que no son de U. ni de nadie, sino acaso de Dios mismo que los manda. Pero ello es que, con tal pretexto, lo han sometido a U. a este régimen bajo el que sufre U. pasión, que ya no puede vivir limpio ni por casualidad, sino limpiado constantemente: cuando el Trabajo corre peligro de dejar al descubierto su falta de necesidad, ¡sean trabajo la Higiene y el Deporte!, ¡démosle leña al cuerpo con cualquier motivo!

Puede pues que le sea difícil ponerse a lavarse menos y rebelarse contra el Imperio de la Higiene, y tendrá U. que ser prudente y morigerado en el progresivo abandono de las malas prácticas con que lo han constituido, en el ir devolviendo la vida y el respiro a su piel martirizada. Incluso, si está U. enfermo, puede que tenga que seguir usando la bañera a la manera de aquellas viejas damas que, al enseñarles a las visitas el cuarto de baño instalado por primera vez en su domicilio, les decían señalando la bañera : "Y esto, por si alguna vez (Dios no lo permita) cae enferma alguna de nosotras". Que debían de ser las mismas que, murmurando de unas jóvenes vecinas, rezongaban "esas guarras, que se andan bañando cada día", con mejor razón de la que creían ellas: pues sólo la que no necesita limpiarse es limpia.

Puede, sí, que le cueste mucho; pero vale la pena, se lo aseguramos: vea lo que va a ganar con el progresivo abandono de la saña limpiadora.

No tendrá U. ya que gastar en desodorantes; y de paso, un día la Televisión no podrá ya más hacer su agosto pregonándole las mil maneras de disimular su olor.

No se dará cremas solares, para no tener tampoco que quitárselas; ni de otras cremas ni máscaras ni maquillajes, para no tener que usar las lociones limpiadoras de todo ello. ¡Hasta puede que un día se encuentre con unos labios que saben a labios y no a carmín, con una piel que sabe a vida y no a destilería ni polvera ni marca comercial ninguna!

¿Se da cuenta, la delicia que le proponemos?

Descubrirá el placer de bañarse por gusto o cuando lo pida la calor o la tentación del agua.

Ganará U. cantidad de tiempo libre, tiempo de aburrirse a pelo, sin hacer nada. Puede incluso que descubra que hasta olía bien: que huele U. a mujer, a hombre, y que huele bien.

El País

ablución: acción de purificarse con agua.
artilugio: artefacto complicado pero de escasa utilidad.
enseña: insignia, estandarte, símbolo.
friccionar: frotar el cuerpo.
furibundo: airado, furioso.
morigerado: de buenas costumbres.
ponzoña: sustancia venenosa o nociva.
rezongar: gruñir, mostrar enfado.
saña: furor, enojo ciego.

• *Cuestiones* •

✪ Resume en pocas líneas el contenido del texto. Explica la razón de que términos como *Medios* o *Imperio* vayan con mayúsculas.

✪ Halla y explica las oraciones independientes del texto, según lo visto en esta unidad.

✪ Explica el significado de las siguientes expresiones:

> a troche y moche
> de marca
> dar leña
> a todo trapo
> a pelo
> la calor

✪ Reflexiona sobre el uso de los pronombres en los siguientes casos:

> esté U. atento
> le están matando el olor
> convertirlo a usted, por su bien de usted
> le hacen a U., le gusta a U.
> como se suele
> las viviendas se gradúan por la cantidad de sanitarios
> fiarse de sus gustos
> desodorarse, ducharse, untarse
> se iba a hundir
> démosle leña al cuerpo
> ponerse a lavarse menos y rebelarse
> enseñarles a las visitas
> se andaban bañando
> quitárselas
> no se dará cremas
> aburrirse

✪ Deduce el significado de las siguientes perífrasis a partir del contexto. Puedes consultar los esquemas gramaticales de la unidad 11.

> si dejara de lavarse
> se iba a hundir
> el proceso estaba desatado
> ponerse a lavarse
> tendrá que ser prudente
> ir devolviendo la vida a su piel
> seguir usando
> debían de ser las mismas
> se andan bañando
> lo que va a ganar

✪ *Poseído de una saña furibunda.* ¿Qué valor de la preposición tenemos aquí?

Expresión

• ¿En qué medida nuestras necesidades son creadas y no reales? Redacta un texto sobre este tema.

Escrita

*M*ario y Pedro están sin un mango desde hace rato y no es que se quejen demasiado pero bueno, ya es hora de tener un poco de suerte, y de golpe ven el portafolio abandonado y tan sólo mirándose se dicen que quizá el momento haya llegado. Está solito el portafolio sobre la silla arrimada a la mesa y nadie viene a buscarlo. Ha llegado el momento porque el café está animado en la otra punta y aquí vacío y Mario y Pedro saben que si no es ahora es nunca.

Portafolio bajo el brazo, Mario sale primero y por eso mismo es el primero en ver el saco de hombre abandonado sobre un coche, contra la vereda. Un saco espléndido de estupenda calidad. También Pedro lo ve, a Pedro le tiemblan las piernas por demasiada coincidencia, con lo bien que a él le vendría un saco nuevo y además con los bolsillos llenos de guita. Mario no se anima a agarrarlo. Pedro sí aunque con cierto remordimiento que crece casi estalla al ver acercarse a dos canas.

Esta no es una tarde gris como cualquiera y pensándolo bien quizá tampoco sea una tarde de suerte como parece. Son las caras sin expresión de un día de semana, tan distintas de las caras sin expresión de los domingos. Pedro y Mario ahora tienen color, tienen máscara y se sienten existir porque en su camino florecieron un portafolio y un saco sport. Como tarde no es una tarde fácil, ésta. Algo se desplaza en el aire con el aullido de las sirenas y ellos empiezan a sentirse señalados. Ven policías por todos los rincones, policías en los vestíbulos sombríos, de a pares en todas las esquinas cubriendo el área ciudadana, policías trepidantes en sus motocicletas circulando a contramano como si la marcha del país dependiera de ellos y quizá dependa, sí, por eso están las cosas como están y Mario no se arriesga a decirlo en voz alta porque el portafolio lo tiene trabado, ni que ocultara un micrófono, pero qué paranoia, si nadie lo obliga a cargarlo.

Pedro decide ponerse el saco que le queda un poco grande pero no ridículo ni nada de eso. Holgado, sí, pero no ridículo; cómodo, abrigado, cariñoso, gastadito en los bordes, sobado. Pedro mete las manos en los bolsillos del saco (sus bolsillos) y encuentra unos cuantos boletos de colectivo, un pañuelo usado, unos billetes y monedas. No le puede decir nada a Mario y se da vuelta de golpe para ver si los han estado siguiendo. Quizá hayan caído en algún tipo de trampa indefinible, y Mario debe estar sintiendo algo parecido porque tampoco dice palabra. Parece que nadie los ha seguido, pero vaya uno a saber: gente viene tras ellos y quizá alguno dejó el portafolios y el saco con oscuros designios. Mario se decide por fin y le dice a Pedro en un murmullo: No entremos a casa, sigamos como si nada, quiero ver si nos siguen. Pedro está de acuerdo. Mario rememora con nostalgia los tiempos (una hora atrás) cuando podían hablarse en voz alta y hasta reír. El portafolio se le está haciendo demasiado pesado y de nuevo tiene la tentación de abandonarlo a su suerte. ¿Abandonarlo sin antes haber revisado el contenido? Cobardía pura.

Siguen caminando sin rumbo fijo para despistar a algún posible aunque improbable perseguidor. No son ya Pedro y Mario los que caminan, son un saco y un portafolio convertidos en personajes.

---

a contramano: en dirección
  opuesta.
arrimar: acercar.
holgado: ancho, espacioso.
paranoia: perturbación mental.
portafolio: cartera de mano.
sobado: muy usado.
trabar: enlazar, entorpecer.

•◦ Luisa Valenzuela *(Argentina),*
Aquí pasan cosas raras

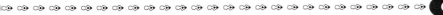

 **CUESTIONES**

🔖 Halla y explica las estructuras independientes estudiadas en esta unidad.

🔖 Inventa un final para esta historia.

🔖 Explica las siguientes expresiones y busca otras equivalentes:

> estar sin un mango
> desde hace rato
> vereda
> guita
> cana
> no se anima a agarrarlo
> saco sport
> con lo bien que le vendría
> unos cuantos boletos de colectivo
> vaya uno a saber

🔖 Observa la estructura de la siguiente frase e intenta construir otras similares. Puedes explicarla con los esquemas gramaticales de la unidad 6.
> *No es que se quejen, pero ya es hora de tener un poco de suerte.*

🔖 Explica las diferencias entre *se le acercaron* y *se le condujo*.

🔖 Reflexiona sobre el uso de los diminutivos en el texto:

> *está solito el portafolio*
> *(el saco) gastadito en los bordes*

MODAS

Lee las siguientes preguntas e intenta comprender todo su vocabulario. Luego, escucha o lee atentamente el texto correspondiente a esta sección (p.293) y contéstalas, eligiendo tan sólo una de las tres opciones que se ofrecen.

☛ *El nuevo Popeye*
  (a) *será un adepto de la posmodernidad.*
  (b) *cambiará radicalmente.*
  (c) *será pinchadiscos en una discoteca.*

☞ *Popeye aparece por primera vez en*
    (a)   1929
    (b)   1894
    (c)   1919

☞ *Las virtudes mágicas de las espinacas*
    (a)   *eran producidas por los superpoderes del marinero.*
    (b)   *venían causadas por la intervención de una gallina exótica.*
    (c)   *podían ser la propaganda de un alimento muy nutritivo en la época de la Depresión.*

☞ *En 1987, Popeye*
    (a)   *se hace antitabaquista.*
    (b)   *aparece casado.*
    (c)   *aparece vestido de Armani.*

DEBATE

¿Crees que los personajes de las historietas deben evolucionar con el paso de los tiempos o por el contrario debe respetarse su naturaleza original? Comenta esto con tus compañeros, y luego conversa sobre tus personajes favoritos.

Quinta Unidad

Oraciones relativas

5

❶ *Explica las estructuras de verbo reduplicado presentes en estos fragmentos y construye otras frases del mismo tipo.*

Lope Huerta: "Hay que realojar a los chabolistas, cueste lo que cueste"

Mires donde mires, por alto que sea, verás a tu alrededor algo hecho en Portugal.

"Duela a quien duela"

② *Contrasta y justifica el uso de los modos y el relativo en las frases "hay quien demuestra..." y "no hay quien la aguante".*

Hay quien demuestra lo que es pasar a la historia viajando 33 siglos en el tiempo.

❸ *Intenta transformar la siguiente frase con* cuyo *en otra que no contenga ese relativo.*

«Es ésta una prosa excelente cuya presencia se nota demasiado; esto, unido a la flaqueza de ciertos asideros narrativos, puede dar al traste con las mejores intenciones»

④ *Explica la diferencia entre las siguientes frases:*
sea cual sea
sean mercantilistas.... sean de mal gusto

*K*OSME *de Barañano: «Algunos objetos en el mercado del arte no sólo son triviales, sino asimismo tribales: se manejan por grupos específicos, sean puramente mercantilistas, sean de manejo de canales de comunicación, sean de mal gusto»*

Sea cual sea su necesidad inmobiliaria, ¡CONSÚLTENOS!

❺ *Justifica el uso del subjuntivo en los siguientes ejemplos.*

Hay dos imágenes que reflejan en todo su horror la guerra de Vietnam. No hay periódico en el el mundo que no las haya publicado.

"Necesito la compañía de gente que me quiera y que me dé caña"

Un partido que no sea una agrupación de cargos públicos

5.1. Los relativos

➡ Las oraciones introducidas por un relativo pueden complementar a cualquier sustantivo (antecedente) y por eso se llaman también oraciones adjetivas. Pueden ser de dos tipos:

➠ EXPLICATIVAS O NO RESTRICTIVAS

Se pueden suprimir sin que varíe esencialmente el sentido de la oración principal, van entre pausas y se refieren al antecedente en su totalidad:

Los congresistas, que ya han llegado, se dirigen hacia aquí.

➠ ESPECIFICATIVAS O RESTRICTIVAS

No se pueden suprimir sin provocar un cambio de sentido en la oración principal, no van entre pausas y restringen al antecedente:

Los congresistas que ya han llegado (no todos, sólo los que han llegado) *se dirigen hacia aquí.*

➡ **que**

➠ Su antecedente puede ser persona, animal o cosa. Es el relativo más frecuente, y no presenta variaciones de género o número. A menudo su antecedente puede suprimirse:

Díselo a los (alumnos) que se acaban de matricular.

➠ Cuando va precedido de preposición suele llevar también artículo:

Me caen muy bien los amigos con los que sales.

➡ **el, la, lo cual/ los, las cuales**

➠ Equivale a *que* y suele usarse en oraciones explicativas aunque su uso se siente como más culto o anticuado:

Avisaron a los bomberos, los cuales llegaron en pocos minutos.

➠ Suele aparecer tras preposición:

Estaban esperando al director, sin el cual no podía empezar la reunión.

➡ **quien/ quienes**

➠ Equivale a *el que, la que, los que* y *las que*. Se refiere a persona y no lleva artículo. No puede ser sujeto de una oración especificativa, y se usa tras *haber* y *tener* cuando nos referimos a persona.

Quien (el que) lo desee puede irse.
Hay quien dice que este tiempo traerá nieve.
No tiene quien la ayude.

➡ **cuyo, cuya/ cuyos, cuyas**

➠ Tiene valor posesivo y concuerda en género y número con el sustantivo al que acompaña -que expresa lo poseído- enlazándolo con el antecedente. Su uso corresponde al lenguaje formal.

La marea negra, cuyos efectos pueden ser bastante graves, tardará en estar completamente controlada.

➡ **donde**
Complementa a un antecedente que expresa lugar:
Ésa es la casa donde (=en la cual) nació.

➡ **como**
Se usa con un antecedente que expresa modo o manera:
Ése es el modo como (=según el cual) hay que hacerlo.

➡ **cuanto, cuanta/ cuantos, cuantas**
Indica generalización y equivale a *todo lo que*:
Confesó cuanto (=todo lo que) sabía.

➡ **cuando**
No es frecuente usarlo con antecedente. Indica tiempo:
Fue por la mañana cuando se produjo el incidente.
Llegó cuando ya nos habíamos ido.

Completa las siguientes frases adecuadamente:

1. Ése es el amigo de .... trabajo te he hablado.
2. Ése es el amigo de .... te he hablado.
3. .... estén interesados en el producto pueden dirigirse al apartado de correos que se adjunta.
4. Ponlo en algún lugar .... esté visible.
5. La policía no pudo detener a los culpables, ... huyeron antes de su llegada.
6. Están decepcionados con los resultados, por .... es muy probable que retiren la subvención.
7. Dime .... quieras; no me convencerás.
8. Dímelo .... quieras; estoy a tu disposición.
9. El partido, ... ya había comenzado, parecía poco prometedor.
10. Éste es el diccionario .... me han recomendado.
11. Éste es el diccionario .... he hecho la traducción.
12. Ponte unos zapatos .... te sientas cómodo. Tendremos que caminar mucho.
13. Puedes hacerlo .... tú prefieras.
14. La empresa, ... balance era deficitario, decidió cerrar.
15. Estaban preparando una gran fiesta, para .... habían pedido la tarde libre.
16. .... dices es falso.
17. Quería construir una casa en el lugar .... había pasado toda su infancia.
18. Ya tenemos .... nos preste el coche mañana.
19. Lo montamos siguiendo el manual, según .... las piezas pequeñas debían ser instaladas al final.
20. Las personas .... no tengan billete serán penalizadas con una multa.

21. El ministro, ... acaba de regresar de su viaje, no ha hecho aún declaraciones.
22. La exposición de fotografía fue .... inauguraron ayer.
23. Ésta es la puerta .... cerradura se ha estropeado.
24. Pondrán una placa en la fachada de la casa .... vivió.
25. Dale todo .... quiera.
26. Dáselo a .... lo quiera.
27. Ése es el motivo por .... no pudo venir.
28. Queremos dar las gracias a todos nuestros amigos, sin .... ayuda no lo habríamos logrado.
29. Cuando encuentres a alguien .... esté dispuesto a colaborar, házmelo saber.
30. Su casa es ....tiene las ventanas pintadas de azul. ✎

Corrige los errores presentes en algunas de las frases que siguen:

31. Las personas quienes no estén de acuerdo pueden presentar una reclamación.
32. El vino que probamos ayer era excelente.
33. Los alumnos los cuales no vinieron a clase no se enteraron de la fecha del examen.
34. No tengo al que me pueda pasar a máquina estos apuntes.
35. El curso de submarinismo que estamos haciendo es estupendo.
36. Vamos a un lugar en el cual no haya nadie.
37. Prefiero el cual está en aquel rincón.
38. Quienes lleguen tarde no podrán entrar en la sala.
39. Buscamos a una persona quien pueda asesorarnos legalmente.
40. Llegaron demasiado tarde, por lo cual se quedaron sin entrada.
41. Las flores las cuales te han enviado son preciosas.
42. Deberías contarnos el que te preocupa.
43. Fue de madrugada como sonó la sirena.
44. El color el cual has elegido para pintar la valla es demasiado oscuro.
45. Son pocos los comercios los que abren en domingo. ✎

Completa los siguientes dichos y refranes adecuadamente:

46. .... bien te quiere te hará llorar.
47. .... mucho abarca poco aprieta.
48. .... madruga Dios le ayuda.
49. .... no se llevan los ladrones aparece en los rincones.
50. .... calla, otorga.
51. .... algo quiere, algo le cuesta.
52. .... parte y reparte se lleva la mejor parte.
53. .... mal anda, mal acaba.
54. .... la busca, la encuentra.
55. .... a hierro mata, a hierro muere.
56. .... siembra vientos, recoge tempestades.
57. No hay peor ciego que .... no quiere ver.
58. .... espera, desespera.
59. .... tiene boca, se equivoca.
60. .... a buen árbol se arrima, buena sombra le cobija. ✎

5.2. Oraciones adjetivas o de relativo: uso de los modos___

➡ Las oraciones explicativas van siempre en INDICATIVO:
> *La muchacha, que estaba agotada, se había quedado dormida en el sofá.*

➡ Las oraciones especificativas van en INDICATIVO si su antecedente es conocido o determinado, y en SUBJUNTIVO si es desconocido o indeterminado:
> *Los familiares que están/estén ausentes no saben lo que ha ocurrido.*

➡ Usamos INDICATIVO para referirnos a verdades generales:
> *La guayaba es una fruta que se da en zonas tropicales.*

➡ Usamos SUBJUNTIVO cuando negamos el antecedente:
> *Nunca he conocido a alguien que hable tanto.*

➡ Cuando el antecedente es *poco* (*-a, -os, -as*) se suele usar SUBJUNTIVO:
> *Hay pocos que tengan una paciencia como la tuya.*

➡ *Cualquier(a), quienquiera, comoquiera* + *que* + SUBJUNTIVO:
> *Cualquiera que te oiga pensará que estás loco.*
> *Quienquiera que venga deberá esperar fuera.*
> *Nos parecerá bien, comoquiera que lo hagas.*

➡ Cuando queremos expresar la finalidad o disponibilidad del antecedente usamos infinitivo:
> *Me queda mucho que aprender.*
> *Busco a alguien con quien hablar.*

➡En las estructuras reduplicativas, como *sea quien sea* o *haga lo que haga*, donde el relativo une dos formas (generalmente iguales) del mismo verbo, usamos subjuntivo para expresar que "no importa":
> *Pienso intentarlo, digan lo que digan* (=no me importa lo que digan).
> *Hiciera lo que hiciera, siempre le regañaban.*

NOTAS
Se consideran estructuras concesivas y también son posibles sin relativo:
> *Te guste o no te guste, debes aceptarlo.*

Pon el verbo en la forma apropiada:

1. Quienquiera que (cometer) *Cometa* el robo pagará por ello tarde o temprano.
2. Hoy no tenemos muchos temas que (tratar) *tratar*
3. Tenemos que llegar a la frontera antes del anochecer, (ser) *sea* como (ser) *sea*
4. Quedan pocas cosas que ella no (saber) *sepa* .
5. Quienes (apostar) *apostaron* por el número ocho han ganado. *(pasado)*
6. Todos los artículos que (yo, leer) *leo* tratan sobre lo mismo.
7. Las violetas son plantas que (necesitar) *necesitan* humedad y poca luz.
8. No se me ocurre nada que (poder) *pueda* ayudarte. Se me han terminado todos los recursos.
9. No sé quién está llamando a la puerta, pero quienquiera que (ser) *sea* , tiene mucha prisa.
10. En esta región hay muchos sitios interesantes que (ver) *vea* .
11. Cualquiera que (ver) *vea* el cuadro pensará que es auténtico. Es una copia muy buena.
12. Los obreros que (estar) *estén* en huelga verán disminuido su salario.
13. Los obreros, que (estar) *están* en huelga, verán disminuido su salario.
14. Los unicornios son seres que (pertenecer) *pertenecen* al mundo de las leyendas.
15. No deberían decirle nada que (influir) *influya* en su decisión.
16. No conozco la calle en la que (tú, vivir) *vives*
17. Las fresas , que (llevar) *llevan* dos días en el frutero, se han estropeado por el calor.
18. Si necesitas ayuda pídesela a ella, que (saber) *sabe* mucho de leyes.
19. Si necesitas ayuda pídesela a alguien que (saber) *sepa* mucho de leyes.
20. Quienes (querer) *quieran* venir a la excursión deberán inscribirse antes del sábado.
21. Busco a una persona que (conocer) *conozca* este programa de ordenador.
22. Es muy buena persona. Puedes contar con ella para lo que (tú, querer) *quieras*
23. Sus padres, que nunca (estar) *habían estado* en una gran ciudad, se quedaron espantados con el ruido y la contaminación.
24. Cualquiera que lo (ver) *vea* se dará cuenta de que es un coche viejo, aunque bien cuidado.
25. No me importa lo que (decir) *digan* los demás.
26. Es una isla que (estar) *está* completamente deshabitada.
27. No existe ningún libro que no (tener) *tenga* erratas. *(errores)*
28. Los pocos que (conocer) *conozcan* el escondite mantendrán el secreto.
29. No me des ninguna pieza que (estar) *esté* oxidada.
30. (Pasar) *Pase* lo que (pasar) *pase* , te apoyaremos. ✎

 Completa libremente las siguientes frases:

31. Digan lo que digan, ...
32. Quienes... deberán dirigirse ....
33. Puedes... donde ....
34. Si tienes algo que ...., hazlo ahora, porque ....
35. Dondequiera que... es necesario ....
36. Tenemos algunos asuntos que... Volveremos ....
37. Los molinos, que eran ....,
38. ...., sea como sea.

39. Los socios cuyo .... antes del día diez.
40. El festival de música que ....
41. Los relatos inéditos que ....
42. Queremos un apartamento que ....
43. Puedes comer todo lo que ....,.............................
44. Solamente quienes .... tendrán derecho ....
45. Lo que .... nos ...

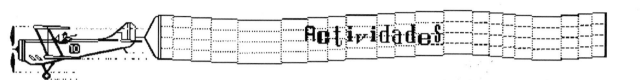

1. El uso de los relativos es complejo y a menudo se cometen errores en el habla descuidada. Corrige los gazapos presentes en los siguientes fragmentos, extraídos de situaciones reales:

❏ Buscamos hombres que les guste el campo.
❏ Allí hay un pueblo en el que sus habitantes se han quedado sin agua.
❏ Una persona que se cura de esta enfermedad no le queda ninguna secuela.
❏ Fue una de las fundadoras de la asociación, de la cual hoy es presidenta de su junta de directores.
❏ El coche para la gente que le gusta la gente.
❏ Ésa es la chica que su madre es actriz.

2. Es frecuente el uso de rodeos para evitar la forma *cuyo*, más complicada en su construcción que el resto de los relativos. Transforma con ella las siguientes frases tomadas también de la realidad:

❏ El camión del que resultó muerto el conductor...
❏ La sesión, de la que no se había facilitado el orden del día...
❏ La gabardina, de la que no apareció el dueño hasta poco después...

3. Escribe anuncios breves para un periódico. En unos, pon a la venta cosas que *tienes*; en el otro, demanda cosas que *quieras* comprar.

MODELO
Vendo un televisor en blanco y negro pero que está *en perfecto estado...*
Compro lavadora que tenga *buen precio y* ocupe *poco espacio...*

4. Observa la estructura de relativo de la viñeta y construye frases similares explicando lo que tú querrías para un mundo ideal.

MODELO
Coches que no contaminen.
Gente que nunca discuta.
Libros que sean gratuitos.

5. Halla el gazapo presente en las siguientes afirmaciones sobre el español de Costa Rica y Panamá:

❏ el habla panameña es muy distinta a la de Cuba y Venezuela.
❏ en Panamá se aspira o suprime la /s/ final.
❏ en Costa Rica se usa *vos* por *tú*, y a sus habitantes se les llama afectuosamennte *ticos*.

6. En español perviven numerosas expresiones latinas. Halla y explica las que se encuentran en los siguientes fragmentos

García de Enterría, nuevo doctor 'honoris causa' en la Carlos III

El *quid* de la cuestión está en la venta de los mismos productos que se están vendiendo en las farmacias

Apuesta sobre seguro
Un programa concurso-espectáculo, a priori, diferente

El líder de la banda explica su evolución musical

Bono dixit

El grupo U2 actúa hoy en Madrid

● Kevin Kostner en, «El guardaespaldas».

Vídeo *versus* televisión

VOX POPULI: LOS ESLOGANES ELECTORALES

La oposición guatemalteca impide que Espina sea investido presidente

Pese al apoyo del Ejército, no logró el quórum necesario en el Congreso

Lo que no se escucha en el sector es un *mea culpa* por los elevados precios fijados hasta el año pasado, coincidiendo con la expansión económica. Las tarifas subían como la espuma, porque había clientes dispuestos a asumirlas. Ahora que las empresas han recortado fuertemente sus gastos de representación, escasean los comensales

7. Completa las siguientes frases con alguna de las expresiones latinas que te proponemos:

> ex libris
> habeas corpus
> in albis
> ipso facto
> lapsus linguae
> modus vivendi
> motu proprio
> rara avis
> sine qua non
> sui generis

❏ Necesito que me lo expliquen; estoy ....
❏ El abogado defensor cree que no se ha respetado el ....
❏ Es una .... Nunca encontrarás a una persona tan especial.
❏ Le hemos regalado un .... precioso por su cumpleaños. Como tiene tantos libros, creemos que es el mejor regalo.
❏ Es un color muy .... No sabría definírtelo.
❏ Lo siento, no quería decir eso. Ha sido un ....
❏ Es obligatorio pertenecer a la asociación para poder participar en la fiesta que organizan. Se trata de una condición ....
❏ No se trata de que hagas las cosas por obligación. Debes hacerlas ....
❏ Es muy urgente . Debes presentarte allí ....
❏ El surrealismo, más que un movimiento artístico, era un ....

¿ Legalizar las drogas?

La lluvia amarilla

JUAN PEDRO APARICIO

ay entre nosotros una corriente de opinión muy favorable a la despenalización de la droga. Yo se la he oído a varios taxistas que suelen defenderla con alguna acritud. Dicen que con una droga libre se acabarían los atracos y agresiones que se cometen sólo para pagarla.

No tengo nada que objetar. Pero vayamos a la práctica. Supongo que habría de suministrarse a título gratuito o mediante un estipendio casi simbólico. ¿Se imaginan las colas de los drogadictos delante de los ambulatorios de la Seguridad Social?

O tal vez no. Porque a buen seguro que el asunto pronto se le iría de las manos al Estado. ¿Recuerdan el fuerte movimiento de opinión creado a favor de las llamadas televisiones privadas? Privatizar, privatizar, ése es el signo de los tiempos, la gran panacea. Y qué duda cabe que las drogas son el negocio del siglo. Se privatizarían, se comercializarían y, de un modo u otro, se publicitarían. Habría, eso sí, la obligación de poner en las jeringas o en las rayitas de coca un aviso del Ministerio de Sanidad que nos advirtiera de que los chutes y esas cosas pueden resultar nocivos para la salud.

Las droguerías harían su agosto y serían verdaderas droguerías, no como ahora que sirven para expender inocentes productos de limpieza; se ampliarían las licencias de los bares, que sólo en Madrid hay más que en todo el resto de la Unión Europea, de modo que tuvieran su propia sección de jeringas y así los camioneros en ruta, pongo por caso, no tendrían necesariamente que conformarse con sólo unos tragos de coñac para dominar la estrechez de nuestras

autovías, también, naturalmente, se expenderían en todas las discotecas y clubes para que siguiera la fiesta y se pudiera empalmar un día con otro, una noche con otra y este país no fuera sólo ese paraíso sedicentemente socialdemócrata donde ha sido posible hacer más dinero en el plazo de tiempo más corto, sino también donde más fácil y barato resulta llegar al éxtasis y a la lluvia amarilla y al sueño eterno.

La prohibición mata

JUAN TOMÁS DE SALAS

a política de prohibición de las drogas ha fracasado. El número de muertos en nuestras ciudades, la intensidad de la corrupción en nuestros países y las fortunas gigantescas amasadas por el narcotráfico lo demuestran. Legalizar, con plazos y controles, el consumo y distribución de las drogas parece inevitable.

Son muchas ya las ciudades europeas que están adoptando medidas en este sentido. Y si esas ciudades empiezan a infringir la prohibición, ¿por qué no podemos empezar nosotros mañana mismo en Barcelona, en Madrid o en Bilbao?

Al despenalizar la droga se conseguirían de inmediato cuatro efectos beneficiosos. El primero de ellos sería la disminución radical de las decenas o centenas de muertos de nuestras ciudades, que no mueren casi nunca por ingerir droga, sino por tomar una droga adulterada hasta límites inverosímiles. Nuestros pobres muertos de las ciudades, acusados tantas veces de morir por sobredosis, lo son por haberse inyectado en sus venas desde Cola-Cao a polvo de ladrillo o restos de yeso. Lo que les mata es la adulteración, mucho más que la droga.

La despenalización reduciría también drásticamente toda esa pequeña y no tan pequeña delincuencia que martiriza, en primer lugar, a las familias de los adictos y después a tanto ciudadano inadvertido al que le pinchan, le amenazan o le roban para poderse pagar la droga.

En tercer lugar, la despenalización terminaría con la corrupción creciente que asola a nuestros países, donde aduaneros, policías, jueces y aun políticos son sometidos a tentaciones irresistibles debido a la inaudita prosperidad del clandestino negocio de la droga.

En cuarto lugar, los monstruos insondables del narcotráfico, que se atreven con sus fortunas gigantescas a plantar cara a Estados, Judicaturas y policías, desaparecerían por ensalmo.

A mi entender bastan las cuatro razones anteriores para poner en entredicho la prohibición.

Diario 16

estipendio: pago por algún servicio.
expender: vender.
insondable: que no se puede averiguar.
judicatura: cuerpo de jueces de un país.
panacea: remedio o solución para cualquier mal.
por ensalmo: con gran rapidez y de modo desconocido.
sedicente: que se atribuye a sí mismo algo falso.

Cuestiones

❂ Resume los argumentos a favor y en contra de la legalización de las drogas que aportan los dos autores.

❂ Halla y clasifica todas las construcciones de relativo de ambos textos.

❂ *Chute* y *pinchar* son expresiones que pertenecen a la jerga de las drogas. Explica su significado, y también el de las siguientes:

> camello
> engancharse
> chocolate
> mono
> maría
> caballo
> pico

◉ ¿Cómo llamamos a los habitantes de Barcelona, Madrid y Bilbao? ¿Y a los de los siguientes lugares?

> Asunción
> Bogotá
> Buenos Aires
> Caracas
> Costa Rica
> Dinamarca
> Ecuador
> Guayaquil
> Honduras
> Jerusalén
> La Paz
> Lima
> Lisboa
> Londres
> Madagascar
> Malasia
> Managua
> Nueva York
> Puerto Rico
> República Dominicana
> Río de Janeiro
> Túnez

◉ Extrae de los siguientes fragmentos las expresiones que se basan en nacionalidades y explica su significado.

▶ **Mercado persa.** La aparición de nuevas selecciones del Este de Europa ha propiciado que el mercado esté más revuelto que nunca.

¿Dónde está la flema británica?

Arantxa se despide a la francesa

Mary Joe Fernández arrasó a la española en la semifinal del torneo parisino

La mejor gama de Fondos para nuestros clientes…

…no son cuentos chinos.

Porque los Fondos de Inversión BSN llevan ocupando los primeros puestos del Ranking por Rentabilidad durante los últimos cinco años.

✪ Construye frases con estas expresiones:

> disciplina prusiana
> café americano
> ser un moro
> cabeza de turco
> hablar en chino
> pagar a la romana
> hacerse el sueco
> balcanización de un conflicto
> jugarse algo a los chinos
> hacer el indio
> tener patente de corso

Expresión

Expón tu opinión acerca de la legalización de las drogas, argumentando todas tus razones.

Escrita

*A*l despedirse, Tita le comunicó a Chencha su decisión de no regresar nunca más al rancho y le pidió que se lo hiciera saber a su madre. Mientras Chencha cruzaba por enésima vez el puente entre Eagle Pass y Piedras Negras, sin darse cuenta, pensaba cuál sería la mejor manera de darle la noticia a Mamá Elena. Los celadores de ambos países la dejaron hacerlo, pues la conocían desde niña. Además, resultaba de lo más divertido verla caminar de un lado a otro hablando sola y mordisqueando su rebozo. Sentía que su ingenio para inventar estaba paralizado por el terror.

Cualquier versión .... diera de seguro iba a enfurecer a Mamá Elena. Tenía que inventar una en ...., al menos ella, saliera bien librada. Para lograrlo tenía que encontrar una excusa .... disculpara la visita que le había hecho a Tita. Mamá Elena no se tragaría ninguna. ¡Como si no la conociera! Envidiaba a Tita por haber tenido el valor de no regresar al rancho. Ojalá ella pudiera hacer lo mismo, pero no se atrevía. Desde niña había oído hablar de lo mal que les va a las mujeres .... desobedecen a sus padres o a sus patrones y se van de la casa. Acaban revolcadas en el arroyo inmundo de la vida galante. Nerviosa daba vueltas y vueltas a su rebozo, tratando de exprimirle la mejor de sus mentiras para estos momentos. Nunca antes le había fallado. Al llegar a las cien retorcidas al rebozo siempre encontraba el embuste apropiado para la ocasión. Para ella mentir era una práctica de sobrevivencia .... había aprendido desde su llegada al rancho. Era mucho mejor decir que el padre Ignacio la había puesto a recoger las limosnas que reconocer que se le había caído la leche por estar platicando en el mercado. El castigo a .... una se hacía merecedora era completamente diferente.

Total todo podía ser verdad o mentira, dependiendo de que uno se creyera las cosas verdaderamente o no. Por ejemplo, todo .... había imaginado sobre la suerte de Tita no había resultado cierto.

Pobre Tita, de seguro que ahora que la había dejado estaría llorando nuevamente, atormentada por los recuerdos y la idea de no volver a cocinar al lado de Chencha nunca más. Sí, de seguro estaría sufriendo mucho. Nunca se le hubiera ocurrido imaginarla como realmente estaba, bellísima, luciendo un vestido de raso tornasol con encajes, cenando a la luz de la luna y recibiendo una declaración de amor. Para la mente sufridora de Chencha esto hubiera sido demasiado.

celador: vigilante.
embuste: mentira.
enésimo: número indeterminado de veces que se repite una cosa.
inmundo: sucio, asqueroso.
rancho: granja donde se crían caballos y otros cuadrúpedos.
rebozo: capa o manto con que se cubre el rostro.
sobrevivencia: supervivencia.
platicar: conversar.

➥ **Laura Esquivel** *(México),*
Como agua para chocolate

CUESTIONES ❧ ❧ ❧ ❧ ❧

❧ Completa los espacios en blanco con el relativo adecuado y explica el uso del modo verbal en cada caso.

❧ Explica la diferencia entre *cual* y *cuál* en las siguientes frases:

• pensaba cuál sería la mejor
• una en la cual saliera bien librada

❧ Sustituye las siguientes expresiones por otras que tengan el mismo sentido:

> al despedirse
> estaba paralizado
> ¡como si no la conociera!
> ojalá pudiera
> estaría llorando
> estaría sufriendo
> nunca se le hubiera ocurrido
> hubiera sido demasiado

❧ Forma derivados siguiendo el mismo sistema que *sufridora*, *celador* y *merecedora*.

❧ Define con tus propias palabras los siguientes términos:

> versión
> enfurecer
> exprimir
> limosna
> castigo

MANÍAS

L *ee las siguientes preguntas e intenta comprender todo su vocabulario. Luego, escucha o lee atentamente el texto correspondiente a esta sección (p. 294) y* contéstalas, eligiendo tan sólo una de las tres opciones que se ofrecen.

☞ Según el maestro Cañabate
   (a)   en la ducha se producen los accidentes más graves.
   (b)   en la ducha se producen los peores incidentes.
   (c)   la ducha es la peor de las manías.

☞ Para prevenir percances, una persona puede
- (a) partirse el cráneo en un grifo.
- (b) cantar zarzuelas.
- (c) colgarse de dos correas.

☞ En los hoteles
- (a) hay que atender enjabonado cada llamada.
- (b) suele sonar el teléfono cuando se está en la ducha.
- (c) hay una conexión automática entre la ducha y el teléfono

☞ El protagonista finalmente decide
- (a) ducharse entero.
- (b) no contestar al teléfono.
- (c) reventar el timbre del teléfono.

DEBATE

Comentad, con sentido del humor, vuestras pequeñas manías cotidianas y las que os molestan de los demás.

Sexta Unidad

Oraciones sustantivas

6

❶ *Halla y explica en este horóscopo las estructuras basadas en las siguientes expresiones:*

> ser posible
> ser buena idea
> ser prudente
> proponer
> creer
> ser preciso

■ HOROSCOPO / CARROLL RIGHTER

ARIES
21 marzo - 20 abril
Es posible que tenga miedo de no poder cubrir sus necesidades. Asuma una actitud constructiva que le permita resolver este problema.

TAURO
21 abril - 20 mayo
Le parecerá que no está progresando como quisiera en lo personal. Piense un poco más y hable un poco menos; eso le llevará a la solución que busca.

GEMINIS
21 mayo - 21 junio
Hágase el propósito de estudiar todas las fases de los problemas o asuntos prácticos que encare, pero sin llegar a una decisión sobre lo que debe hacer.

CANCER
22 junio - 22 julio
Sería buena idea no involucrarse demasiado en las finanzas de un conocido pues pudiera ser que se viera obligado a prestarle dinero.

LEO
23 julio - 22 agosto
No corra riesgos en lo que a sus actividades vocacionales se refiere y se ahorrará tener que dar difíciles explicaciones de un trabajo realizado.

VIRGO
23 agosto - 21 septiembre
Usted cree que una nueva empresa será el medio para incrementar su actual bienestar, pero no haga nada precipitadamente o tendrá que lamentarlo después.

LIBRA
22 septiembre - 22 octubre
Tendrá toda clase de obligaciones que atender y sería prudente que analizara y programara sus pagos de una manera sensible y cuidadosa.

ESCORPION
23 octubre - 21 noviembre
Todo lo que proponga que haga un asociado con mentalidad materialista tropezará con mucha oposición, de modo que renuncie por el momento y retírese.

SAGITARIO
22 nov. - 22 dic.
Una actitud tranquila y reposada en cualquiera de sus actividades de naturaleza usual le permitiría obtener resultados que, de lo contrario no conseguiría.

CAPRICORNIO
23 diciembre - 21 enero
Se sentirá inclinado a posponer sus promesas para disfrutar de momentos de placer, pero es preciso que proceda con mucha cautela en los entretenimientos.

ACUARIO
22 enero - 21 febrero
Probablemente necesite tener la paciencia de Job en su residencia hoy, pero haga lo posible por evitar una pelea con un miembro de su familia.

PISCIS
22 febrero - 20 marzo
Considere bien todos los mensajes que envíe hoy, pues es posible que estén mal dirigidos o lleguen a otras personas que no son las que usted quiere.

② *¿Qué es lo que el ayuntamiento espera de estos ciudadanos? Construye frases con los siguientes verbos:*

> querer que
> esperar que
> hacer que

❸ *Explica el uso de* que + VERBO *y el hecho de que* + VERBO .

> «*Q UE haya galerías finlandesas, australianas, croatas, estonas, letonas, puede que sea noticia, pero no desde el punto de vista económico, ni tampoco desde el artístico —aunque algunas de las propuestas del primero de los países mencionados, especialmente las mostradas por Anhava de Helsinki, poseen cierto interés*»

No es lo que están diciendo lo que provoca que la escena tenga lugar, sino el hecho de que esos personajes estén interpretando la escena en cuestión.

④ *Observa el uso de* es que… / no es que… *en estos fragmentos y explícalo.*

No es que vosotros rechacéis lo que os transmiten: es que los mayores no tienen nada que transmitiros

EL PROBLEMA NO ES QUE NO HAYA DINERO, LO HAY, LOS BANCOS ESTÁN LLENOS, LO QUE PASA ES QUE NADIE SE PUEDE PERMITIR EL LUJO DE PEDIRLO PRESTADO A ESE PRECIO

❺ *¿Qué puedes decir del uso de infinitivo tras los verbos* lamentar *y* rogar *en estas viñetas?*

AQUÍ INFORMES: LAMENTAMOS INFORMAR AL PÚBLICO QUE POR CARENCIA DE PERSONAL NO PODEMOS BRINDAR ACTUALMENTE NINGÚN TIPO DE INFORMACIÓN

PARA MAYORES INFORMES ROGAMOS DIRIGIRSE AQUÍ MISMO UNA VEZ NORMALIZADA ESTA SITUACIÓN. GRACIAS.

CRITICAR NO RESUELVE NADA
AYUDE PARTICIPANDO
INFORMES

6.1. Oraciones sustantivas

➡ Se llaman así porque cumplen funciones normalmente desempeñadas por sustantivos:

El hecho de que aceptara confirmó mis expectativas.
sujeto

Quiero que lo sepas.
CD

➡ ESTRUCTURAS

VERBO 1 (o expresión) + *que* + VERBO 2 (INDICATIVO/SUBJUNTIVO)
VERBO 1 (o expresión) + VERBO 2 (INFINITIVO)

6.2. Regla 1

➡ Si el sujeto del verbo 1 y el del verbo 2 es el mismo, el verbo 2 va en INFINITIVO:
Espero verte pronto.

➡ Si el sujeto del verbo 1 y el del verbo 2 no coinciden, el verbo 2 va en SUBJUNTIVO:
Espero que nos veamos pronto.

VERBOS

VOLUNTAD : aceptar, aprobar, conseguir, desear, intentar, lograr, negarse a, oponerse a, pretender, querer...
Consiguió que le concedieran el préstamo.
Consiguió llegar en segunda posición.

INFLUENCIA (PROHIBICIÓN, OBLIGACIÓN, MANDATO, CONSEJO, RUEGO): aconsejar, consentir, decretar, dejar, desaconsejar, exigir, hacer, invitar a, impedir, mandar, necesitar, obligar, ordenar, pedir, permitir, prohibir, recomendar, rogar, suplicar, tolerar...
Le aconsejaron que dimitiera.
Hicieron que me enfadara.

NOTA

El significado de estos verbos presupone la existencia de dos sujetos, por lo que la construcción esperable es la de verbo 2 en subjuntivo, aunque a menudo se puede usar también en infinitivo con el mismo valor.

> *Le aconsejaron dimitir.*
> *Me hicieron enfadar.*

VERBOS

SENTIMIENTO, APRECIACIÓN, JUICIO DE VALOR, DUDA: aburrir, alegrar, apetecer, cansarse de, contentarse con, disgustar, divertir, doler, encantar, entristecer, entusiasmar, extrañarse de, fastidiar, gustar, importar, interesar, lamentar, molestar, preferir, quejarse, soportar, sorprender; EXPRESIONES: *ser (parecer)* absurdo, bueno, conveniente, difícil, esencial, extraño, fácil, falso, fantástico, importante, improbable, interesante, malo, maravilloso, necesario, probable, raro, terrible/ un disparate, una lata, una locura, una pena, una suerte, una tontería; *estar* acostumbrado a, contento de, encantado de, orgulloso de, satisfecho de, bien, mal...

> *Lamento que estés enferma* (dos sujetos).
> *Lamento llegar tarde* (un sujeto).

> *Está orgulloso de que seas su amigo* (dos sujetos).
> *Está orgulloso de ser tu amigo* (un sujeto).

> *Es absurdo que lo niegues* (dos sujetos).
> *Es absurdo negarlo* (construcción impersonal).

NOTAS

(1) La misma construcción encontramos con muchos sustantivos (el deseo de, la esperanza de, la necesidad de, el riesgo de...) y adjetivos (contento de, encantado de, satisfecho de, sorprendido de...).

> *La necesidad de que convoquen nuevas elecciones está clara* (dos sujetos).
> *La necesidad de convocar nuevas elecciones está clara* (impersonal).

> *El muchacho, contento de que lo hubieran escuchado, se fue tranquilo* (dos sujetos).
> *El muchacho, contento de sentirse escuchado, se fue tranquilo* (mismo sujeto).

(2) Hay que considerar la construcción pronominal de verbos como *gustar*, *fastidiar* o *encantar*:

> *Me molesta que digan mentiras.*

26/6/05

✏ **Completa los espacios con la forma verbal adecuada y haz las transformaciones necesarias:**

1. Fue fantástico (haber) *que hubiera* tantos días festivos el trimestre pasado.
2. Son partidarios de (el gobierno, tomar) *que tome* medidas drásticas.
3. Sólo pretendía (ellos, escucharme) *que me escucharan* al menos una vez.
4. No me gusta (viajar, yo) *viajar* en Navidad; prefiero quedarme con mi familia.
5. Nos encanta (ellos, invitarnos) *que nos inviten* a su casa de campo.
6. La posibilidad de (fallar) .... el nuevo sistema era muy remota.

subjuntivo ← 7. Es increíble (tocarnos) *que nos* .... la lotería. Aún no me lo puedo creer.
8. Está muy orgulloso de (su madre, volver a estudiar) *que vuelva a estudiar* a pesar de su edad.
9. Es extraño (ellos, no telefonearnos) *que no nos hayan telefoneado* desde que han vuelto a la ciudad.
10. Prefiero (yo, salir) *salir* a cenar que ir al cine. Me apetece (nosotros, probar) *que probemos* el nuevo restaurante que han abierto en nuestra manzana.
11. No nos han dejado (nosotros, entrar) *entrar* en el quirófano durante la operación.
12. Me divierte (yo, ver) *ver* esos dibujos animados; son muy buenos.
13. Quiero (tú, saber) *que sepas* que nunca te traicionaré.
14. Tenía miedo de (ser) *fueran* grave la enfermedad de su hermano.
15. Era preciso (ellos, saberlo) *que lo supieran* cuanto antes.
16. Por más que lo intentaba, no lograba (yo, poner) *poner* el coche en marcha.
17. Es urgente (ellos, recibir) *que reciban* pronto este envío. Deberíamos mandárselo por mensajero.
18. El riesgo de (la policía, atraparlo) *que lo atrapara* no le acobardó en absoluto.
19. Lamento (tú, no recuperar) *que no hayas recuperado* las maletas que perdiste. Deberías reclamar de nuevo a la compañía aérea.
20. Esperamos (ellos, darse cuenta) *que se den cuenta* a tiempo del error que han cometido.
21. Es una lata (tener) *tener* que rellenar tantos impresos para un trámite tan insignificante.
22. Aunque las condiciones eran durísimas, no perdió la esperanza de (un barco, encontrarlos) *los encontrara* y (salvarles) *les salvara* la vida.
23. Considero poco probable (él, cambiar) *que cambie* de opinión después de tanto tiempo.
24. Es una pena (tú, no salir) *que no salieras* con nosotros el martes pasado. Nos lo pasamos mejor que nunca.
25. Me fastidia (ellos, fumar) *que fumen* en los lugares cerrados, especialmente cuando hay mucha gente.
26. El terremoto ha supuesto una gran catástrofe económica pero ha sido una suerte (no haber) *que no haya* víctimas mortales. *o haya habido*
27. Nos rogaron (nosotros, no decir) *que no dijéramos* a nadie lo que había ocurrido.
28. Dijo que no pretendía ganar la carrera, que se conformaba con (él, no llegar) *que no llegar* en último lugar.
29. Es falso (haber) *que haya* nuevas normas para el uso de la fotocopiadora. No sé quién puede haber dicho esa tontería.
30. Montó una empresa por su cuenta porque estaba cansado de (otros, decirle) *que le dijeran* siempre lo que tenía que hacer. ✏

Construye dos frases -una con infinitivo y la otra con subjuntivo- a partir de cada una de las siguientes expresiones:

31. Han comentado que a partir de enero será posible ....
32. No te permito...
33. Me encantaba ....
34. Nos recomendó ....
35. Es estupendo ....
36. Conseguirás ....
37. Nos exigirán ....
38. Es absurdo ....
39. Me fastidió ....
40. Se alegró muchísimo de ....
41. Me entusiasma..
42. No puedes oponerte a ....
43. Ya sabes que es un disparate ....
44. El conferenciante, sorprendido de ...., pronunció su discurso muy animado.
45. No se permite ....

6.3. Regla 11

➥ Si el verbo 1 es AFIRMATIVO, el verbo 2 va en INDICATIVO:
   Comentó que era fácil.

➥ Si el verbo 1 es NEGATIVO, el verbo 2 va en SUBJUNTIVO (pero normalmente puede ir en INDICATIVO también, cuando el hablante se compromete con su veracidad):
   No comentó que fuera (era) fácil.

➥ Si el verbo 1 es IMPERATIVO NEGATIVO, el verbo 2 va en INDICATIVO:
   No comentes que es fácil.

➥ Si el verbo 1 es PREGUNTA NEGATIVA, el verbo 2 va en INDICATIVO, pero puede ir en SUBJUNTIVO si se cuestiona la información aportada:
   ¿No comentó que era (fuera) fácil?

VERBOS

> ACTIVIDAD MENTAL: acordarse de, adivinar, considerar, creer, entender, imaginar, juzgar, pensar, recordar, soñar...
> *Pienso que debemos irnos ahora.*
> *No pienso que debamos (debemos) irnos ahora.*

VERBOS

COMUNICACIÓN: alegar, comentar, comunicar, confesar, contar, contestar, declarar, escribir, explicar, jurar, manifestar, murmurar, referir, relatar, revelar, significar...

Le comunicaron que había llegado un telegrama para él.
No le comunicaron que hubiera (había) llegado un telegrama para él.

PERCEPCIÓN: comprobar, darse cuenta de, descubrir, notar, oír, ver...
Se dio cuenta de que ya no había nadie.
No se dio cuenta de que ya no hubiera (había) nadie.

Los verbos *ver* y *oír* también se pueden construir con infinitivo:
Vieron que llegaba cansada.
La vieron llegar cansada.

EXPRESIONES DE CERTEZA: *ser* cierto, evidente, indudable, manifiesto, obvio, seguro, verdad...; *estar* claro, demostrado, seguro, visto...

Es verdad que la han ascendido.
No es verdad que la hayan (han) ascendido.

Está claro que sólo hay una alternativa.
No está claro que sólo haya (hay) una alternativa.

6.4. Otras expresiones

➡ *Es que (no)* + INDICATIVO/ *No es que (no)* + SUBJUNTIVO
No es que sea difícil, es que es imposible.

➡ *El hecho de que, el que, que*: normalmente son seguidas de SUBJUNTIVO, pero es posible el INDICATIVO si el hablante se compromete con la veracidad de lo que se dice:
El hecho de que haya (ha) respondido no es relevante.

Completa las siguientes frases y realiza las transformaciones necesarias:

1.   Es indudable que aquí la gente no (tener) ...tiene........... educación medioambiental.
2.   Te confieso que (yo, pensar) ...pienso........ lo peor.
3.   No estaban convencidos de que tú (ser) ...fueras..... el mejor candidato.
4.   No me había dado cuenta de que (entrar) ...hubiera entrado... nadie.
5.   Está claro que (ellos, estafarte) ...te han estafado... El ordenador que te han vendido es de segunda mano.
6.   No era verdad que (ellos, hablar) ...hablaran.... mal sobre ti.
7.   ¿No crees que éste (ser) ...sea........... el mejor momento para invertir?
8.   Anoche soñé que (yo, conocer) ...conocía..... a un actor famoso.
9.   No les han comunicado que (ellos, ser cesados) ...hayan sido cesados...
10. No estaba claro que la victoria (ser) ...fuera........ del otro equipo.
11. No digas que eso no (ser) ...es............. verdad. Es un secreto a voces.
12. Supongo que (tú, darte cuenta) ...te das cuenta... de que no está el horno para bollos.
13. Los tres detenidos han declarado que (ellos, ser) ...son............. inocentes.
14. Dicen que el próximo invierno (traer) ...traerá....... mucha nieve.
15. Es indiscutible que (ellos, hacer) ...hacen...... todo lo posible para salvar la situación.
16. Juzgaban que (ser) ...era.............. necesario (sanear) ...sanear..... el sistema político con normas estrictas.
17. No era verdad que (él, hacer) ...hiciera... todo lo que estaba de su mano para ayudarte.
18. No recuerdo (yo, prometerte) ...te prometiera... acompañarte al circo mañana.
19. Murmuraban (él, intentar) ...intenta.... siempre arrimar el ascua a su sardina.
20. Está demostrado que tu razonamiento (no tener) ...no tienen... ni pies ni cabeza.
21. El senador no ha manifestado abiertamente (él, desear) ...desea........ (él, retirarse) .... de la vida pública pero es algo que se ve venir.
22. No es seguro (ellos, poder) ...puedan....... venir pero esperamos (nosotros, contar) ...contar... con su compañía.
23. Ya me imaginaba yo (ellos, arrepentirse) ...se arrepentían... antes de hacerlo. Siempre que planean algo les pasa lo mismo.
24. El hecho de que (ellos, rechazarme) ...me haya rechazado... todas las propuestas me tiene desmoralizado.
25. Pero el que (ellos, escucharte) ...te escuchan.... indica que al menos tienen interés.
26. No me creo que (ellos, ir a crear) ...vayan a crear.... nuevos puestos de trabajo.
27. Pues yo lo creo a pie juntillas. El hecho de que (ellos, anunciarlo) ...lo anunciaron... públicamente lo confirma.
28. Bueno, en realidad, no es que no (yo, creerlo) ...lo crea........... . Es que me (parecer) ...parece... demasiado bonito para ser verdad.
29. No es que (yo, no estar) ...no esté... contento. Es que (yo, esperarme) ...me esperaba... algo mejor y me siento defraudado.
30. El hecho de que (ellos, invitarte) ...te invit... a la celebración no significa (ellos, olvidar) ...hayan olvidado... el último incidente.

✎ **Completa libremente las siguientes frases:**

31.   He observado que últimamente ....
32.   No he observado que ....
33.   Es cierto que ....
34.   No es seguro que ....
35.   Me han comunicado que ....
36.   No nos han confirmado que ....
37.   Se murmura que ....
38.   Hemos notado que ....
39.   Está demostrado que ....
40.   No da la impresión de que ....
41.   No han descubierto que ....
42.   El hecho de que ....
43.   El que ....
44.   Que...
45.   El que ....

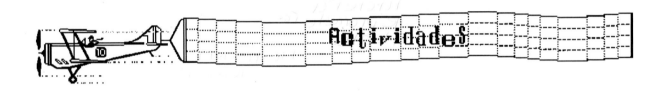

1. Redacta una instancia para informar sobre tus cualidades y solicitar que se te conceda un puesto de trabajo. Sigue la siguiente estructura, convencional para este tipo de documentos:

Sr. D. (persona a la que se dirige la carta) ....

(Nombre y apellidos) ...., (nacionalidad).............................,con D.N.I. (o pasaporte) n°. ...., residente en ...., calle......................................., n°......................,

EXPONE que.., ... por lo que

SOLICITA que...

(Lugar y fecha)...

(Firma)

2. ¿Qué le dice el árbol al perro?

Espero que...
Exijo que...
Es evidente que...
No entiendo que...
Creo que...
No es posible que...

3. Opina sobre las noticias que hayan salido últimamente en el periódico; usa las estructuras estudiadas en esta unidad.

MODELO
Es muy preocupante que la natalidad haya descendido tanto en los últimos años.

4. ¿Qué dice o piensa nuestro personaje?

No es justo que...
Es obvio que..
Opino que...
Es increíble que...
...

5. Los colores se prestan a muchos juegos expresivos. Intenta explicar los que siguen.

Los números rojos de Seat

Desglose de los resultados negativos de la compañía en el presente ejercicio

Los que se llevan la mala fama

La leyenda negra del doberman responde a adiestramientos inadecuados

Este código ha sido distribuido ya en todas las unidades.

Ejemplos: un compañero te invita a salir alguna noche (ningún peligro, luz verde), un compañero insiste en que salgas con él después de varias negativas (terreno comprometido, luz amarilla), un superior utiliza su posición para obligarte a salir con él (acoso sexual, luz roja). Un compañero te dice: "Hola, ¿cómo estás?" o "¿tuviste un buen fin de semana?" (correcto, luz verde); un compañero te cuenta chistes verdes, te escribe poemas que no le has solicitado o utiliza un lenguaje soez (atención, luz amarilla); un compañero te envía mensajes obscenos o te ofrece calendarios o carteles explícitamente pornográficos (denuncia inmediata, luz roja). Un compañero te da un consejo sobre tu aspecto o sobre tu trabajo (normal, luz verde), un compañero invade tu espacio personal (cuidado, luz amarilla), un compañero te ofrece ayuda a cambio de favores sexuales (acoso, luz roja).

Bazán, los barcos y el «dinero negro»

TESTIGO DIRECTO / ANA ROMERO

El poder rosa llega a Washington

Coches verdes y seguros

La industria del automóvil vuelca sus innovaciones en la ecología y la seguridad

Corresponsal volante

El voto rosa

El 'jueves negro' ha sido asimilado

Tecnología «verde» para vehículos de uso público

—Las noticias rosas tienen dos tratamientos, frívolo o elitista, y usted insiste en plantear este programa como un informativo.

—Porque hay una tercera vía. Es cuestión de tono, de trabajar con seriedad y rigor, para que el producto sea digno.

Tarjeta roja

Cuando cruza la frontera española, un chino sin documentación puede respirar hondo. Las dificultades para mostrarles la *tarjeta roja* son enormes. De los 208 expedientados en Madrid en los últimos cinco años sólo se logró expulsar a 21.

119

6. Forma frases con las siguientes expresiones:

> estar rojo de vergüenza
> estar (ponerse) rojo como un tomate/ un pimiento/ la grana/ un semáforo
> más negro que el azabache/ el betún/ la pez/un tizón
> estar en números rojos
> poner morado (un ojo...)
> estar verde/amarillo/tísico de envidia
> estar blanco como el papel/ como una pared
> estar en blanco
> ser de sangre azul
> príncipe azul
> poner verde a alguien
> *Esp. Méx.* chistes verdes, *Am.* cuentos colorados
> ser un viejo verde
> estar verde
> verlo todo muy negro
> estar negro
> pasar de castaño oscuro

7. Halla el origen curioso de las siguientes expresiones:

> a buenas horas mangas verdes
> estar sin blanca
> tener la negra
> pasar la noche en blanco

8. Identifica el gazapo:

En el español de Colombia

❏ el tratamiento es muy formal y muchos hablantes usan casi exclusivamente *usted*.
❏ *tinto* es café solo, y *provocar* significa 'apetecer'.
❏ hay grandes diferencias con respecto al español centroamericano.

9. Inventa un diálogo entre un jefe cascarrabias y su secretaria, simpática y desenfadada. Ambos participan en una discusión cómica, en la que él comienza opinando sobre lo que no le gusta que ella haga: hablar por teléfono con sus amistades, traer amigos a la oficina a tomar café, pintarse las uñas en horas de trabajo...

Barbarismos

Modernos y elegantes

JULIO LLAMAZARES

Desde que las insignias se llaman *pins*; los homosexuales, *gays*; las comidas frías, *lunchs*, y los repartos de cine, *castings*, este país no es el mismo. Ahora es mucho más moderno.

Durante muchos años, los españoles estuvimos hablando en prosa sin enterarnos. Y, lo que es todavía peor, sin darnos cuenta siquiera de lo atrasados que estábamos. Los niños leían tebeos en vez de *comics*, los jóvenes hacían fiestas en vez de *parties*, los estudiantes pegaban *posters* creyendo que eran carteles, los empresarios hacían negocios en vez de *business*, las secretarias usaban medias en vez de *panties*, y los obreros, tan ordinarios, sacaban la fiambrera al mediodía en vez del *catering*. Yo mismo, en el colegio, hice *aerobic* muchas veces, pero como no lo sabía -ni usaba, por supuesto, las mallas adecuadas-, no me sirvió de nada. En mi ignorancia, creía que hacía gimnasia.

Afortunadamente, todo esto ya ha cambiado. Hoy, España es un país rico a punto de entrar en Maastricht, y a los españoles se nos nota el cambio simplemente cuando hablamos, lo cual es muy importante. El lenguaje, ya se sabe, es como la prueba del algodón: no engaña. No es lo mismo decir *bacon* que tocino -aunque tenga igual de grasa-, ni vestíbulo que *hall*, ni inconveniente que *handicap*. Las cosas, en otro idioma, mejoran mucho y tienen mayor prestancia. Sobre todo en inglés, que es el idioma que manda.

Desde que Nueva York es la capital del mundo, nadie es realmente moderno mientras no diga en inglés un mínimo de cien palabras. Desde ese punto de vista, los españoles estamos ya completamente modernizados. Es más, creo que hoy en el mundo no hay nadie que nos iguale. Porque, mientras en otros países toman sólo del inglés las palabras que no tienen -bien porque sus idiomas son pobres, cosa que no es nuestro caso, o bien porque pertenecen a lenguajes de diferente creación, como el de la economía o el de la informática-, nosotros, más generosos, hemos ido más allá y hemos adoptado incluso las que no nos hacían falta. Lo cual demuestra nuestra apertura y nuestra capacidad para superarnos.

Así, ahora, por ejemplo, ya no decimos bizcocho, sino *plum-cake*, que queda mucho más fino, ni tenemos sentimientos, sino *feelings*, que es mucho más elegante. Y de la misma manera, sacamos *tickets*, compramos *compacts*, usamos *kleenex,* comemos *sandwichs*, vamos al *pub*, quedamos *groggies*, hacemos *rappel* y, los domingos, cuando salimos al campo -que algunos, los más modernos, lo llaman *country*-, en lugar de acampar como hasta ahora, *vivaqueamos* o hacemos *camping*. Y todo ello, ya digo, con la mayor naturalidad y sin darnos apenas importancia.

Obviamente, esos cambios de lenguaje han influido en nuestras costumbres y han cambiado nuestro aspecto, que ahora es mucho más moderno y elegante. Por ejemplo, los españoles ya no usamos calzoncillos, sino *slips*, lo que nos permite marcar paquete con más soltura que a nuestros padres; ya no nos ponemos ropa, sino marcas; ya no tomamos café, sino *coffee*, que es infinitamente mejor, sobre todo si va mojado, en lugar de con galletas, que es una vulgaridad, con cereales tostados. Y cuando nos afeitamos, nos ponemos *after-shave*, que aunque parezca lo mismo, deja más fresca la cara.

En el plano colectivo ocurre exactamente lo mismo que pasa a nivel privado: todo ha evolucionado. En España, por ejemplo, hoy la gente ya no corre: hace *jogging* o *footing* (depende mucho del chándal y de la impedimenta que se le añada); ya no anda, ahora hace senderismo; ya no estudia: hace *masters*; ya no aparca: deja el coche en el *parking*, que es muchísimo más práctico. Hasta los suicidas, cuando se tiran de un puente, ya no se tiran. Hacen *puenting*, que es más *in*, aunque, si falla la cuerda, se matan igual que antes.

Entre los profesionales, la cosa ya es exagerada. No es que seamos modernos; es que estamos ya a años luz de los mismísimos americanos. En la oficina, por ejemplo, el jefe ya no es el jefe; es el *boss*, y está siempre reunido con la *public-relations* y el asesor de imagen o va a hacer *business* a *Holland* junto con su secretaria. En su maletín de mano, al revés que los de antes, que lo llevaban repleto de papeles y latas de fabada, lleva tan sólo un teléfono y un *fax-modem* por si acaso. La secretaria tampoco le va a la zaga. Aunque seguramente es de Cuenca, ahora ya no lleva agenda ni confecciona listados. Ahora hace *mailings* y *trainings* -y *press-books* para la prensa-, y cuando acaba el trabajo va al gimnasio a hacer *gim-jazz* o a la academia de baile para bailar sevillanas. Allí se encuentra con todas las de la *jet*, que vienen de hacerse *liftings*, y con alguna *top-model* amante del *body-fitness* y del *yogourt* desnatado. Todas toman, por supuesto, cosas *light*, y ya no fuman tabaco, que ahora es una cosa *out*, y cuando acuden a un *cocktail* toman *bitter* y *roastbeef*, que, aunque parezca lo mismo, es mucho más digestivo y engorda menos que la carne asada.

En la televisión, entre tanto, ya nadie hace entrevistas ni presenta, como antes, un programa. Ahora hacen *interviews* y presentan *magazines*, que dan mucha más prestancia, aunque aparezcan los mismos y con los mismos collares. Si el presentador dice mucho *O.K.* y se mueve todo el rato, al *magazine* se le llama *show* -que es distinto que espectáculo-, y si éste es un *show heavy*, es decir, tiene carnaza, se le adjetiva de *reality* para quitarle la cosa cutre que tendría en castellano. Entre medias, por supuesto, ya no nos ponen anuncios, sino *spots*, que, aparte de ser mejores, nos permiten hacer *zapping*.

En el deporte del *basket* -que antes era el baloncesto-, los *clubs* ya no se eliminan, sino que juegan *play-offs*, que son más emocionantes, y a los patrocinadores se les llama *sponsors*, que para eso son los que pagan. El

mercado ahora es el *marketing*: el autoservicio, el *self-service*; el escalafón, el *ranking*; el solomillo, el *steak* (incluso aunque no sea tártaro); la gente guapa, la *beautiful*, y el representante, el *manager*. Y desde hace algún tiempo, también, los importantes son *vips*; los auriculares, *walk-man*; los puestos de venta, *stands*; los ejecutivos, *yuppies*; las niñeras, *baby-sitters*, y los derechos de autor, *royalties*. Hasta los pobres ya no son pobres, sino *homeless*.

Para ser ricos del todo y quitarnos el complejo de país tercermundista que tuvimos algún tiempo y que tanto nos avergonzaba, sólo nos queda ya decir *siesta* -la única palabra que el español ha exportado al mundo, lo que dice mucho en favor nuestro- con acento extranjero.

El País

carnaza: carnada, cebo.
fiambrera: cacerola con tapa ajustada que sirve para llevar la comida fuera de casa.
impedimenta: bagaje que suele llevar la tropa.
prestancia: excelencia

•••••••••••••••••••••••• *Cuestiones* ••••••••••••••••••••••••

⊛ ¿Qué intenta demostrar el autor con su razonamiento? ¿En qué se observa la ironía del artículo?

⊛ Halla y clasifica las estructuras sustantivas.

⊛ Busca la palabra española para cada uno de los anglicismos que hay en el artículo.

⊛ Observa cómo para adoptar términos nuevos el autor utiliza el verbo *hacer*, utilizado en numerosas expresiones. Usa correctamente las que te ofrecemos en las frases que siguen:

> EXPRESIONES
>
> hacer borrón y cuenta nueva
> hacer castillos en el aire
> hacer de tripas corazón
> hacer la cama a alguien
> hacer la pascua
> hacer leña del árbol caído
> hacer la rosca

❑ No pienses más en el robo. Debes hacer.. y seguir adelante.
❑ Ya sabemos que merecía esa sanción por su absentismo laboral, pero no hay que .... sino ayudarle a superar esta crisis.
❑ Su jefe siempre le está haciendo.. Cada vez que programa un viaje encuentra para él una tarea ineludible y se queda en tierra.
❑ No necesito que me hagas .... Con pedirme el coche directamente es suficiente, ya sabes que no tengo problema en prestártelo.
❑ A los idealistas nos encanta hacer.. Si las cosas después salen mal, que nos quiten lo bailado.
❑ Cuando la invitaron a tomarse unos días de vacaciones no se dio cuenta de que le estaban haciendo.. Al volver se encontró a otra persona en su puesto.
❑ Vale, olvidaré esta discusión. Hagamos..

⊛ Explica las siguientes expresiones:

> la prueba del algodón
> por si acaso
> tampoco le va a la zaga
> aparezcan los mismos y con los mismos collares
> la cosa cutre

Expresión

• ¿Cuáles pueden ser las causas de esa invasión de barbarismos?¿Crees que enriquecen la lengua o, por el contrario, la empobrecen?

Escrita

*T*odos los fabricantes que salían de Tres Estrellas iban a comer al puesto de la familia Torres. En la esquina de la calzada de Tlalpan y Lorenzo Boturini vendían caldo, frijoles, sopa seca. Cuando yo puse mi cajón de dulces, también iba a llenar el buche con ellos. Éramos compañeros de banqueta. Los Torres vivían en una vecindad de Alfredo Cavero, pero al rato los corrieron porque no podían pagar la renta y yo les conté que se estaban cayendo unas paredes en el terreno de Magueyitos, y que el encargado les podía rentar por menos precio un pedazo de baldío. Nomás pagaban tres, cuatro, cinco pesos por las paredes y el piso, y ya tenían casa en que vivir.

¡Ya quisiera encontrarme ahora un llano, de esos con paredes medias caídas para rentarme un pedazo, pero eso es lo mismo que pedir que me bajen las perlas de la Virgen!

Cuando mi comadre Victoria me dejó, los Torres me dijeron que no me apurara, que me fuera a vivir con ellos. Yo decía "vivo con ellos", pero me tenían de arrimada y eso de que durmiera así debajo de un techo, no. Dormía afuera, pegada a la pared, por el lado de la calle. En la saliente que queda para las caídas de agua, acomodaba yo unos pedazos de tabla prestados y allí me acostaba.

La familia Torres era muy pobre; la mamá doña Encarnación, Candelaria la hija, y los dos hijos hombres, Domingo y José, lavaban colchones en los hoteles. Tuvieron que quitar el puesto porque no podían surtirlo por más agua que le echaran al caldo y más tierra al café. Como yo no iba a trabajar a ninguna casa, me convidaron a lavar colchones. Les ayudaba a lavar diez o doce colchones, según los que salieran después remendaba las fundas y ellos vareaban la borra para esponjarla y volverlos a rellenar. Son colchones corrientes como el que yo tengo; de borra apelmazada, no de resortes.

Cuando entró Lázaro Cárdenas de presidente ordenó que se salieran todos los que vivían en Magueyitos. Dijo que él les iba a dar terrenos, pero en otro lado. Era un montón de familias las que se acomodaron en esos llanos. De pronto se pusieron a pelear lo que no era de ellos; nomás que la gente así es de comodina. Ese terreno de Magueyitos lo compró Tres Estrellas y es ahora la estación de los camiones de Cuernavaca y de Acapulco. Era una hacienda vieja, pero como no hubo quien la reclamara, porque los dueños, unos españoles antiguos, se murieron todos, pasaron muchos años y quedó por parte del gobierno, que se apoderó de la finca aquélla. Los que se acercaban allí, buscando el calorcito de tanto tabique tirado, se vinieron a arrimar a un muro, amasaron adobe y como Dios les dio la inteligencia hicieron su casita y la techaron de cartón. El gobierno se apoderó del terreno y subarrendó los pedacitos: iba un empleado a cobrar las rentas de cinco y seis pesos y daba sus recibos chiquitos, como boletos de camión. Como en esos llanos había muros, aunque estuvieran caídos, eran demasiado buenos para los pobres; y el trompudo ordenó que nos echaran.

> **borra**: parte más basta y corta de la lana.
> **buche**: *coloq.* estómago de las personas.
> **calzada**: pavimento; *Méx. Car.* avenida.
> **correr**: *Méx.* expulsar.
> **frijol**: *Am.* judía, alubia.
> **resorte**: muelle.

➤ **Elena Poniatowska** *(México)*,
Hasta no verte Jesús mío

❧   ¿Podrías explicar el título de la novela a la que pertenece el fragmento?

❧   Intenta imaginar a la protagonista:

> Es probable que...
> Es lógico que...
> Es increíble que...

❧   Explica las siguientes expresiones:

> llenar el buche
> los corrieron
> nomás
> compañeros de banqueta
> rentar un pedazo de baldío
> trompudo

❧   Explica los subjuntivos:

- ¡Ya **quisiera** encontrarme ahora un llano, de esos con paredes medias caídas para rentarme un pedazo, pero eso es lo mismo que pedir que me **bajen** las perlas de la Virgen!
- Cuando mi comadre Victoria me dejó, los Torres me dijeron que no me **apurara**, que me **fuera** a vivir con ellos. Yo decía "vivo con ellos", pero me tenían de arrimada y eso de que **durmiera** así debajo de un techo, no.
- Tuvieron que quitar el puesto porque no podían surtirlo por más agua que le **echaran** al caldo y más tierra al café.
- Les ayudaba a lavar diez o doce colchones, según los que **salieran** después remendaba las fundas y ellos vareaban la borra para esponjarla y volverlos a rellenar.
- Cuando entró Lázaro Cárdenas de presidente ordenó que se **salieran** todos los que vivían en Magueyitos.
- No hubo quien la **reclamara**.
- El trompudo ordenó que nos **echaran**.

❧   Explica la concordancia:
Era un montón de familias las que se acomodaron en esos llanos.

❧   Sustituye en el texto las siguientes expresiones sin que cambie el significado:

> no me apurara
> acomodaba unos pedazos de tabla
> me convidaron a lavar
> corrientes

• Explica el valor de los diminutivos y aumentativos presentes en el texto y en los siguientes fragmentos.

El torazo bravucón

El patio del instituto Vicen Plantades, en Mollet del Vallés, era ayer un hervidero de rumores y noticias. Casi todos los alumnos tenían una opinión a favor o en contra del controvertido profesor expedientado por la Generalitat. Muchos coincidían en la actitud chulesca y bravucona de Abel López Rodríguez.

Un tranquilo oasis al aire libre donde pasear los modelitos de cara al verano y codearse con los «famosillos»

Hidalgüelo de las barbas de chivo

El Consejo de Ministros de hoy aprobará otro «decretazo» para reducir de nuevo el desempleo

IMPERIALISMO VERDE

L *ee las siguientes preguntas e intenta comprender todo su vocabulario. Luego, escucha o lee atentamente el texto correspondiente a esta sección (p.295) y contéstalas, eligiendo tan sólo una de las tres opciones que se ofrecen.*

☞ *Las fuerzas opuestas a los derechos de los indígenas y a la conservación de la Amazonia brasileña quieren*

    (a)   *ocupar el territorio con la excusa de asegurar su defensa.*

    (b)   *que la comunidad internacional intervenga.*

    (c)   *que no se utilice el argumento del intervencionismo.*

☞ *El presidente francés, al sugerir que un organismo internacional administrara la Amazonia, sólo consiguió*
- *(a)* *que toda la sociedad brasileña se opusiera.*
- *(b)* *que los más progresistas expresaran su repulsa.*
- *(c)* *que las relaciones entre los dos países mejoraran.*

☞ *Un ministro recordó que los países ricos*
- *(a)* *fueran responsables de la contaminación mundial.*
- *(b)* *eran responsables de la contaminación mundial.*
- *(c)* *poseían autoridad moral para dar consejos en materia de medio ambiente.*

☞ *Los indígenas necesitan*
- *(a)* *que no haya lágrimas de cocodrilo.*
- *(b)* *que se les den medios para controlar su territorio.*
- *(c)* *que se defiendan sus derechos.*

DEBATE

¿Proteccionismo o imperialismo? Comentad los argumentos que desarrolla el autor y aportad otros para defender vuestra opinión.

Séptima Unidad

Sustantivas II.
Verbos especiales.
Estilo indirecto

7

❶ *Este relato de Mario Benedetti es un buen ejemplo de uso de estilo directo, en el que se transcribe textualmente lo que dice cada hablante. Transfórmalo en estilo indirecto: El profesor preguntó si... Luego reconstruye las palabras sin sentido de las últimas líneas del texto y explica su significado.*

—Veamos —dijo el profesor—. ¿Alguno de ustedes sabe qué es lo contrario de IN?

—OUT —respondió prestamente un alumno.

—No es obligatorio pensar en inglés. En español, lo contrario de IN (como prefijo privativo, claro) suele ser la misma palabra, pero sin esa sílaba.

—Sí, ya sé: insensato y sensato, indócil y dócil, ¿no?

—Parcialmente correcto. No olvide, muchacho, que lo contrario del invierno no es el vierno sino el verano.

—No se burle, profesor.

—Vamos a ver. ¿Sería capaz de formar una frase, más o menos coherente, con palabras que, si son despojadas del prefijo IN, no confirman la ortodoxia gramatical?

—Probaré, profesor: «Aquel dividuo memorizó sus cógnitas, se sintió dulgente pero dómito, hizo ventario de las famias con que tanto lo habían cordiado, y aunque se resignó a mantenerse cólume, así y todo en las noches padecía de somnio, ya que le preocupaban la flación y su cremento.»

—Sulso pero pecable —admitió sin euforia el profesor.

---

② *Este poema de Nicanor Parra constituye un uso libre del llamado estilo indirecto. Construye un diálogo en estilo directo a partir de él.*

VIOLACION

Un sillón acusado

de faltarle el respeto a una silla

alegó que la silla

había sido la culpable de todo

se desnudó por propia iniciativa

mientras yo conversaba por teléfono

qué quería que hiciera señor juez

pero la silla dijo violación

y el acusado fue declarado culpable

❸ *En el estilo indirecto puede usarse a veces el modo subjuntivo, aunque no es frecuente. Localiza su uso en estos fragmentos.*

A los efectos que hoy me interesan, no importa en absoluto cuáles sean los contenidos de dicho reglamento que ya afecta a la opinión y al habla: no importa que parezcan justos o razonables a muchos, protectores o educativos, que busquen el bien común o el respeto hacia las personas.

Uno suele estar más convencido de lo que parece, de que los andaluces son así o asá, de que los vascos piensan de tal o cual manera, los catalanes de la otra, y qué sé yo qué más diga. Todo ello suponiendo que no haya insinceridad o miedo de por medio.

④ Observa atentamente estas viñetas y explica lo que dice, pregunta, exige o piensa la protagonista.
Puedes usar las siguientes expresiones:

a duras penas
a punta de pala
caérsele a alguien los anillos
como los chorros del oro
con el corazón en la mano
echar una mano
echar los hígados
en resumidas cuentas
liarse la manta a la cabeza
lo comido por lo servido
tomar a risa

❺ El verbo parecer admite varios tipos de construcción, con indicativo y subjuntivo. ¿Cuáles conoces?

A veces, parece que hay sueños imposibles.

7.1. Verbos de doble construcción _____

Hay verbos que pueden presentar dos significados diferentes y comportarse, por tanto, según las dos reglas explicadas:

➡ **ACORDAR**

⟶ voluntad (I): 'decidir, determinar'.
   Acordaron que se cerrara la empresa.

⟶ actividad mental (II): 'pensar de común acuerdo'.
   Acordaron que era la mejor solución.

➡ **COMPRENDER, ENTENDER**

⟶ juicio de valor (I): 'juzgar normal o lógico'.
   Comprendo (entiendo) que estés enfadada.

⟶ actividad mental (II): 'darse cuenta, pensar'.
   Comprendió (entendió) que estaba equivocado.

➡ **DECIDIR**

⟶ voluntad (I): 'determinar, dar solución a un asunto'.
   Han decidido que me quede en este puesto.

⟶ actividad mental (II): 'pensar, tomar una decisión'.
   Han decidido que eso es lo mejor.

➡ **DECIR**

(y otros verbos de comunicación: *advertir, insistir en, indicar, insinuar, recordar, repetir, señalar...*)

⟶ influencia (I): 'pedir, ordenar'.
   Nos dijo/Nos recordó/Nos indicó/Nos señaló/Insistió en/ que fuéramos.

⟶ comunicación (II): 'expresar'.
   Nos dijo/Nos recordó/Nos indicó/Nos señaló/Insistió en/ que había venido.

➡ **PARECER**

⟶ **I**

⇨ voluntad, en preguntas: 'desear'.
¿Te parece que cenemos fuera esta noche?

⇨ juicio de valor, en que se incluye el valor de *como si*:
Parece que vinieras de la guerra.

⇨ *parecer* + EXPRESIÓN (*posible, fácil, mentira...*).
Parece lógico que no acepte esas condiciones.

⟶ **II**

⇨ percepción/ actividad mental: 'dar la impresión/ pensar'.
Parece que están contentos con su nuevo empleo/No parece que estén...
Me parece que has hecho lo correcto/No me parece que hayas hecho...

⇨ *parecer* + EXPRESIÓN (*seguro, cierto, verdad...*).
Parece seguro que lo lograrán.
No parece seguro que lo vayan a lograr.

➡ **SENTIR**

⟶ sentimiento (I): 'lamentar'.
Siento mucho que no pudieras venir ayer

⟶ pensamiento, percepción (II): 'darse cuenta'.
Sentí que había llegado el momento de tomar una decisión drástica.
Sentí que alguien se acercaba.

◐

✎ **Completa los espacios con la forma verbal adecuada y haz las transformaciones necesarias:**

1. Sentí que (tú, no llegar) .... a tiempo.
2. Sentí que alguien (llamar) .... a la puerta.
3. Te recuerdo que aún (tú, no revisar) .... el líquido de los frenos.
4. Te recuerdo que (tú, revisar) .... los frenos en cuanto puedas.
5. Parece que (irte) .... la vida en ello.
6. ¿Os parece que (nosotros, hacer) .... una *queimada* en la terraza esta noche?
7. Parece seguro que (ellos, hacer) .... una *queimada* en la terraza esta noche.

8. Me parece absurdo que (ellos, hacer) .... una *queimada* en la terraza esta noche.
9. Insistió en que no (ocurrir) .... nada de especial relevancia.
10. Insistió en que (nosotros, ser) .... puntuales.
11. Nos dijo que (nosotros, venir) .... a las diez.
12. Nos dijo que (él, ganar) .... un premio en el sorteo.
13. Te indicarán que no (tú, utilizar) .... el impreso adecuado.
14. Te indicarán que (tú, completar) .... otro formulario.
15. Acordamos que la cita (ser) .... después de las siete.
16. Acordamos que (nosotros, necesitar) .... más tiempo para deliberar.
17. Comprendo que (tú, ofenderte) .... por lo que ha ocurrido.
18. Comprendo que (ser) .... tarde para rectificar.
19. Decidimos que ella (ser) .... la candidata más brillante.
20. Decidimos que la vacante (ser) .... para ella.
21. Entiendo que eso (significar) .... mucho para ti.
22. Entiendo que eso no (solucionar) .... nada.
23. Les señalaremos que (ellos, ir) .... entrando.
24. Les señalaremos que (ellos, deber) .... realizar tres pruebas diferentes.
25. Le han contestado que (él, ocuparse) .... de sus asuntos.
26. Le han contestado que (ellos, reflexionar) .... sobre su petición.
27. Me escribió que (yo, visitarla) .... en cuanto me fuera posible.
28. Me escribió que (ella, mudarse) .... de casa el mes que viene.
29. Nos han comunicado que (nosotros, irnos) .... inmediatamente.
30. Nos han comunicado que (nosotros, estar) .... despedidos.

✏ En algunas de las siguientes frases hay errores en el uso de los verbos. Corrígelos:

31. No me gusta que me dicen lo que tengo que hacer.
32. Hace un momento lo hemos visto subir al otro piso.
33. Es una pesadez que están constantemente hablando del mismo tema.
34. Las autoridades sanitarias exigen que no se usan conservantes artificiales.
35. No deberías consentir que te vuelvan a tomar el pelo.
36. No me extraña que han cerrado ese tramo del metro. Hace tiempo que necesitaba reformas.
37. Es maravilloso conocer nuevos amigos.
38. No digas que no aceptes porque te arrepentirás.
39. ¿Te parece que es apropiado lo que estás haciendo?
40. Te recuerdo que fueras tú quien propuso venir aquí.
41. No recuerdo que fueras tú quien propuso venir aquí.
42. Es posible que han cerrado el museo de arte contemporáneo.
43. No estoy seguro de que sea la mejor solución, pero por intentarlo no se pierde nada.
44. Me encanta verte tan feliz.
45. Me encanta que estás tan feliz. ✏

7.2. El estilo indirecto

➡ Llamamos ESTILO INDIRECTO a la reproducción literal de un mensaje:

>Dijo: *"Mañana me iré para siempre de esta ciudad".*
>Pensamos: *"Esto debe de ser una trampa".*
>Pregunté: *"¿Estáis dispuestos a colaborar?¿Cuándo comenzaréis?".*

➡ En el ESTILO INDIRECTO se hace depender el verbo 2 del verbo 1 por medio de nexos :

ESTRUCTURA
V1 (comunicación, actividad mental, influencia...)+ nexo + V2

➡ El nexo de unión entre las dos oraciones puede ser:

➡ *que*:

>*Dijo que mañana se iría para siempre de esta ciudad.*
>*Pensamos que aquello debía de ser una trampa.*

➡ *si, qué, quién, cómo, dónde, cuándo, cuál (-es), cuánto (-a, -os, -as),* valor interrogativo:

>*Pregunté si estabais dispuestos a colaborar.*
>*Pregunté cuándo comenzaríais.*

➡ *Coloq.* Puede aparecer el nexo *que* redundante:

• *¿Quién ha llegado?*
  Pregunta (que) quién ha llegado.

• *Dice que si te quedas a cenar.*
  ¿Qué?
  Que si te quedas a cenar.

➡ TRANSFORMACIÓN

Se producen cambios en pronombres, verbos, referencias espaciales y temporales, etc.

>*Pensó: "Yo no voy a consentir que me echen de aquí, ésta siempre ha sido mi casa."*
>*Pensó que él no iba a consentir que lo echaran de allí, aquélla siempre había sido su casa.*

➡ Cuando el verbo 2 depende de verbos de influencia y voluntad debe estar en un tiempo posterior al del verbo 1.

>*Le prohibió que llegara tarde.*
>**Le prohibió que hubiera llegado tarde.*

➡ En ocasiones el verbo 2 puede encontrarse en subjuntivo expresando duda o incertidumbre, pero es infrecuente:

>*No sé qué decirte, te diré, te diga.*
>*No sé si saldré, salir, salga.*

Transforma en estilo indirecto las siguientes frases. Observa que hay expresiones que no pueden ser trasladadas. Sigue el modelo.

1. Cuando vio lo que ocurría pensó: "¡Dios mío! No es posible. Debe de ser una pesadilla".
   Cuando vio lo que ocurría pensó que no era posible, que debía de ser una pesadilla.

2. El bedel había informado a los alumnos: "El profesor ha llamado para avisar de que hoy no podrá venir".
   ....

3. Pensaba: "Parecía imposible llegar hasta el final, pero al fin lo he logrado".

4. Cuando la vio le preguntó: " ¿No estabas de baja por enfermedad?"
   ....

5. Poco después, el altavoz anunciaría: "El vuelo 727 procedente de Berlín llegará con una hora de retraso".
   ....

6. El conferenciante, ante la polémica suscitada, matizó: "No quisiera que se interpretara mi opinión como una postura radical".
   ....

7. Comentó: "Me gustaría visitarla, pero creo que no quiere recibir a nadie".
   ....

8. Señaló a su compañero: "Me habría gustado que lo hicieras mejor, pero ya no tiene remedio".
   ....

9. Cuando entren los actores, les ordenarás: "Salid inmediatamente de esta sala".

10. El detenido había suplicado: "Dejad que me vaya. Juro que soy inocente".
    ....

11. El fiscal inquirió: "¿Por qué intenta usted encubrir a los culpables?".
    ....

12. Contestó airado: "No pienso escuchar más tonterías. Adiós".

13. Cuando vio que su número estaba premiado, exclamó: "¡Qué alegría! ¡Me parece un sueño!
    ....

14. La moderadora de la mesa redonda había insistido por enésima vez: "Señores, por favor, respeten su turno de intervención".
    ....

15. En la rueda de prensa, uno de los periodistas preguntó al ministro: "¿Puede usted garantizar que esa medida no deteriorará las relaciones con nuestros aliados comerciales?".
    ....

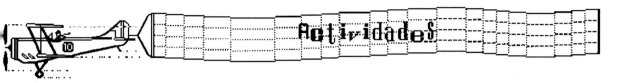

Actividades

1. Transforma en estilo indirecto el siguiente fragmento de *Corona de sombra*, que trata sobre el reinado de Maximiliano y Carlota en México. Puedes realizar esta actividad con cualquier otra obra de teatro.

CARLOTA.- No vas a explotar ahora sentimientos de familia, Max, sino a tocar resortes políticos, a crear intereses. Tampoco a Bismarck le gusta Napoleón: lo detesta y lo teme, y lo ve crecer con inquietud. Estoy segura de que haría cualquier cosa contra él. Pero hay que ser hábiles. Yo recurriré a Leopoldo, aunque no es muy fuerte ni muy rico. ¡Si mi padre viviera aún! Pero no caeremos, Max. No caeremos. Yo haré lo que sea.

MAXIMILIANO.- Pero ¿no es aquí más bien donde habría que buscar apoyo y voluntades? Ni los austriacos, ni los alemanes, ni los belgas nos darían tanta ayuda como un gesto de Juárez.

CARLOTA.- El indio errante, el presidente sin república que nos mata soldados en el norte. No, Max. Ése es el peor enemigo.

MAXIMILIANO.- ¡Quién sabe! Carlota... he vuelto a escribirle.

CARLOTA.-¿A quién?

MAXIMILIANO.- A Juárez. Lo haría yo primer ministro y gobernaríamos bien los dos.

CARLOTA.- ¡Estás loco, Max! Has perdido el sentido de todo. El Imperio es para ti y para mí, nada más. Seríamos los esclavos de Juárez. Lo destruiremos, te lo juro. Podemos... eso es. Mandemos a alguien que acabe con él.

MAXIMILIANO.-(*Dolorosamente*) ¡Carlota!

CARLOTA.- ¿Qué es un asesinato político para salvar un imperio? ¡Max, Max! Vuelve en ti, piensa en la lucha. ¿O prefieres abdicar, convertirte en el hazmerreír de Europa y de América, en la burla de tu madre y de tu hermano; ir, destronado, de ciudad en ciudad, para que todo el mundo nos tenga compasión y nos evite? No puedes pensarlo siquiera.

MAXIMILIANO.- No lo he pensado, Carlota. Pero he pensado en morir: sería la única forma de salvar mi causa.

Rodolfo Usigli (México),
Corona de sombra

2. Explica en estilo indirecto lo que piensa el personaje que protagoniza esta historia.

3. En español existen múltiples expresiones relacionadas con animales.¿Cuáles corresponden a los cinco animales que aparecen en el dibujo anterior? ¿Cuáles puedes extraer de los siguientes recortes?

TODO EL RATO CON LA MOSCA DETRAS DE LA OREJA

TIEMPO DE VACAS FLACAS

Lo primero que los políticos deberían decir a los ciudadanos es que los modelos de crecimiento no pueden tener como objetivo «crear empleo»: esa es sólo la consecuencia de una decisión previa de una despenalización del ahorro, una incentivación de la inversión y una reducción de impuestos.

En el juego político, que como todo juego es aristocrático (aristos, el mejor) y monárquico (monos archein: manda uno, el número uno), gana el juego el que mejor miente, es decir, el que «nos mete gato por liebre», nos «toma el pelo» y «nos la da con queso». Pero, ¡ay del día en que se le pilla al virtuoso de la mentira con las manos en la masa! Ese día la sociedad lo machaca como a una cucaracha con la apisonadora de la vergüenza y del ridículo.

Detenida una 'canguro' que se fugó con 4 niños en Barcelona

Vista de pájaro

Juan José Hidalgo, presidente de Air Europa, desafía a Iberia al competir en el puente aéreo

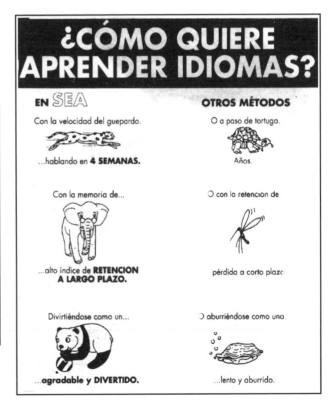

¿CÓMO QUIERE APRENDER IDIOMAS?

EN SEA

Con la velocidad del guepardo.

...hablando en **4 SEMANAS.**

Con la memoria de...

...alto índice de **RETENCION A LARGO PLAZO.**

Divirtiéndose como un...

...**agradable y DIVERTIDO.**

OTROS MÉTODOS

O a paso de tortuga.

Años.

O con la retención de

pérdida a corto plazo

O aburriéndose como una.

...lento y aburrido.

4. Las palabras de la primera columna pueden tener un sentido metafórico en el lenguaje coloquial. Relaciona cada una de ellas con su significado adecuado de la segunda columna.

bestia	transistor
borrego	guardaespaldas
burro	bruto, inculto
buitre	imbécil
cacatúa	sin personalidad, gregario
besugo	aprovechado, gorrón
ganso	persona aparentemente inofensiva pero dañina
gallinero	tacaño
gorila	localidades más altas (y baratas) del teatro
loro	vago
perras	cobarde
rata	mujer vieja, fea o ridícula
mosquita muerta	persona poco inteligente
gallina	dinero

5. Utiliza las expresiones que te ofrecemos para completar las frases.

> no ver tres en un burro
> marear la perdiz
> como el perro y el gato
> ser más lento que el caballo del malo
> sonrisa de conejo
> ser una fiera
> poner la carne de gallina
> llevarse el gato al agua
> matar el gusanillo
> quedarse pajarito
> subírsele el pavo a alguien
> como pez en el agua

❏ Ponte un abrigo o ....
❏ Es muy hipócrita y siempre saluda con ....
❏ Aunque son hermanos siempre están ....
❏ Anda enamorada de él. Cada vez que lo ve ....
❏ A ver si terminas ya, que ....
❏ Por favor, tráeme las gafas, que ....
❏ Deja de .... y vete al grano, que no tenemos mucho tiempo.
❏ Siempre que discute quiere ser él quien .... No soporta que le lleven la contraria.
❏ Aunque es temprano, yo ya tengo hambre. Podríamos tomar un aperitivo para.................
❏ Le encantan los niños. Con ellos se encuentra...
❏ Lo acabará en seguida; ya sabes que es ....
❏ Cuando informaron de la tragedia ....

6. Identifica el gazapo:

En el español de Venezuela
- ❏ *l* y *r* se confunden en final de sílaba *(flor-flol)*.
- ❏ no se pronuncia la *s* en final de sílaba.
- ❏ se utiliza el voseo de forma generalizada.

Sexismo

Café y tila

ELENA F. L. OCHOA

S
e cuenta que Gabriele d'Annunzio asistió una noche, de ésas para no volver, a uno de aquellos inolvidables salones franceses donde el *charme* y el ingenio eran los protagonistas principales. Dio la casualidad que este salón era de los pocos donde las arterias de la conversación eran rígidamente conducidas por la señora de la casa. Llegado el punto cumbre de la velada, sintió, la señora en cuestión, que había llegado el momento álgido de suscitar el tema que correspondía a su guión y espetó, a quien tenía a su derecha: "Señor D'Annunzio, ¿qué piensa usted del amor?". Éste, primera clase del mundo literario italiano, redujo a la tal señora sin miramiento alguno al silencio más estrepitoso, eso sí, con una simple y comprensible contestación: "Lea mis libros, *madame*, y déjeme terminar mi cena". Y dicen que dio en el clavo el señor D'Annunzio, ya que las preguntas impertinentes y a destiempo deben ser siempre contestadas de forma pertinente y a tiempo. "Saber cómo prestar atención y cultivar el arte de la escucha...son los dos secretos esenciales que necesita saber una buena anfitriona", escribió la condesa de Loynes, líder de otro exquisito salón del siglo pasado en París, asesora política, fuente de inspiración de Flaubert, cortesana de impecable respetabilidad y, sobre todo, experta en el sutil arte de la conversación.

Puede pasar que el que siempre escucha quedamente sin dar opinión ni emitir juicios no tenga nada que decir o, quizá, aunque las menos veces, tenga demasiado y

prefiera callar. Yo he conocido los dos extremos y, a primer golpe de vista, ambos especímenes suelen confundirse. Pero uno y otro se hacen soportables si arreglan su silencio con un toque de ingenio o de extravagancia bien pensada.

Esto último ha sido el caso de un famoso escritor americano que hace unos meses, y a la manera de D'Annunzio, dejó helada y sin armas a una audiencia de mujeres guerreras. Fue en una mesa redonda a la que este señor estaba invitado como contrarréplica atemperada -eso es lo que se esperaba, en principio- al discurso vanguardista y abanderado de sus colegas. Viendo que pasaba el tiempo y no intervenía, la moderadora se dirigió a él con tono neutral y sonrisa contenida: "¿No piensa usted que su estilo machista está ya un poco pasado de moda?". Levantó la vista el escritor de un cuadernillo que había llenado de garabatos en la hora que llevaban allí sentados y aclaró sin inmutarse: "Usted sabrá, señora, que el machismo es a los hombres lo que la elegancia es a las mujeres". Revuelo en la sala. "¿Quiere que siga?", continuó el escritor haciendo caso omiso de la reacción que había provocado. La moderadora asintió ya sin sonrisa. "Pese a que muchas permanecen calladas, hay cada vez más y más mujeres que reconocen por lo bajito que el sistema de pensamiento y configuración del mundo que ustedes han estado aquí defendiendo les oprime más que les libera. Al final, sabrán ustedes, queridas señoras, la naturaleza humana es siempre más profunda que cualquier ideología: el pensamiento ideológico está siempre en el origen de la mayor parte de los horrores de este siglo". Se atusó entonces su corta melena blanca e intentó seguir con los garabatos. "Pero no nos negará usted la utilidad del movimiento feminista...gracias a él la mujer ha logrado...". No dejó terminar a la ya irritada moderadora. "Mire usted, las feministas son peores que los bolcheviques. Destilan veneno con su convencimiento absurdo y dogmático de creerse en posesión de la verdad absoluta y no sometiendo sus principios jamás a cuestión. Por una parte, hay las que quieren libertad e igualdad y, por otra, están las que odian a los hombres. Hubo un tiempo en el que los hombres decían a las mujeres 'lo que es tuyo es nuestro. Y lo que es nuestro es mío'. Hoy son las mujeres las que se han apropiado de este vil discurso, cambiando la cara de la tortilla, pero ésta, a mi modo de ver, sigue deshecha". No sigo con lo que pasó después, que fue digno de opereta y tema más que de un salón del XVIII francés de uno de los saraos que por la misma época se celebraban en Madrid, ya que este escritor que se suele denominar "conservador de izquierdas" puso punto y final dando un elegante carpetazo e invitando a caviar y a ostras a todas sus compañeras de mesa.

Este moralista egocéntrico, como lo ha denominado Franz-Oliver Griesbert en una entrevista a tumba abierta en *Le Figaro*, no es otro que Norman Mailer, al que se le perdonan sus *boutades* y contradicciones existenciales cuando se pasa con él un rato largo: "Si usted quiere ser una escritora interesante, es necesario que una parte de su ser sea antisocial, profundamente antisocial; la mala sangre es mejor para crear que la buena". Quizá tenga razón el señor Mailer al defender que el estar de mal café con el mundo siempre es más productivo que emborracharse de tila, pero, por favor, con cierto ingenio o, al menos, con alguna extravagancia bien pensada. El mal café a secas resulta un tanto agrio y, además, sienta mal al estómago y hasta algunos dicen que también al cerebro.

El País Semanal

atemperar: moderar.
atusar: alisar (el cabello).
contrarréplica: contestación dada a una réplica.
sarao: reunión nocturna de personas de distinción para divertirse con baile o música.
toque: pincelada ligera.

Cuestiones

❂ Transforma en estilo indirecto las partes del texto en que se transcribe literalmente el mensaje de un personaje.

❂ En el artículo hay expresiones que no están en español. ¿Puedes traducirlas? ¿Por qué crees que las usa la autora?

✪ Explica el significado de las siguientes expresiones del texto:

> a tumba abierta
> a primer golpe de vista
> pasado de moda
> por lo bajito
> poner punto y final
> estar de mal café
> mala sangre
> cambiar la (cara a la) tortilla

✪ Justifica las construcciones con los verbos *contar, sentir, dejar, decir, pensar, saber, reconocer, ver, querer* y *ser necesario* + VERBO 2.

✪ *Dar la casualidad, dar en el clavo* y *dar carpetazo* son algunas de las múltiples expresiones que se basan en el verbo *dar*. Te ofrecemos otras para que completes con ellas las frases que siguen.

> dar en la cresta
> dar mala espina
> dar la talla
> dar calabazas
> dar carta blanca
> dar de lado
> dar la cara
> dar la nota
> dar palos de ciego
> dar rienda suelta
> dar esquinazo
> dar por sentado

❏ No deberían encargarle a él esa tarea tan complicada. No creo que pueda dar............................

❏ El fugitivo estuvo a punto de ser atrapado pero al final dio ...:..
a sus perseguidores.

❏ Te daremos .... en el asunto. Tienes plena libertad para llevarlo
adelante como mejor te parezca.

❏ Tiene muy poco éxito con las chicas. Al final todas acaban dándole ....

❏ Siempre ha tenido una actitud arribista en la empresa pero le han dado ....
cuando han nombrado subdirector a su peor enemigo.

❏ No es bueno controlarse tanto. Hay que dar .... a los
sentimientos.

❏ Llamar la atención es su mayor debilidad. Le encanta dar ....

❏ Está muy deprimido. Le han dado .... incluso sus mejores
amigos.

❏ Me da .... que estén tan callados. Seguro que están tramando
algo.

143

❏ No te puedes escaquear. Si no das ...., las consecuencias serán mucho peores.
❏ Estamos muy desorientados. Llevamos mucho tiempo dando ....
y sin llegar a ninguna conclusión satisfactoria.
❏ Es injusto que hayan tomado una decisión sin preguntar nuestra opinión y dando
.... que nos parecería bien.

Expresión

Feminismo y machismo son eternos temas de polémica. ¿Cuál es tu postura al respecto?

Escrita

E̸n la Berlitz donde lo toman medio por lástima el director que es de Atorga le previene nada de argentinismos ni de qué galicados, aquí se enseña castizo, coño, al primer che que le pesque ya puede tomarse el portante. Eso sí usted les enseña a hablar corriente y nada de culteranismos que aquí los franceses lo que vienen a aprender es a no hacer papelones en la frontera y en las fondas. Castizo y práctico, métaselo en el digamos meollo.

Lucas perplejo busca en seguida textos que respondan a tan preclaro criterio, y cuando inaugura su clase frente a una docena de parisienses ávidos de olé y de quisiera una tortilla de seis huevos, les entrega unas hojitas donde ha policopiado un pasaje de un artículo de El País del 17 de septiembre de 1978, fíjese qué moderno, y que a su juicio debe ser la quintaesencia de los castizo y lo práctico puesto que se trata de toreo y los franceses no piensan más que en precipitarse a las arenas apenas tengan el diploma en el bolsillo, razón por la cual este vocabulario les será sumamente útil a la hora del primer tercio, las banderillas y todo el resto. El texto dice lo siguiente, a saber:

El galache, precioso, terciado, mas con trapío, muy bien armado y astifino, encastado, que era noble, seguía entregado a los vuelos de la muleta, que el maestro salmantino manejaba con soltura y mando. Relajada la figura, trenzaba los muletazos, y cada uno de ellos era el dominio absoluto por el que tenía que seguir el toro un semicírculo en torno al diestro, y el remate, limpio y preciso, para dejar a la fiera en la distancia adecuada. Hubo naturales inmejorables y de pecho grandiosos, y ayudados por alto y por bajo a dos manos, y pases de la firma, pero no se nos irá de la retina un natural ligado con el de pecho, y el dibujo de éste, con salida por el hombro contrario, quizá los más acabados muletazos que haya dado nunca El Viti.

Como es natural, los estudiantes se precipitan inmediatamente a sus diccionarios para traducir el pasaje, tarea que al cabo de tres minutos se ve sucedida por un desconcierto creciente, intercambio de diccionarios, frotación de ojos y preguntas a Lucas que no contesta nada porque ha decidido aplicar el método de la autoenseñanza y en esos casos el profesor debe mirar por la ventana mientras se cumplen los ejercicios. Cuando el director aparece para inspeccionar la performance de Lucas, todo el mundo se ha ido después de dar a conocer en francés lo que piensan del español y sobre todo de los diccionarios que sus buenos francos les han costado. Sólo queda un joven de aire erudito, que le está preguntando a Lucas si la referencia al "maestro salmantino" no será una alusión a Fray Luis de León, cosa a la que Lucas responde que muy bien podría ser aunque lo más seguro es que quién sabe. El director espera a que el alumno se vaya y le dice a Lucas que no hay que empezar por la poesía clásica, desde luego que Fray Luis y todo eso, pero a ver si encuentra algo más sencillo, coño, digamos algo típico como la visita de los turistas a un colmado o a una plaza de toros, ya verá cómo se interesan y aprenden en un santiamén.

➡ **Julio Cortázar** *(Argentina),*
Un tal Lucas

---

encastar: mejorar una raza.
fonda: lugar en que se ofrece hospedaje y comida.
galache: toro.
galicado: lenguaje con influencia francesa.
meollo: seso.
muletazo: pase de muleta.
preclaro: ilustre
tercio: cada parte de la lidia del toro.
tomar el portante: irse rápidamente.
trapío: buena planta del toro.

CUESTIONES

➤ El autor utiliza libremente aquí el estilo directo e indirecto. Redacta de nuevo los párrafos primero y último, separando ambos estilos.

➤ *Che* es una expresión utilizada como apelativo entre íntimos en Río de la Plata y Bolivia. Los términos para referirse a *muchacho* son también muy diferentes en las distintas zonas de América. ¿Podrías localizar dónde se usan los siguientes?

> chamaco
> patojo
> cipote
> chico
> pelado
> pibe
> cabro

➤ Explica las expresiones coloquiales del texto:

> lo toman medio por lástima
> hacer papelones
> en un santiamén
> al primer che que le pesque
> que sus buenos francos les han costado
> a ver si encuentra algo más sencillo, digamos algo típico

➤ *Meterse en el meollo* es una de las muchas expresiones que existen en español a partir del verbo *meter*. Completa las frases con las que aquí te ofrecemos.

> meter la cuchara
> meter la pata
> meterse a alguien en el bolsillo
> meterse alguien en su concha
> meterse en camisa de once varas
> meterse por el ojo de una aguja

- Estoy arrepentido de haber aceptado este trabajo; es demasiado difícil. Me he metido ....
- No debías haber dicho eso delante del director, has metido .... Ya no volverá a contar contigo como antes.
- Desde que murió su madre se ha metido .... y no quiere ver a nadie. Está muy mal.
- Es un chico muy avispado, es capaz de meterse ....
- No metas .... en este tema, no te hemos pedido tu opinión.
- Es la persona más encantadora que he conocido nunca. Tiene un don especial para meterse .... a la gente.

TOROS

L *ee las siguientes preguntas e intenta comprender todo su vocabulario. Luego, escucha o lee atentamente el texto correspondiente a esta sección (p. 296) y contéstalas, eligiendo tan sólo una de las tres opciones que se ofrecen.*

☞ *La primera corrida se produjo*

    (a)   en 1800.
    (c)   en el siglo XI.
    (c)   en el siglo X.

☞ *Antiguamente, antes de las bodas, el novio*

    (a)   corría delante de un toro.
    (b)   conducía a un toro hasta la casa de su futura esposa.
    (c)   era agredido por los mozos con azagayas y arponcillos.

☞ *El ritual se basaba en la consideración del toro como símbolo de*

    (a)   fecundidad.
    (b)   fuerza.
    (c)   burla.

☞ *Capa, banderillas y muleta son instrumentos para*

    (a)   propiciar la suerte.
    (b)   el lanceo caballeresco.
    (c)   ejecutar la corrida.

DEBATE

Las corridas de toros siempre han provocado la polémica entre sus detractores y defensores. Formad dos grupos -uno a favor, el otro en contra- y aportad todos los argumentos que se os ocurran para apoyar vuestra postura.

147

Octava Unidad

Adverbiales I

8

❶ *Identifica las expresiones concesivas presentes en los siguientes fragmentos y sustitúyelas por otras con el mismo valor.*

Los mármoles volverán a Grecia. Ya tengo una sala preparada para ellos en la Acrópolis. ¡Aunque sólo fuera eso lo que consiga desde este ministerio!"

Por mucho que se empeñen en decir que su voto fue en contra de Carlos Solchaga como presidente del grupo parlamentario, saben que este hecho puede tener consecuencias nefastas para ellos en el próximo congreso.

Para el sinólogo francés André Levy, «Viaje al Oeste» es la obra maestra de la novela fantástica china. A poco que se conozca el carácter esencial que el género fantástico ocupa en la tradición literaria del antiguo Imperio del Centro, las palabras de Levy adquieren pleno sentido.

La sequía continúa en niveles preocupantes aunque se hayan suprimido las restricciones de agua

"Afrontemos la realidad por muy dura que sea. El problema de Europa es el paro"

"Los sindicatos trabajamos a favor de la sociedad aunque exista una tendencia a tratarnos como puros dinosaurios; pero si no existieran habría que inventarlos"

② *Localiza las conjunciones temporales y condicionales e intercámbialas por otras de modo que no varíe el sentido general de las frases.*

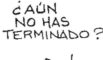

Buscando meteoritos desesperadamente

No contienen oro. Y sin embargo han despertado un interés cercano a la fiebre. La búsqueda de meteoritos, que encierran en su requemado interior los enigmas que el hombre más desea conocer, ha dado origen a una nueva profesión: cazador de polvo cósmico. Unos lo hacen por motivos científicos, mientras que otros buscan dinero. La lucha entre investigadores y contrabandistas, que se enfrentan, se cruzan y se vigilan en los lugares más extremos del planeta, es encarnizada y de ella puede depender que los hombres sepan de dónde viene el mundo que les alberga y cómo surgió la vida que en ellos alienta.

«*Ahora, en caso de que no se pueda especular, el artista tendrá que hacer algo en serio. Bucear en el cosmos de la imaginación y entender la creación como acto de libertad*»

«*Como pille al que me ha robado la cartera le tiro desde el aire*», *gritó el piloto en pleno vuelo*

«*A mi edad, a medida que ha ido pasando el tiempo he ido escribiendo más y leyendo menos, pero eso me imagino que le pasa a todo el mundo, a todos los escritores. De joven lo leía todo, tenía la enfermedad de la letra negra sobre el papel blanco y necesitaba leer a toda hora*»

Uno tiende a creer que ningún acto humano tiene importancia si se considera la relatividad del tiempo y del espacio. Veinte mil millones de años de silencio han precedido a esta brevísima cerilla encendida que es la vida y otro silencio de infinitos millones de años seguirá cuando el ínfimo resplandor de la humanidad se haya apagado.

8.1. Condicionales

Expresan una condición cuyo cumplimiento es necesario para la realización de la acción del verbo del que dependen.

➡ **INDICATIVO**

⟼ ***que...que, si...que, que...si:*** estructuras disyuntivas con valor condicional; uso coloquial.

> *Que hacía sol, íbamos a la playa; que hacía mal tiempo, nos íbamos de excursión.*
> *Que te gusta el vestido, te lo quedas; si no, lo devuelves y no pasa nada.*

➡ **INFINITIVO**

⟼ ***de*** + INFINITIVO SIMPLE O COMPUESTO: condición improbable.

> *De saberlo, actuaría de otra manera (=si lo supiera...).*
> *De haberlo sabido, habría venido en seguida (=si lo hubiera sabido).*

➡ **SUBJUNTIVO**

⟼ ***siempre que, siempre y cuando, a condición de que, en caso de que:*** condición.

> *Te prestará la bicicleta, siempre que se la cuides.*
> *Te escribiré, siempre y cuando me prometas responder a mi carta.*
> *Aceptaremos a condición de que nos hagan un contrato formal.*
> *En caso de que no haya donde aparcar avísame para abrirte el garaje.*

⟼ ***a no ser que, a menos que, excepto que, salvo que:*** condición negativa.

> *Iremos al cine, a no ser que se te ocurra (=si no se te ocurre) algo mejor que hacer.*
> *Mañana firmará, a menos que (excepto que, salvo que) haya cambiado de opinión (=si no ha cambiado...).*

⟼ ***mientras:*** condición + idea de duración.

> *Mientras no te arrepientas, todo irá bien.*

⟼ ***como:*** condición + idea de amenaza o deseo.

> *Como no llegue pronto comenzaremos sin él.*
> *Como me haya llegado ya su carta me voy a alegrar un montón.*

⟼ ***a cambio de que:*** condición + idea de intercambio.

> *Liberó a los secuestrados a cambio de que le permitieran salir libremente del país.*

➥ **INDICATIVO / SUBJUNTIVO**

➠ *SI*

INDICATIVO
Expresa acción probable, y va seguido de un verbo que expresa acción pasada, presente o atemporal (nunca verbos en futuro o condicional: **si vendrá, *si vendría*):

> *Si lo quieres, puedes quedártelo/ lo conseguirás/quédatelo/deberías quedártelo.*
> *Si ha llegado, avísame/ me llamará/ no ha habido retraso en el vuelo.*
> *Si estaba cansado, no le apetecería hacer nada/seguramente no se fijó en lo que le dijiste.*
> *Si había llegado, eso significaba que el vuelo había sido puntual.*

➠ SUBJUNTIVO (imperfecto, pluscuamperfecto)
Expresa una acción improbable o ya imposible. No se usa con presente (**si venga*) ni pretérito perfecto(**si haya venido*):

> ⇨ IMPERFECTO: presente o futuro improbable: el otro verbo puede ir en condicional simple o compuesto, pretérito imperfecto de indicativo.
> *Si lo supiera, te lo diría/ te lo habría dicho/*coloq. *te lo decía.*

> ⇨ PLUSCUAMPERFECTO: pasado ya imposible; el otro verbo puede ir en condicional simple, pret. imperfecto, condicional compuesto (indicativo) y pluscuamperfecto de subjuntivo.
> *Si hubiera venido, te lo diría/*coloq. *te lo decía/ te lo habría dicho/ te lo hubiera dicho.*

➠ *por si*
> Con el mismo comportamiento que el grupo anterior. Añade a la condición un matiz causal.
> *Lleva tú algunos discos a la fiesta, por si a Daniel se le olvida/olvidara.*

➠ *salvo si, menos si, excepto si:* condición negativa.
> *Siempre te brindaremos todo nuestro apoyo, salvo si (excepto si, menos si) nos traicionas /traicionaras.*

➥ **SUBJUNTIVO** (diferente sujeto) /**INFINITIVO** (mismo sujeto)

➠ *con (que):* idea de condición mínima.
> *Con participar me conformo.*
> *Con que me dejen participar me conformo.*

153

✏️ **Completa las siguientes oraciones adecuadamente:**

1. De (ser) .... verdad lo que se rumorea, tu amigo es un estafador.
2. No te adelantes a los acontecimientos. Que (ellos, no llamarte) .... a filas, no pasa nada; que (ellos, llamarte) .... , ya tendrás tiempo de preocuparte entonces.
3. Si alguien (decirme) *me hubiera dicho* que esto ocurriría, nunca lo habría creído.
4. Llévate el botiquín a la excursión por si (hacerte) *te hace* .... falta.
5. Como (tú, volver) *vuelvas* .... a decirme que no te atreves a hablar con él me voy a enfadar.
6. Le indicaron que sería suficiente con que (él, ajustar) .... un poco las clavijas.
7. Aceptaremos ceder en algunos aspectos, siempre y cuando (ellos, hacer) *hagan* .... lo mismo.
8. Nos permitieron entrar al lugar fuera de horas de visita a condición de que no (nosotros, comentar) .... nada.
9. Te prestaré la bicicleta a cambio de que (tú, ayudarme) .... en mis tareas de matemáticas.
10. En caso de que el ordenador (volver) .... a fallar, deberías llamar a un técnico.
11. Dijo que daba por terminada la reunión, a menos que alguien (tener) *tuviera* .... algo que añadir.
12. Si (tú, querer) *quisieras* .... , podrías tenerlo todo.
13. No habrá ningún problema, excepto si los microfilms no (llegar) *lleguen* .... a tiempo.
14. Nos garantizaron que cumplirían el trato, a menos que (haber) *hubiera* .... una causa mayor que lo impidiera.
15. Te apoyaremos mientras (tú, ser) *seas* .... consecuente con la decisión que has tomado.

✏️ **Forma frases condicionales a partir de las siguientes ideas. Sigue el modelo.**

16. yo tener más suerte/no pasarme esto.
    Si yo tuviera más suerte no me habría pasado esto.
17. vosotros haber terminado/vosotros poder abandonar el aula.
    ....
18. tú delatarnos/nosotros no volver a dirigirte la palabra.
    ....
19. tú estar cómodo, tú quedarte/tú estar a disgusto, tú irte.
    ....
20. ellos hacer bien el 50% del examen/ellos aprobar.
    ....
21. nosotros pintar la verja/tú prepararnos una buena merienda.
    ....
22. tú seguir así/tú perder a todos tus amigos.
    ....
23. nosotros volver a ayudarte/ser la última vez que te metes en líos.
    ....
24. tú estar de acuerdo/nosotros celebrar juntos nuestro cumpleaños.
    ....

25. vosotros llamar otra vez/él ya haber llegado.

....

26. yo seguir creyendo en él/él no decepcionarme.

....

27. tú contarnos el secreto/nosotros no decírselo a nadie.

....

28. yo prestarte estos libros/tú cuidarlos.

....

29. él aprobar el curso/su padre regalarle un viaje fabuloso.

....

30. yo fregar los platos/tú sacar a pasear al perro.

....

✐ **Completa los espacios con una conjunción condicional:**

31. Nos amenazaron diciendo que .... difundiéramos la noticia nos quedaríamos sin empleo.
32. .... haberme enterado antes, habría tomado cartas en el asunto.
33. .... le hagan un poco la rosca consiguen cualquier cosa de él.
34. Te ayudaré con tus tareas .... me acompañes mañana al médico. Odio ir solo.
35. Lo lógico sería que aceptara, ... tenga otra oferta que desconozcamos.
36. .... tan sólo probaras una vez, seguro que conseguirías perderle el miedo.
37. Seguiré aquí por una buena temporada, ... me exijan que me traslade a la otra sucursal.
38. No rechaces aún la oferta e inténtalo . ... te salen bien las cosas, estupendo; .... te salen mal, lo dejas.
39. .... no cambia el tiempo para el fin de semana, nos iremos a la playa para descansar un poco.
40. .... se escaqueen de nuevo les vamos a cantar las cuarenta.
41. Revisa por última vez el local .... se ha quedado alguien dentro.
42. Haré esas horas extra .... me las añadan a los días de vacaciones.
43. Firmaremos el contrato .... estén todos los papeles en regla.
44. .... salgas con el pelo mojado y con el frío que hace te vas a pillar una pulmonía.
45. .... seguir así la situación, tomaremos medidas severas.

8.2. Temporales

Expresan el tiempo en que se produce lo significado por el verbo principal.

➡ **INDICATIVO**

➤ *ahora que*: simultaneidad + causa.
➤ *mientras que*: simultaneidad, contraste (= 'en cambio').
➤ *entre tanto*: simultaneidad.

Ahora que ya estamos todos, podemos empezar.
No es justo. Yo he hecho lo más complicado, mientras que tú no has hecho casi nada.
Nosotros estábamos pescando; entre tanto, ella preparaba el fuego.

➡ INFINITIVO

➡➡ **al**: simultaneidad.
➡➡ **nada más**: posterioridad inmediata.
➡➡ **hasta**: límite temporal.
  Al despertar respiró aliviada. Todo había sido una pesadilla.
  Nada más sonar el despertador, me levanté.
  No opinaré hasta saberlo todo.

➡ INDICATIVO (pasado, presente, atemporal)/SUBJUNTIVO (futuro)

➡➡ **cuando**: general, valor neutro.
➡➡ **cada vez que, siempre que**: acción repetida.
➡➡ **hasta que**: límite temporal.
➡➡ **mientras**: duración.
➡➡ **a medida que, conforme**: progresión simultánea.
➡➡ **una vez que**: posterioridad.
➡➡ **en cuanto, tan pronto como, apenas,** lit. **no bien**: posterioridad inmediata.
➡➡ **desde que**: origen.
  Cuando salgas no olvides cerrar la llave del gas.
  Cada vez que (siempre que) la veo está con un novio distinto.
  Nos quedaremos hasta que acabemos.
  Mientras se duchaba oía la radio.
  A medida que (conforme) llegaban, se iban sentando.
  Una vez que se hubo bebido el café encendió un cigarrillo.
  En cuanto (tan pronto como, apenas, no bien) lo supo se lo contó a todo el mundo.
  Desde que descubrieron el fraude no se habla de otra cosa.

➡ SUBJUNTIVO/INFINITIVO

➡➡ **antes de (que)**: anterioridad.
➡➡ **después de (que)**: posterioridad.
  Antes de entrar toca el timbre.
  Después de oír la noticia se fue misteriosamente.
  Huyó antes de que/después de que anocheciera.

✏️ **Completa adecuadamente las siguientes frases:**

1. Nada más (nosotros, llegar) .... encendimos la calefacción porque la casa estaba helada.

2. Ahora que ya (tú, terminar) .... de pagar el apartamento deberías concederte unas vacaciones.

3. En cuanto (vosotros, saber) *sepáis* .... algo sobre esto, llamadme. Estoy muy preocupado.

4. No se detendrá hasta (vengarse) .... por lo que le han hecho.

5. El gobierno afirma que se están produciendo cambios radicales, mientras que la oposición (acusarlo) .... de continuismo.

6. Conforme (ellos, ir entregando) .... las solicitudes tú deberás sellarlas.

7. Desde que (ellos, verse) .... por primera vez, se enamoraron perdidamente el uno del otro.

8. En cuanto el barco (llegar) *llege* .... al muelle, será registrado por la policía.

9. No hagas nada hasta (tú, saber) .... que es cierto lo que te han dicho.

10. Estoy seguro de que tan pronto como (dejar) *dejen* .... de discutir por necedades comenzarán a ser felices. *argue*

11. Protestaré hasta que (ellos, escucharme) ....

12. Nada más (yo, salir) .... del edificio, se fue la luz.

13. Siempre que (yo, viajar) *viajo* .... en tren me pasa algo extraño.

14. A medida que la cámara (llenarse) .... de agua, la esperanza de salir con vida del naufragio se alejaba.

15. Después de (nosotros, cenar) *cenar* .... podríamos dar un paseo. Hace un tiempo maravilloso. ✏️

✏️ **Completa libremente:**

16. No darán su consentimiento mientras no ....

17. A medida que .... la ciudad ....

18. Los huelguistas anunciaron su intención de mantener su postura. Entre tanto ....

19. Después de .... todos se retiraron ....

20. Siempre que .... por la calle ....

21. No lo pudo creer hasta que ....

22. Aprovecharemos la ocasión antes de que ....

23. Una vez que te .... podrás ....

24. Nos encontramos frente a frente al ....

25. Nos recomendaron .... tan pronto como ....

26. Ahora que ya los conoces ....

27. Estuvo nadando hasta que .... y afortunadamente ....

28. No dudes en llamarme cuando ....

29. Mañana, cuando ...., recuérdame ....

30. Mientras .... seguiré actuando así. ✏️

Pon en futuro las siguientes frases:

31. Una vez que hubieron terminado se despidieron con bastante frialdad.

32. Apenas llegó al hotel, le informaron del trágico suceso.

33. Cuando terminó sus estudios en el instituto empezó a trabajar para pagarse la universidad.

34. Nada más verla se echó a llorar de emoción.

35. No bien hubo anochecido, salió a la calle protegido por la oscuridad en busca de un refugio más seguro.

36. En cuanto me acosté me quedé dormida como un tronco. Estaba cansadísima.

37. Cuando se dieron cuenta de lo tarde que era se dispusieron a concluir el trabajo a marchas forzadas.

38. Siempre que los veía los trataba con frialdad. Nunca les perdonó lo que le habían hecho.

39. Mientras resuelvo estos asuntos tú puedes contestar las cartas pendientes.

40. Nos fuimos antes de que nos echaran.

41. Nada más descubrir el fraude, la policía tomó medidas urgentes.

42. Antes de irse firmó en el libro de honor.

43. Apenas regresaron, decidieron repetir la experiencia de hacer un crucero en un futuro próximo.

44. Él insistía en que era inocente, mientras que su secretario demostraba su culpabilidad.

45. Me tomé unos días libres en cuanto me fue posible.

8.3. Concesivas

Indican una objeción o dificultad para la realización de la acción indicada por el verbo principal.

➡ **INDICATIVO**

➤ *(aun) a sabiendas de que*
➤ *y eso que*
➤ *si bien*

No quiso abrirnos la puerta, aun a sabiendas de que éramos nosotros.
Aguantamos despiertos hasta las tres de la mañana, y eso que el día anterior habíamos trasnochado.
Lo aceptaré, si bien no me parece la mejor solución.

➤ SUBJUNTIVO

➡ *por mucho que, por poco que*
➡ *por* + ADJETIVO + *que*
➡ *por muy* +ADJETIVO/ ADVERBIO + *que*

  Por mucho que te quejes no lo vas a solucionar.
  Por poco que hagas será suficiente.
  Por absurdo que parezca, es la pura verdad.
  Por muy bien que hable, no nos va a convencer.

➡ *así*

De uso preferentemente culto: "Los mozos fueron a la Casa de Baile, donde tan sabrosamente se contoneaban las mulatas de grandes ajorcas, sin perder nunca -así fuera de movida una guaracha- sus zapatillas de alto tacón" (Alejo Carpentier, *Viaje a la semilla*).

➤ INFINITIVO

➡ *a pesar de*
➡ *(aun) a riesgo de*
➡ *pese a*

  A pesar de ser tardísimo, nos animamos a salir.
  Lo entregó todo, aun a riesgo de no volverlo a recuperar jamás.
  Pese a tener un montón de problemas, siempre está sonriendo.

➤ GERUNDIO

➡ *aun*

  Aun pidiéndoselo de rodillas no te lo daría.

➤ INDICATIVO/SUBJUNTIVO

➡ *aunque*
➡ *a pesar de que*
➡ *pese a que*
➡ *por más* (SUSTANTIVO) *que*

  ⇨ INDICATIVO: nos referimos a hechos experimentados o conocidos, a la existencia real de un obstáculo o dificultad.
    Aunque (a pesar de que, pese a que) es verdad, no lo admitirá.
    Por más ejercicios que hago, no consigo comprender este tema de gramática.

⟹ SUBJUNTIVO: nos referimos a un hecho que no nos importa o no hemos comprobado.

> *Aunque (a pesar de que, pese a que) te digan lo contrario, no lo creas.*
> *Por más que insistiera no le hacían caso.*

➡ **SUBJUNTIVO/INFINITIVO**

⟹ ***(aun) a riesgo de (que)***

> *Se enfrentó al ladrón, (aun) a riesgo de que le diera un navajazo/ de recibir un navajazo.*

NOTA

No deben olvidarse las estructuras concesivas, con futuro y condicional, estudiadas en la unidad 3.

✏ **Completa las siguientes frases correctamente:**

1. Aun (tú, decírmelo) .... no puedo creerlo.
2. Por más que (tú, trabajar)...*trabajes*.... no te lo agradecerán.
3. No quiero volver a verte, así (suplicármelo)..............................
4. Está encantada con la noticia, y eso que aún no (ella, saber)............................. lo mejor.
5. No han conseguido el certificado de residencia, aunque (ellos, llevar)...*llevan*......... años haciendo gestiones.
6. Lo haré, aunque no (gustarme)...*me gusta*....... Sé que es muy importante para él.
7. Asistió a la reunión, aun a sabiendas de que (él, ser)...........................mal recibido.
8. Me lo comí todo aunque no (yo, tener)...*tenía*............ hambre, pero es que estaba riquísimo.
9. Por difícil que (parecerte)...*te parezca*.... , debes superarlo.
10. La ayudó, aun a riesgo de (él, perder)...........................su puesto.
11. Por más cartas que (nosotros, escribir)..........................., no conseguimos que nos dieran una respuesta.
12. Llegó a la cima de la fama, a pesar de que nadie (creer)...*creyó*...........en él cuando aún era un desconocido.
13. Por mucho que (tú, intentar)...*intentes*.... convencerme no voy a seguir tus consejos.
14. El banco no se pudo librar de la quiebra, pese a que (ser)...........................uno de los más poderosos del país.
15. Por muy bien que (él, hacerlo)..................... nunca quedará satisfecho. Es un perfeccionista. ✎

✏️ **Forma frases concesivas a partir de las siguientes ideas. Sigue el modelo.**

16. tú tener mucho trabajo/tú deber atender más a tu familia
Aunque tengas mucho trabajo deberías atender más a tu familia.

17. él no poder financiar de momento el proyecto /ser una pena abandonarlo
....

18. hacer mal tiempo/yo siempre ir caminando al trabajo
....

19. haber poca comida/nosotros arreglárnoslas
....

20. no importa, tú no venir/nosotros ya casi haber terminado
....

21. él no saber nadar/saber mantenerse a flote
....

22. tú insistir mucho/ellos no hacerlo
....

23. nosotros no haber regado las plantas en quince días/no haberse secado
....

24. ella aprobar la oposición/no sentirse satisfecha con la nota obtenida
....

25. ellos haber venido/ellos saber que nosotros no querer verlos
....

26. los bandos beligerantes haberse comprometido a respetar la tregua/la guerra no haber terminado...

27. él haber dejado de fumar hace cinco años/él añorar aún el sabor de la nicotina
....

28. él estar bastante enfermo/su familia tener la esperanza de que se recupere
....

29. ellos inaugurar mañana la exposición/dos de los cuadros más importantes haber sido robados
....

30. ellos ya no estar juntos/él seguir enviándole flores cada doce de abril.
.... ✏️

✏️ **Revisa las estructuras concesivas estudiadas en la unidad 3 y transforma las siguientes frases según el modelo.**

31. Habrá conseguido una medalla olímpica pero casi nadie lo conoce.
Aunque ha conseguido una medalla olímpica casi nadie lo conoce.

32. Habría financiado muchas obras de caridad, pero no era una buena persona.
....

33. Sería muy importante lo que tenía que decir, pero nadie lo escuchó.
....

34. Estará muy cansado, pero no ha rechazado nuestra invitación para ir a bailar.
....

35. Tendría muchas cosas que hacer, pero se pasó la tarde jugando al dominó.
....

36. Será muy mayor, pero tiene el espíritu de un quinceañero.
....

37. Habrás dicho la verdad, pero yo no puedo creerte.
....

38. Habría estado en la guerra, pero nunca lo mencionó .
....

39. Será tímido, pero habla por los codos.
....

40. Habrá tenido problemas graves, pero es un prodigio de buen humor.
....

41. Será muy tarde, pero yo no me resisto a quedarme para ver el final del partido.
....

42. Tendrá mucho dinero pero vive como un miserable.
....

43. Habría sido muy buen estudiante, pero como profesional era lamentable.
....

44. Habrá cometido errores pero merece una oportunidad.
....

45. Estaría borracho pero se controlaba muy bien.
....

Recapitulación. Halla los errores presentes en algunas de las frases que siguen.

46. Que viene, le informamos de lo ocurrido; que no viniera, dejamos que se entere por sí solo.
47. Antes de tomar la decisión, consúltanos.
48. Los guerrilleros entregaron sus armas conforme fueran llegando a la frontera.
49. Ahora que tienes un empleo fijo no debes seguir atormentándote sobre el futuro.
50. Cada vez que se equivocara me pedía ayuda.
51. A pesar de lo tarde que fuera, telefoneamos para confirmar la noticia.
52. Con que digas la verdad me conformo.
53. Yo limpio el coche a cambio de que tú riegas el jardín.
54. Participaron en la huelga aun a riesgo de que les redujeran el sueldo.
55. Si hagas lo que te aconsejan, te iría mejor.
56. Como no me lo cuentes me ofenderé.
57. Conforme llegaran se fueron presentando.
58. Por muy bueno que sea no debe admitir que sigan abusando de él.
59. Se está quejando constantemente, y eso que es quien menos problemas tiene.
60. Por poco que estudiaba siempre sacaba buenas notas.

Actividades

1. Es el día de los Inocentes, el 28 de diciembre, y tus amigos quieren gastarte bromas contándote mentiras, pero se las rechazas; sigue el modelo:

❑ ¿Sabes? A Carlos se le ha roto una pierna y se la han escayolado.
❑ Si se le hubiera roto una pierna, no habría aceptado venir esta noche a bailar con nosotros.

❑ ¿Sabías que soy millonario?
❑ Si fueras millonario estarías de crucero por el mundo.

2. En equipo, interpretad la escena de una película, consistente en la planificación de un robo a un gran banco. Usad las estructuras temporales estudiadas:

❑ Yo esperaré en la puerta, y cuando lleguéis con la furgoneta....
❑ Nosotros, en cuanto te veamos llegar...

3. Cread diálogos a partir de las siguientes situaciones:

❑ Vendedor ambulante/Cliente.
  El vendedor quiere vender a su cliente cosas imposibles, como una peluca azul, la catedral de León, un gallinero...

❑ Navajero/Víctima:
  Ante el ataque, la víctima decide pactar un acuerdo con su atracador.
    Usad las formas estudiadas:

> Si.............
> Cuando...
> Aunque...

4. Cuenta la historieta en futuro, con expresiones de tiempo, condición y concesión.

5. Recuerda el texto periodístico de la unidad 7 sobre los extranjerismos. Traduce los siguientes al español y luego explica tu opinión sobre ellos. ¿Son necesarios o gratuitos? ¿Son signo de cultura o esnobismo? Razona tu respuesta.

Detenido un capo mexicano implicado en el asesinato del Cardenal Posadas

La caída de la demanda y las dificultades para cobrar ahogan al sector del 'leasing'

INTERNACIONAL

Del 'boom' al 'bluff'

Un baño de recesión y de depresión psicológica cierra un periodo de años de vacas gordas

Ranking de fondos de inversión

La 'rentrée'.
Acabado el letargo veraniego, es hora de encarar un nuevo año lleno de asignaturas pendientes.

Canal + emite el documental 'Vídeo, vigilantes y voyeurismo'

Por Almirante hay mucho Fast Food. Pero también hay Good Food.

La «vendetta» municipal

Festival de Cine de Cannes

Elizabeth Taylor pone el «glamour» y Sylvester Stallone los cafés

Julio Médem sacó a relucir «La ardilla roja», última película española

6. Identifica el gazapo:
En Ecuador
❏ el español es muy conservador.
❏ la mayor parte de la población es bilingüe (español/quechua).
❏ se aspira la *s* o se pierde.

Solidaridad

Lo clásico, lo efímero

ELENA F.L. OCHOA

o clásico es lo que permanece en el tiempo. La moda es la idea radicalmente opuesta. Es la quintaesencia de lo efímero. Acorde con los tiempos donde las cosas se suceden vertiginosamente no podía ser de otra manera. ¿Existe algo que resista esta fuerza de los tiempos cuando lo que está de moda es el síndrome de hacer moda de todo?

Desde hace unos meses, observo un incremento de cuentas de ayuda polucionando este país. Programas de televisión, cuñas de radio, llamadas de solidaridad en los periódicos pidiendo de muy diversas formas y maneras ayuda para causas benéficas. Me pregunto, ¿estará de moda la solidaridad? He visto a estrellas de los medios realizando programas de gran audiencia dedicados a la ayuda de organizaciones como Cáritas, Unicef y Cruz Roja con una respuesta masiva de la audiencia; gentes de muy variada condición portando un lazo rojo en la solapa... A mí todo esto me parece bien siempre y cuando sepamos distinguir que existen grados y grados de compromiso y solidaridad. Ya se sabe que se comienza asesinando a personas y se acaba eructando en las comidas. Se comienza poniéndose un lacito rojo en la solapa y se puede terminar dejándolo todo para largarse a eso que llamamos Tercer Mundo, no ya a redimir almas, eso ya

quedó obsoleto, sino para redimir cuerpos, que está más de moda.

La solidaridad es una actitud sin compromiso, de sentirse voluntariamente obligado a una causa. Supone poner un interés y un esfuerzo en algo que se comparte con una comunidad. Siempre han existido cartas, manifiestos que alguna vez todos hemos firmado, y también hermanitas de la caridad, misioneros y ahora *peace corps* y médicos sin fronteras. Lo que diferencia un tipo de solidaridad de otra es el grado de compromiso y de implicación.

Se puede considerar como un síntoma de cambio que el motor que movía a las personas a tomar el camino de la entrega partía de las necesidades espirituales. Se marchaban a salvar almas. No hay estadísticas sobre sus éxitos. Ahora no son las almas, sino los cuerpos los que claman desde las pantallas de televisión y las portadas de los periódicos a las conciencias opulentas de Occidente. El cómputo de los éxitos es aquí más palpable, y, aunque resulte molesto a muchos reticentes a significarse, los medios de comunicación son eficaces. En la Biblia está escrito "cada pelo está contado", y todo son granitos de arena para la montaña.

La solidaridad no es una moda aunque esté de moda. Lo que ha cambiado es la manera y los modos para manifestarse. Antes era una hucha con la cabeza de un negrito, o tenderetes en las esquinas. Ahora son las conexiones vía satélite, sólo han cambiado las formas. La intención y el mensaje son los mismos. La solidaridad, el compromiso, la implicación subyacen porque siempre han formado parte del ser humano, por más que descendamos de monos cazadores.

Por más que los medios trivialicen cualquier tema, hay un niño en Eritrea que hoy no se quedará sin comer, y eso es bueno. Por más que los medios frivolicen las imágenes patéticas por aparcar en el mismo escenario donde lo hacen los humoristas, intelectuales famosos, cantantes, anuncios de algún flamante coche varios minutos después, se ha dado un pequeño paso en la dirección correcta.

Me gusta que la solidaridad esté de moda. Es lo más clásico dentro de lo efímero.

El País Semanal

cómputo: cuenta, cálculo.
efímero: breve, fugaz.
implicación: participación, complicidad.
obsoleto: anticuado, caído en desuso.
opulencia: riqueza y abundancia.
síndrome: conjunto de síntomas característicos de una enfermedad.
tenderete: puesto de venta colocado al aire libre.

• • • • • • • • • • • • • • • • • • • *Cuestiones* •

❂ Explica si las siguientes oraciones del texto son temporales o condicionales y arguméntalo:

❏ *¿Existe algo que resista esta fuerza de los tiempos cuando lo que está de moda es el síndrome de hacer moda de todo?*

❏ *A mí todo esto me parece bien, siempre y cuando sepamos distinguir que existen grados y grados de compromiso y solidaridad.*

❂ Reflexiona sobre el uso de los modos en las frases concesivas presentes en este artículo.

❏ *El cómputo de los éxitos es aquí más palpable, y, aunque resulte molesto a muchos reticentes a significarse, los medios de comunicación son eficaces.*

❏ *La solidaridad no es una moda aunque esté de moda.*

❏ *La solidaridad, el compromiso, la implicación subyacen porque siempre han formado parte del ser humano, por más que descendamos de monos cazadores.*

❏ *Por más que los medios trivialicen cualquier tema, hay un niño en Eritrea que hoy no se quedará sin comer, y eso es bueno.*

❏ *Por más que los medios frivolicen las imágenes patéticas (...)se ha dado un pequeño paso en la dirección correcta.*

☺ Define con tus propias palabras los siguientes vocablos:

> reticente
> síntoma
> gala
> quintaesencia
> polucionar
> solidaridad
> manifiesto
> conexión
> patético
> frívolo

Expresión

- ¿Estás de acuerdo con la idea de que la solidaridad, hoy por hoy, es una moda más que un sentimiento auténtico? ¿Crees que ocurre lo mismo con temas como la preocupación medioambiental?

Escrita

La sobresaltó el sonido del teléfono. Sin apresurarse, retiró el tampón con disolvente del ángulo del cuadro en que trabajaba -un fragmento de barniz demasiado adherido en una minúscula porción del ropaje de Fernando de Ostemburgo- y se puso las pinzas entre los dientes. Después miró con desconfianza el teléfono, a sus pies sobre la alfombra, mientras se preguntaba si al descolgarlo iba a tener, otra vez, que escuchar uno de aquellos largos silencios que tan habituales eran desde hacía un par de semanas. Al principio se limitaba a pegarse el auricular a la oreja sin decir palabra, esperando con impaciencia cualquier sonido, aunque se tratase de una simple respiración, que denotara vida, presencia humana, por inquietante que fuera. Pero encontraba sólo un vacío absoluto, sin tan siquiera el cuestionable consuelo de escuchar un chasquido al cortarse la línea. Siempre era el misterioso comunicante -o la misteriosa comunicante- quien aguantaba más; hasta que Julia colgaba, por mucho que tardase en hacerlo. Quienquiera que fuese se quedaba allí, al acecho, sin demostrar prisa ni inquietud ante la posibilidad de que, alertada por Julia, la policía tuviese intervenido el teléfono para localizar la llamada. Lo peor era que quien telefoneaba no podía estar al corriente de su propia impunidad. Julia no se lo había dicho a nadie; ni siquiera a César, o a Muñoz. Sin saber muy bien por qué, consideraba aquellas llamadas nocturnas como algo vergonzoso, atribuyéndoles un sentido humillante al *sentirse invadida en la intimidad de su casa, en la noche y el silencio que tanto había amado antes de que empezase la pesadilla. Era lo más parecido a una ritual violación, que se repetía a diario, sin gestos ni palabras.*

Descolgó el teléfono cuando sonaba por sexta vez para identificar, con alivio, la voz de Menchu. Pero su tranquilidad duró sólo un momento; su amiga había bebido mucho; tal vez, dedujo inquieta, llevaba algo más fuerte que alcohol en el cuerpo. Levantando la voz para hacerse oír sobre el sonido de conversaciones y música que la rodeaban, pronunciando la mitad de las frases de modo incoherente, Menchu dijo que se encontraba en Stephan's y después expuso una confusa historia en la que se mezclaban Max, el Van Huys y Paco Montegrifo. Julia no llegó a entender una palabra, y cuando le pidió a su amiga que volviese a contar lo que había ocurrido, Menchu se echó a reír, con una risa ebria e histérica. Después cortó la comunicación.

al acecho: observando y esperando con cautela.
chasquido: ruido seco.
impunidad: falta de castigo.

Hacía un frío húmedo y espeso. Estremeciéndose dentro de un grueso chaquetón de piel, Julia bajó a la calle y detuvo un taxi. Las luces de la ciudad deslizaban sobre su rostro rápidos destellos de claridad y sombras mientras respondía con distraídos movimientos de cabeza a la inoportuna charla del taxista. Apoyó la nuca en el respaldo del asiento y cerró los ojos. Antes de salir había conectado la alarma electrónica y afirmado la puerta de seguridad con doble vuelta de llave; y en el portal no pudo evitar una suspicaz mirada a la rejilla del portero automático, temiendo descubrir allí una nueva tarjeta. Pero aquella noche no encontró nada. El jugador invisible aún meditaba su próximo movimiento.

◆ **Arturo Pérez Reverte** *(España), La tabla de Flandes*

CUESTIONES

- Deduce a partir del texto todos los datos que puedas acerca de la protagonista y lo que le está ocurriendo. Imagina el resto de la historia.

- Analiza el uso de los modos en las numerosas expresiones concesivas y temporales presentes en este fragmento. Identifica y explica también las relativas y sustantivas con subjuntivo. Después, conviértelo en futuro y observa los cambios.

- Compara los valores de *si* y *mientras* en el texto y en general.

- Explica el valor de los gerundios del texto. Puedes consultar los cuadros gramaticales de la unidad 11.

- Demostrad vuestra riqueza de vocabulario en un juego en equipo. Tendréis que hacer una cadena de sinónimos a partir del texto:

    - la sobresaltó ➡ la sorprendió
    - sin apresurarse ➡ sin darse prisa
    - retiró ➡ quitó...

Lee las siguientes preguntas e intenta comprender todo su vocabulario. Luego, escucha o lee atentamente el texto correspondiente a esta sección(p.297) y contéstalas, eligiendo tan sólo una de las tres opciones que se ofrecen.

☞ *Se puede considerar a los refranes como*
- **(a)** *las deudas del juego.*
- **(b)** *las citas de los pobres.*
- **(c)** *lo que se transmite de padres a hijos.*

☞ *Los refranes suelen*
- **(a)** *justificar todo.*
- **(b)** *tender a la resignación.*
- **(c)** *caracterizarse por su fatalismo.*

☞ *El problema de los refranes es que*
- **(a)** *no somos capaces de comprender lo que quieren decir.*
- **(b)** *necesitan ser renovados.*
- **(c)** *necesitan ser pronunciados de manera casi automática.*

☞ *Dice el refranero:*
- **(a)** *"Quien parte y reparte se queda con la mejor parte".*
- **(b)** *"Quien parte nunca reparte".*
- **(c)** *"Quien parte, reparte".*

DEBATE

Comenta con tus compañeros los refranes que conozcas en tu lengua y compáralos con sus equivalentes en español. Luego da tu opinión sobre las afirmaciones que se hacen en el artículo.

169

Novena Unidad

Adverbiales II

9

❶ *Analiza las estructuras causales, consecutivas, finales y modales de los siguientes fragmentos.*

Tiene 68 años, el Ministerio de Cultura griego a su cargo y varias enfermedades que está decidida a derrotar como si fueran sus peores enemigos políticos.

Dado que la vía más eficaz para fidelizar a los clientes bancarios es el préstamo hipotecario de vivienda, es previsible que aumente la competencia en la oferta de este producto y se reduzcan sus tipos de interés.

Despacio, que tengo prisa

Las mejores ofertas en renta fija. Invertir en empresas constructoras

"No puedo perder el tiempo en ir a que me sellen los volantes del médico."

② *Utiliza construcciones similares para explicar lo que sucede en esta viñeta.*

9.1. Causales

Indican la causa o razón de la acción expresada por el verbo principal.

➡ **INFINITIVO**

➠ ***por*** : causa.
➠ ***de tanto, a fuerza de***: valor intensivo.
> *Esas cosas te pasan por ser tan ingenuo.*
> *Se le hincharon los pies de tanto andar.*
> *A fuerza de insistir consiguió lo que se proponía.*

➡ **INDICATIVO/ SUBJUNTIVO**

➠ ***porque*** + INDICATIVO/***no porque*** + SUBJUNTIVO
> *Viene porque se siente obligado y no porque le apetezca.*
> *No viene porque le apetezca.*
> *Nadie viene porque le apetezca.*

➠ ***ya/ bien/ sea porque...ya/ bien/ sea porque...*** + INDICATIVO /SUBJUNTIVO ('no importa o no es probable').
> *Los grandes empresarios empezaron a invertir en el sector, ya porque era/fuera*
> *productivo, ya porque les aportaba/aportara beneficios fiscales.*

➠ ***como***
> ➪ INDICATIVO, normalmente:
> > *Como era tarde nos fuimos.*
> ➪ SUBJUNTIVO, causal literario:
> > *Como viera que no llegaba, comenzó a impacientarse.*

➡ **INDICATIVO**

➠ ***ya que***
➠ ***dado que***
➠ ***en vista de que***
➠ ***puesto que***
➠ ***gracias a que***
➠ ***a causa de que***
➠ ***pues***
> *Ya que estás aquí, podrías ayudarnos.*
> *Dado que nadie tiene interés en ese encuentro, lo suspenderemos.*
> *En vista de que no llegaban, decidimos irnos.*
> *Puesto que habéis terminado con esto, podéis pasar al siguiente tema.*
> *Lo encontraron gracias a que un pastor dio las pistas definitivas.*
> *Lo liberaron a causa de que no había pruebas suficientes contra él.*
> *No lo culpes a él, pues no ha hecho nada.*

➡ Coloq. *que*

> *La llamaré más tarde, que ahora estará aún durmiendo.*

Es frecuente tras imperativo:

> *Vámonos, que se nos ha hecho muy tarde.*

9.2. Consecutivas

Expresan el resultado de la acción del verbo principal; se pueden formar invirtiendo una causal:

> *Se mareó porque no había comido* (causal).
> *No había comido, así que se mareó* (consecutiva).

TIPO I
Indican el resultado de la acción del verbo principal.

➡ INDICATIVO

➡ *así que*
➡ *por (lo) tanto*
➡ *por consiguiente*
➡ *luego*
➡ *así pues*
➡ coloq. *conque*

> *No tiene remedio, así que no debes preocuparte más.*
> *Esto no funciona como esperábamos; por (lo) tanto, habrá que buscar otra solución.*
> *Han destruido los documentos; por consiguiente, no podremos saber toda la verdad.*
> *Hay huelga de transportes públicos, luego el tráfico hoy será infernal.*
> *Han aceptado todas las condiciones que habíamos puesto; así pues, podemos considerarlo una victoria absoluta.*
> *Llevas toda la tarde sin hacer nada, conque ponte a trabajar un poco.*

➡ *cómo, si* + EXPRESIÓN DE PROBABILIDAD + *que* + INDICATIVO

> *Si vendría (cómo vendría de) borracho que no se enteró de nada.*
> *Si (cómo) habría bebido que se quedó dormido en una silla.*
> *Si será (cómo será de) tarde que ya no queda nadie en la oficina.*
> *Si (cómo) habrá comido en vacaciones que ha vuelto con tres kilos de más.*

➡ SUBJUNTIVO

➡ *de ahí que*

> *Todavía no están seguros; de ahí que no nos hayan dicho nada.*

Tipo II
Indican el resultado de la *intensidad* de la acción del verbo principal.

➡ **INDICATIVO/SUBJUNTIVO**

➡ *tanto que*
➡ *tan* + ADJETIVO/ADVERBIO+ *que*
➡ *de (tal) modo, forma, manera, suerte que*

⇨ INDICATIVO (normalmente)
Comió tanto que se indigestó.
Es tan atrevido que un día se va a llevar un disgusto.
Habla tan bien que es un placer escucharlo.
Lo escondió de tal manera que nadie pudo encontrarlo.
⇨ SUBJUNTIVO (si el verbo principal va en imperativo o forma negativa)
Hazlo tan bien que nos sintamos orgullosos de ti.
No lo hizo tan mal que nos avergonzáramos de él.

Completa :

1. Como no (ellos, avisarme) me avisaron no me enteré de que había reunión.
2. Le reprendieron por (él, llegar) .... siempre tarde.
3. Se había reído tanto que (dolerle) le dolería..... la mandíbula.
4. A fuerza de (ellos, preguntar) .... lograron obtener la información que buscaban.
5. La radio no está tan alta que (poder) puede........... molestar a los vecinos.
6. De tanto (ellos, decirlo) .... acabaron creyéndolo.
7. Cómo sería de soberbio que no (el, ser) .... capaz de admitir ni siquiera lo que era evidente.
8. Si estaría cansada que (ella, quedarse) .... dormida de pie.
9. Si no piensas venir, sea porque no (tú, poder) puedas........, sea porque no (apetecerte) te apetezca, avísanos con tiempo.
10. Su padre es diplomático. De ahí que (ellos, viajar) viajen...... tanto y (ellos, conocer) .... tantos idiomas.
11. No te enfades, que (ser) .... sólo una broma.
12. Compórtate de manera que nunca (tú, tener) .... que arrepentirte de nada.
13. Ya que (tú, estar) estás........ aquí, podrías echarnos una mano.
14. Puesto que ni siquiera (ellos, aparecer) ...., no tienen ningún derecho a opinar sobre el resultado de nuestro trabajo.
15. La publicidad del producto no ha dado buenos resultados; por lo tanto, (haber) hay.............. que cambiar de estrategia.
16. No me convenció su programa, así que (yo, votar) voté............. en contra.

17. Consiguió recuperarse de su enfermedad gracias a que (ellos, llevarla) .... al mejor especialista.

18. Dado que no (vosotros, tener) .... ningún interés en este tema, no os contaré nada más.

19. Es muy tarde, así que (tú, darte) te das...... prisa.

20. Estaban muy ofendidos; por lo tanto, (ellos, decidir) decidieron elevar una protesta formal.

21. En vista de que todos los restaurantes (estar) .... hasta la bandera, nos volvimos a casa y abrimos unas latas.

22. Puesto que (ser) .....era............. ya muy tarde, se suspendió la reunión.

23. No deberías enfadarte, pues lo que te han dicho (ser) .... cierto.

24. La inundación se produjo a causa de que alguien (dejarse) .... un grifo abierto.

25. No aprobaron la oposición; por consiguiente, (ellos, tener) .... que volver a empezar desde cero.

26. Hicimos el crucigrama en media hora, luego no (ser) .... tan difícil como tú decías.

27. A fuerza de (nosotros, insistir) .... conseguimos que nos dieran la prórroga.

28. No corras, que no (haber) .... prisa.

29. Si será tonto que (él, creerse) .... toda la historia que le han contado.

30. Esto es muy fácil, así que (nosotros, ir) .....vamos. a hacer otra cosa.

✎

Construye una frase causal y otra consecutiva con cada una de las siguientes ideas, según el modelo:

31. no dormir/dolerle la cabeza
   Como no había dormido, le dolía la cabeza
   No había dormido; de ahí que le doliera la cabeza

32. ser muy simpático/tener un montón de amigos
   ....
   ....

33. comer demasiados pasteles/indigestarse
   ....
   ....

34. no estudiar suficiente/no aprobar el examen teórico
   ....
   ....

35. retrasarse cinco minutos/perder el tren
   ....
   ....

36. trabajar toda la noche/estar hecho polvo
   ....
   ....

37. hacer mal tiempo/no ir a pasear hoy
   ....
   ....

38. no haber quórum/no poder votar

    ....

39. acabarse el carrete/no poder hacer más fotos

    ....

40. no leer el periódico esta última semana/no enterarme de los últimos acontecimientos

    ....

    ....

Responde usando la estructura *no porque...sino porque....* Sigue el modelo.

41. ¿Nos ayudas a cargar estos muebles?
    No, pero no porque no os quiera ayudar, sino porque me están esperando en casa.

42. ¿Vas a ir a esa conferencia?
    ....

43. ¿Quieres que te acompañemos a tu casa?
    ....

44. ¿A dónde vais de vacaciones este verano?
    ....

45. Has adelgazado, ¿no?
    ....

46. ¿Te apetece un café?
    ....

47. ¿Te comprarías un elefante?
    ....

48. ¿Cuál es tu color favorito?
    ....

49. ¿Te quedarías a vivir en una isla desierta?
    ....

50. ¿Habéis invitado a la fiesta a vuestros compañeros de trabajo?
    ....

9.3. Finales

Indican el destino o finalidad de la acción del verbo principal.

➥ SUBJUNTIVO

➠ ***de modo, forma, manera que***
    Lo amarraron de modo/forma/manera que no se volviera a soltar.
➠ ***que*** : tras imperativo.
    Ven que te dé un abrazo.

➠ coloq. *no sea / fuera que; no vaya/ fuera a ser que* : formas negativas con valor final.
> *Quiero llegar con tiempo, no sea/ vaya a ser que encuentre la función*
> *empezada.*
> *Quería llegar puntual, no fuera a ser/ fuera que no le permitieran*
> *entrar.*

➥ **INFINITIVO/SUBJUNTIVO**
➠ *para*
➠ *a fin de*
➠ *con vistas a*
➠ *con la intención de*
➠ *con el objeto de*
➠ *con el fin de*
➠ *con el propósito de*
➠ *a* (tras verbos de movimiento)

⟳ *que* + SUBJUNTIVO (diferente sujeto)
⟳ INFINITIVO (mismo sujeto)
> *La llamaron para (a fin de) invitarla/ que viniera.*
> *Compraron la casa con vistas a realizar una buena inversión/ que les*
> *propocionara ventajas fiscales.*
> *Nos convocaron con la intención (el objeto, el fin, el propósito)*
> *de informarnos/de que recogiéramos la información.*
> *Vinieron a pedirnos unos libros/a que les diéramos unos libros.*

➠ *con tal de/con tal que*
> *Haría cualquier cosa con tal de conseguir entradas para ese concierto.*
> *Haría cualquier cosa con tal que lo dejaran en paz.*

NOTA
En ocasiones es posible el uso del infinitivo a pesar de que el sujeto sea diferente:
> *Lo citaron para declarar/que declarara.*

9.4. Modales y comparativas

Las primeras expresan la manera como se realiza la acción del verbo principal, mientras las segundas contrastan dos acciones. Hay formas que incluyen ambos valores.

➥ **SUBJUNTIVO**

➠ *como si (igual que si)* + imperfecto o pluscuamperfecto:
Expresa el modo de una acción mediante su semejanza con otra imaginaria.
> *Nos trataba como si fuéramos extraños.*
> *Nos trataba igual que si le hubiéramos hecho algo malo.*

179

NOTA

Como si puede presentar otros valores:

⇨ *Coloq.* concesivo + INDICATIVO

A: *Nos ofrecen un millón a cambio de ese cuadro.*

B: *Como si nos ofrecen cien. No lo venderemos* (= aunque nos ofrecieran cien, no lo venderíamos).

⇨ *Coloq.* comparativo (tanto si...como si...) + INDICATIVO

Tendrás que conformarte, tanto si aceptan tu petición como si la rechazan.

⇨ Estilo indirecto:

En la entrevista de trabajo te preguntarán muchas cosas, como si has hecho la mili *o si tienes años de experiencia.*

➥ **INDICATIVO/SUBJUNTIVO**

⇛ ***como, según***: modo + comparación.

⇨ INDICATIVO (conocido)

⇨ SUBJUNTIVO (desconocido o futuro).

Lo hizo como/según le indicaron.

Supongo que lo hizo como/según le indicaran.

Supongo que lo hará como/según le indiquen.

NOTA

Presentan el mismo comportamiento las estructuras comparativas de cantidad:

⇛ ***cuanto más/ menos...***

⇛ ***mientras más/menos...***

Cuanto más luches, más conseguirás.

Mientras menos la veas, tanto mejor para ti.

➥ **SUBJUNTIVO/INFINITIVO**

⇛ ***sin***

⇨ INFINITIVO

⇨ *que* + SUBJUNTIVO

Expresa modo e idea de exclusión o negación:

Vinieron sin avisar/sin que nadie los avisara.

NOTA

También presentan idea de exclusión las conjunciones siguientes:

⇛ ***en vez de, en lugar de*** + INFINITIVO(mismo sujeto)/+ *que* + SUBJUNTIVO (diferente sujeto)

Le gusta confeccionar su propia ropa en lugar (vez) de comprarla.

Le gusta comprar la ropa en lugar (vez) de que se la confeccionen.

✏️ Completa:

1. Con tal (él, sanar) _sane_ haríamos cualquier cosa.
2. Nosotros haremos la excursión de todas formas, tanto si (tú, venir) .... como si (tú, quedarte) ....
3. Hazlo como (parecerte) _te parezca_ más conveniente.
4. Están buscando un local con vistas a (ellos, montar) .... un restaurante.
5. En vez de (tú, ver) .... la televisión tendrías que estar preparando tus tareas para mañana.
6. Cuanto más (nosotros, decirle) ...., menos caso nos hará.
7. Los mineros hicieron una marcha hacia la capital con la intención de que la opinión pública (conocer) .... sus reivindicaciones.
8. Estudia idiomas con el objeto de (ellos, ascenderla) ....
9. Con tal (ellos, dejarme) _me dejen_ tranquila firmaré lo que sea.
10. Mientras menos datos (él, conocer) ...., será mucho mejor.
11. Compraré temprano las entradas, no vaya a ser que (terminarse) ....
12. En vez de (él, hablar) .... tanto, debería predicar con el ejemplo.
13. Lo hizo de modo que nadie (enterarse) _se enteró_
14. Pídele permiso al director, no sea que luego (tú, tener) .... problemas.
15. Cada cual cuenta la misa según (irle) .... ✏️

✏️ Completa libremente:

16. No es lógico que actúe como si ....
17. No le dijimos nada, no fuera ....
18. Pienso seguir protestando, tanto si .... como si ....
19. Iremos con el único propósito de ....
20. ...., sin que .... precedente.
21. En vez de .... deberías ....
22. Venimos a que nos ....
23. Acércate, que ....
24. Entraron a robar por la noche, de modo que ....
25. Le rogamos que se persone aquí mañana para que ....
26. Escribieron la carta con el objeto ....
27. Bajó a la tienda a........................... .
28. ...., no sea que después ....
29. Mientras más ...., menos ....
30. .... según .... las instrucciones. ✏️

Recapitulación. Completa con una conjunción apropiada:

31. Me gusta mucho ese autor .... sabe manejar muy bien la intriga del relato.
32. Te estamos viendo, ... no hagas ninguna tontería.
33. Abre la ventana, ... entre un poco de aire fresco. El ambiente está muy cargado.
34. Es muy afectuoso. Me trata .... (yo) fuera su propia hija.
35. Prepararon la fiesta en secreto .... fuera una verdadera sorpresa.
36. ....quejarte, busca alguna solución.
37. Abrígate un poco, ... te enfríes.
38. .... nadie le hacía caso, decidió callarse.
39. Bebió .... vino .... se mareó.
40. .... repetirlo acabarás aprendiéndotelo.
41. Guárdalo .... no le dé la luz.
42. Pienso, ... existo.
43. Telefonearon .... avisar de que ya salían hacia aquí.
44. .... andar protestando debería tomar cartas en el asunto.
45. Vámonos ya, ... nos están esperando.

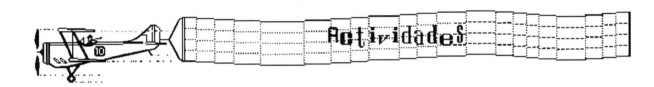

1. Crea un diálogo y escenifícalo con tus compañeros. Utiliza las estructuras estudiadas en la lección. Te sugerimos dos situaciones:

❏ Un fantasma le pide a un mortal que le preste su cuerpo durante una semana para resolver ciertos asuntos pendientes.

❏ Un venusino quiere convencer a un terrícola para que lo acompañe a Venus y le da buenas razones para ello.

2. Inventa una pequeña historia utilizando las formas que se han estudiado en esta unidad.

3. Extrae las estructuras coloquiales que hay en los siguientes fragmentos, explica su valor e intenta construir con ellas frases correctas de tu invención.

TVE sí que fue decisiva

Vaya petardo

NOVENA UNIDAD

"¡Menos mal que hemos perdido!"

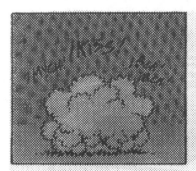

4 . Por parejas, formulad preguntas y contestadlas usando correctamente las siguientes formas afectivas o coloquiales de afirmación y negación:

AFIRMACIÓN	NEGACIÓN
pues sí	pues no
que sí	que no
y tanto que sí	para nada
y tanto	en absoluto
vaya si...	¡qué va!
¡ya lo creo!	de ninguna manera
desde luego	ni pensarlo/ ni por asomo/ ni en sueños
¡a ver!	quita, quita
claro	cuando las ranas críen pelo
por supuesto	ni hablar
Am. ¡cómo no!	¡y un jamón!

5 . Identifica el gazapo:

En el español de Perú

❑ se llama a los peruanos *cholos* y a los bebés *guaguas.*

❑ no se distingue *ll* e *y* (excepto en Lima y la costa del norte).

❑ hay centenares de términos en lengua indígena, el quechua; algunos de ellos se usan de modo generalizado en español, como *alpaca, llama* (referido al animal), *pampa, poncho* o *quinina.*

Arte contemporáneo

Guía para comprar un cuadro y no hacer el ridículo

FRANCISCO NIEVA

De veras le gusta a usted tanto la pintura, de veras quiere rodearse de cuadros valiosos?

Si tanto le gusta la pintura, supongo que habrá leído algo sobre ella y algo sabrá de los viejos maestros; habrá visitado museos, exposiciones... Tendrá amigos con los que hable de pintura, pues los que se parecen se juntan. Y tendrá libros de reproducciones, que aún son los mejores amigos. Es decir, que si "sabe" algo de pintura, no podrá fallar ni hacer el ridículo si se compra un cuadro. Si, a pesar de todo, sus amigos -necesariamente más ignorantes que usted- se ríen de la compra, tendrá suficientes razones para argumentarles o perdonarles con algo de ironía.

Lo que no puede hacer de todos modos es dejarse aconsejar "no sabiendo" de arte, porque eso es tonta vanidad, ganas de tener lo que "no se merece". Uno tiene que comprar lo que le gusta y sabiendo por qué le gusta y, si pretende que "eso" sea bueno, tiene que valorarlo con medios propios y no prestados. Uno se hace una librería como se hace una colección de pintura, atendiendo a su propio placer. Nadie engaña a nadie con una biblioteca o una colección. Al poco rato de hablar con esa persona, ya se sabe si tiene méritos para merecérsela, colección o biblioteca.

La gente inteligente y culta que yo he conocido -cuanto más inteligente y culta, en general, menos rica- han tenido una colección imaginaria, con referentes en los libros ilustrados. O una biblioteca imaginaria, con referentes en las bibliotecas públicas. Han tenido pocos cuadros -a veces ninguno- y pocos libros -demasiado pocos-. Pero, en fin, algunos con buen gusto y con medios, al mostrarme sus cuadros, se han hecho a sí mismos un buen retrato.

Hoy se vende tan mala pintura porque hay poquísima gente culta de verdad. Hay cantidad de "snobs" y de nuevos ricos, que por sus adefesios colgados en la pared los conoceréis. Cuando yo vivía en Francia, allá por los años 50, se había puesto de moda un pintor malísimo llamado Bernard Buffet, que pintaba paisajes, bodegones, retratos con un estilo seco, a grandes trazos negros, todo del mismo modo, con la misma caligrafía, en serie, en grandes cantidades. Cuando llegaba a una casa rica y me encontraba un Buffet en el "buffet" -es decir, en el comedor-, ya sabía de qué pelaje eran sus dueños. Todos los que "no comprendían" la buena pintura abstracta comprendía a Buffet, que no era abstracto, pero "hacía moderno". Mientras tanto, el bueno de Francis Picabia vendía malamente sus dibujos o pequeñas pinturas a los verdaderos aficionados del barrio latino. A la gente rica y ordinaria no les importa mucho hacer el ridículo, por lo cual a mí no me importa nada ponerlos en él. Buffet no ha ganado nada con el tiempo. Su pintura sigue siendo horrible y su valor ha decaído muchísimo. Tenía razón entonces y la tengo ahora. Quien en arte se deja llevar por la moda hace casi siempre el ridículo. Y el que, por esnobismo, se deja embaucar por los marchantes demuestra no tener ni pizca de seso. Para ir a comprarse un cuadro a u marchante hay que saber más pintura que el marchante

o más vale no ir. Las conversaciones con los comerciantes suelen ser un oprobio. "Cómprese esto, que se lleva mucho -dicen los más listos. Este pintor ha ganado tantos premios, publicado cantidad de monografías; mire usted, mire usted estas revistas. Todas hablan de él".

Pero ¿le gusta a usted? ¿Le gusta sin que sea un trabajo de sugestión por parte del vendedor? Pues si no le gusta, discuta, argumente, diga que le gusta más un cuadro de Aureliano de Beruete o de López Mezquita y déjelo pensando que es usted un paleto, pero con la pena de no tener uno de verdad para venderlo mejor. Uno no debe tener vergüenza de sus gustos. Pero tampoco vale alardear de ello. El hombre de sensibilidad y cultura no alardea de nada, se complace en silencio con lo que le gusta y así hasta puede procurar al visitante algunas sorpresas.

-¡Caramba! Tiene usted un retrato de Benedito.
-Sí; era el retrato de mi abuela. A mis hijos no les gusta y hasta dicen que lo retire.
-Eso comienza por demostrarme que sus hijos son unos asnos y que la raza degenera.
-¡Hombre! Tiene usted un grabado de Piranesi, una bella "Veduta de Roma".
-Pues sí; lo compramos en el viaje de bodas. Lo vi en una tienda y me enamoré de él; me dijeron que era de una tirada antigua.

Todo eso me hace más impresión que encontrarme con un salón lleno de pinturas todas modernas, espantosas la mayor parte de las veces. Allí se pregunta por Piranesi y nadie sabe quién era.

Una colección de arte moderno tiene que tener "sentido" y sus dueños tienen obligación de dar razón de él.

Hay menos buena pintura porque hay gente menos culta, pero hay mucha más gente rica y sin criterio. Para coleccionar pintura hay que tener criterio pictórico y merecerla. Lo demás, por mucho que se disimule, es ponerse un inri sobre la frente.

A los que nos gusta y entendemos de pintura nos gusta toda ella, la moderna y la antigua, con tal que sea buena. ¡Lo que yo daría por tener un Kandinsky carnavalesco y místico, un Klee deliciosamente reflexivo, un Braque sereno y terroso, un Pollock vesánico! Pero también un Regoyos, un Solana, un Ramón Casas. Y toda esa buena pintura que se ignora: preciosos cuadritos, magníficos grabados, sensibles dibujos de todos los tiempos sobre los que nadie enfatiza ni se dice que son geniales. Verdad es que, al no tener dinero ni espacio, prefiero tenerlos en la imaginación.

Pues eso: hay que tener mucha pintura en la imaginación para comprarse un cuadro "por necesidad" estética, por el gusto de contemplarlo y hacerse con un amigo de toda la vida. La pintura que se compra para especular me revela que su dueño es un especulador y eso me lo hace sospechoso ·en cierto terreno, no lo puedo remediar.

Hay quien tiene en su casa pintura mala sin ser tonto, por ternura, por entrañable condescendencia hacia lo que ha venido a las manos. Quien la tiene, sin embargo, porque la ha comprado cara no cuenta con muchos atributos para ser mi amigo de confianza.

"También los pintores modernos tienen derecho a vivir", se me dirá. Sí, pero no a vender tan caro, porque así ni siquiera hay medio de saber quiénes valen más o valen menos. El comercio de la pintura se ha desmadrado artificialmente y está claro que así no se puede seguir. Se aprovecha ese comercio de la barbarización de la sociedad. Las propias galerías, sin saberlo, despiden a la gente de cierta sensibilidad. Ya son como hangares inhóspitos -aunque recubiertos de moqueta- con cuadros inmensos que nadie podrá meter en su casa, de una solemne pedantería, borboteantes de materia o con rechupados de torpe mano. Son lo contrario de esos almacenes con objetos de regalo y pinturas para encima del sofá, pero igualmente repugnantes.

Muchas veces me acerco al cuadro más horrible y pregunto:

-¿Cuánto vale esto?
-Dos millones, con el descuento.
-Me parece poco.
-¿Lo compra usted?
-No tengo espacio.

Luego veo volverse al vendedor o la vendedora con altanería y meterse en el cuchitril de su desamparo económico, pensando, sin duda, que si no tengo espacio es porque no tengo dinero y el no tener de las dos cosas revela también que soy tonto.

ABC Cultural

alardear: presumir.
condescendencia: aceptación, por bondad, del deseo de otro.
cuchitril: habitación estrecha y desaseada.
desmadrarse: actuar fuera de los límites de los convencionalismos sociales.
embaucar: engañar.
especular: traficar.
hangar: cobertizo para guarnecer aparatos de aviación.
inhóspito: falto de hospitalidad.
marchante: traficante.
oprobio: deshonra.
paleto: persona rústica.
pelaje: aspecto o calidad de una persona o cosa.
rechupar: *pint*. absorber el lienzo el color dejándolo sin brillo.
vesania: locura.

Cuestiones

☼ Halla y explica las oraciones adverbiales del texto.

✪ En este artículo aparecen las formas *porque* y *por qué*. Explica en qué se diferencian, y contrástalas con *porqué* y *por que*. Luego úsalas correctamente en las siguientes frases:

❏ No ha explicado el .... de su dimisión.
❏ ¿ .... no vienes con nosotros?
❏ Ese es el motivo .... ha cambiado de parecer.
❏ No quiso sentarse .... tenía prisa.

✪ Halla las palabras del texto que corresponden a las siguientes etimologías:

....

Del latín *ad Ephesios*, 'a los habitantes de Éfeso', a quienes San Pablo dirigió muchas epístolas. La expresión pasó después a significar 'hablar a los que no nos entienden, a aquellos con los que no tenemos nada que ver'. Posteriormente, se llamó así a todo lo raro, extravagante y ridículo.

....

En otros tiempos, los estudiantes que iban a Oxford eran normalmente nobles. Si no tenían títulos nobiliarios se les inscribía con la apostilla *s.nob.* (*sine nobilitate*, 'sin nobleza') junto a su nombre. Posteriormente se llamará así a los que muestran una admiración afectada por las novedades de moda y quieren aparentar elegancia y buen gusto sin tenerlo.

....

Las siglas I.N.R.I., 'Jesús Nazareno rey de los judíos', se inscribieron en la cruz de Cristo a modo de escarnio. Hoy la expresión completa indica 'para más vergüenza'.

✪ La expresión *no tener ni pizca de seso* es despectiva y se usa para referirnos a la poca inteligencia de una persona. Completa las frases con las expresiones negativas que te ofrecemos:

> no chuparse el dedo
> no comerse un rosco
> no dar abasto
> no dar el brazo a torcer
> no dar pie con bola
> no dejar títere con cabeza
> no llegar la sangre al río
> no llegarle a alguien a la suela del zapato
> no llegarle a alguien la camisa al cuerpo
> no pegar ni con cola
> no pegar ojo
> no soltar prenda
> no tener ni pies ni cabeza
> no tener pelos en la lengua
> no ver con buenos ojos

- ❏ Los problemas no me dejan dormir. No .... en toda la noche.
- ❏ Ya me he dado cuenta de sus intrigas, no ....
- ❏ Siempre está presumiendo de sus conquistas amorosas pero no ....
- ❏ Se nota que tiene resaca. No .... en toda la mañana.
- ❏ Deberías cambiarte de corbata. Ésa no ....
- ❏ Los directivos están enfrentados desde hace tiempo pero aún no ....
- ❏ Está tan asustado que no ....
- ❏ Sus razonamientos son absurdos, no..
- ❏ Es muy comunicativo y habla con mucho desparpajo. No ....
- ❏ Sus padres no .... a su novia. Creen que es demasiado mayor
  para él.
- ❏ Hemos intentado tirarle de la lengua pero no ....
- ❏ No deberías admirarlo tanto. Yo creo que no te ....
- ❏ Tras los rumores sobre los trapos sucios de algunos políticos ha habido una remodelación del
  gobierno y no ....
- ❏ Tenemos tanto trabajo que no..
- ❏ Es muy terco. Nunca ....

❂ Explica la concordancia de la siguiente frase:
A la gente rica y ordinaria no les importa mucho hacer el ridículo, por lo cual a mí no me importa nada ponerlos en él.

❂ En el artículo aparecen dos interjecciones habituales en español, *¡caramba!* y *¡hombre!* Deduce su valor y el de las demás que se encuentran en las siguientes frases; luego construye tus propios ejemplos:

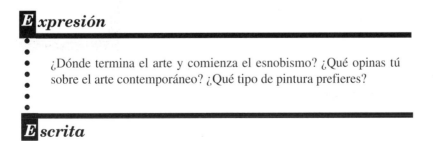

> ¡*Hala*, ponte ya a trabajar!
> ¡*Ah*, qué bien se está aquí!
> *Bah*, no pienso hacerle caso. No dice más que tonterías.
> ¡*Hombre*, tú por aquí, qué sorpresa!
> ¡*Eh*, no se vaya!¡ Se ha dejado aquí el bolso!
> ¡*Uf!*, me voy ya a dormir, estoy que no puedo más.
> ¡*Caramba*, no sabía que te gustara la música moderna!

Expresión

- •
- •
- • ¿Dónde termina el arte y comienza el esnobismo? ¿Qué opinas tú
- • sobre el arte contemporáneo? ¿Qué tipo de pintura prefieres?
- •
- •

Escrita

*D*ice la tradición que en un lejano país existió hace algunos años un Búho que a fuerza de meditar y quemarse las pestañas estudiando, pensando, traduciendo, dando conferencias, escribiendo poemas, cuentos, biografías, crónicas de cine, discursos, ensayos literarios y algunas cosas más, llegó a saberlo y a tratarlo prácticamente todo en cualquier género de los conocimientos humanos, en forma tan notoria que sus entusiastas contemporáneos pronto lo declararon uno de los Siete Sabios del País, sin que hasta la fecha se haya podido averiguar quiénes eran los otros seis.

➻ Augusto Monterroso *(Guatemala)*,
La oveja negra y demás fábulas

*T*odos estos señores estaban dentro
cuando ella entró completamente desnuda
ellos habían bebido y comenzaron a escupirle
ella no entendía nada recién salía del río
era una sirena que se había extraviado
los insultos corrían sobre su carne lisa
la inmundicia cubrió sus pechos de oro
ella no sabía llorar por eso no lloraba
no sabía vestirse por eso no se vestía
la tatuaron con cigarrillos y con corchos quemados
y reían hasta caer al suelo de la taberna
ella no hablaba porque no sabía hablar
sus ojos eran color de amor distante
sus brazos construidos de topacios gemelos
sus labios se cortaron en la luz del coral
y de pronto salió por esa puerta
apenas entró al río quedó limpia
relució como una piedra blanca en la lluvia
y sin mirar atrás nadó de nuevo
nadó hacia nunca más hacia morir.

➻ Pablo Neruda *(Chile)*,
Fábula de la sirena y los borrachos

extraviar: perder.
inmundicia: suciedad, basura.
topacio: piedra preciosa de color
amarillo.

❧ ¿Qué sentido puedes dar a estas fábulas contemporáneas? Cuenta alguna que tú conozcas.

❧ Halla las estructuras adverbiales e intenta hacer sustituciones de las conjunciones sin que varíe el significado global.

❧ Redacta en prosa la fábula de la sirena añadiéndole los signos de puntuación pertinentes y usando las estructuras estudiadas en esta unidad.

❧ Sustituye los siguientes vocablos manteniendo su sentido original:

I	II
existió	taberna
notoria	gemelos
entusiastas	apenas
declararon	relució
averiguar	de nuevo

EUTANASIA

L *ee las siguientes preguntas e intenta comprender todo su vocabulario. Luego, escucha o lee atentamente el texto correspondiente a esta sección (p. 298) y contéstalas, eligiendo tan sólo una de las tres opciones que se ofrecen.*

☞ *La polémica sobre la eutanasia se debe a*
   (a)   la familiaridad que hoy existe con la muerte.
   (b)   los excesos de los avances médicos.
   (c)   el exceso de muertes.

☞ *Se dice que en la meditación trascendental*
- **(a)** *hay personas que consiguen separar el cuerpo del alma.*
- **(b)** *se elige el modo de morir.*
- **(c)** *el cuerpo se queda como un ordenador sin programa, como un televisor sin señal.*

☞ *Según las encuestas, las experiencias de las personas que se han hallado en los umbrales de la muerte coinciden en cuanto a*
- **(a)** *la separación de alma y cuerpo.*
- **(b)** *la trayectoria mental.*
- **(c)** *la fisiología del cerebro.*

☞ *La sociedad exit fue creada para*
- **(a)** *que uno de sus fundadores practicara la eutanasia.*
- **(b)** *dar una respuesta metafísica al problema de la eutanasia*
- **(c)** *apoyar la eutanasia.*

DEBATE

Analiza los argumentos en pro y en contra de la eutanasia y defiende tu propia postura al respecto.

Décima Unidad

El subjuntivo: recapitulación

10

❶ *Analiza los usos de subjuntivo contenidos en los siguientes fragmentos.*

Colabora con Solidaridad Internacional

POR POCO QUE DES, DARÁ MUCHO DE Sí

Periódico nuevo, bendito sea

El que fuera 'hombre de KIO' en España se mueve con agilidad felina en la tangente política-negocios, como lo demuestran los pagos a políticos durante la guerra del Golfo

«Oscar Wilde desarrolla las diversas fases
de su obra como si todas ellas fuesen
momentos distintos de una sola unidad,
de un solo mundo y un único intérprete»

En la vida yo no soy tan desvalida como
mis personajes, creo que soy un
poquito más fuerte, pero eso no
significa que no esté siempre dudando

② Por, mientras, como, que *y si son formas que pueden utilizarse con distintos valores. Explica sus usos.*

MIENTRAS NO LLUEVA LO SUFICIENTE, AHORRE AGUA: ES URGENTE

Se alquilan cuadros

El alquiler de obras de arte no está muy extendido en nuestro país, por más que en Francia cause furor desde hace cuatro años. Lo que allí se considera una excelente fórmula para disfrutar de un buen cuadro sin gastarse mucho dinero, y de paso promocionar a jóvenes pintores, es casi desconocido en España.

☞ Te ofrecemos en esta unidad una serie de cuadros sinópticos que resumen todo lo visto sobre el subjuntivo a lo largo de este libro, y que pueden ser de gran utilidad siempre que se haya comprendido la explicación desarrollada en cada unidad.

10.1. Oraciones independientes

➥ **INDICATIVO**
a lo mejor

➥ **SUBJUNTIVO**

⟹ DESEO
ojalá (que)
así
que

⇨ Otros usos de *que* +SUBJUNTIVO
• Órdenes y ruegos
• Sorpresa
• FÓRMULAS (*que yo sepa, recuerde, vea*; *que nosotros sepamos, recordemos, veamos*; *que digamos, que dijéramos*)
si, quién (+ imperfecto o pluscuamperfecto)

⟹ POSIBILIDAD
puede que
coloq. *ni que* (+ imperfecto o pluscuamperfecto)

➥ **INDICATIVO/SUBJUNTIVO**

⟹ PROBABILIDAD
quizá(s), tal vez, probablemente, posiblemente, (acaso): si la expresión va antes del verbo, éste puede ir con indicativo (mayor grado de probabilidad) y subjuntivo (grado menor); si va después del verbo, éste se construye con indicativo.

⟹ CONJETURAS, SUGERENCIAS

¿y si...? (+ indicativo/imperfecto o pluscuamperfecto de subjuntivo)

10.2. Relativas

➡ **INDICATIVO**

➡ Las oraciones EXPLICATIVAS van siempre en indicativo.
➡ Usamos indicativo para referirnos a verdades generales.

➡ **SUBJUNTIVO**

➡ En las estructuras REDUPLICATIVAS usamos subjuntivo para expresar que "no importa".
➡ *Cualquier(a), quienquiera, comoquiera + que +* SUBJUNTIVO.
➡ Usamos subjuntivo cuando negamos el antecedente, y a menudo también cuando el antecedente es *poco (-a, -os, -as)*.

➡ **INFINITIVO**
Cuando queremos expresar la finalidad o disponibilidad del antecedente usamos infinitivo.

➡ **INDICATIVO/SUBJUNTIVO**
Las oraciones ESPECIFICATIVAS van en indicativo si su antecedente es conocido o determinado, y en subjuntivo si es desconocido o indeterminado.

10.3. Sustantivas

➡ ESTRUCTURAS

> VERBO 1 (o expresión) + *que* + VERBO 2 (INDICATIVO/SUBJUNTIVO)
> VERBO 1 (o expresión) + VERBO 2 (INFINITIVO)

➡ **Regla I**
Si el sujeto del verbo 1 y el del verbo 2 es el mismo, el verbo 2 va en infinitivo.
Si el sujeto del verbo 1 y el del verbo 2 no coincide, el verbo 2 va en subjuntivo.

VERBOS
- voluntad
- influencia (prohibición, obligación, mandato, consejo, ruego)
- sentimiento, apreciación, juicio de valor, duda
- expresiones que indican juicios de valor

197

➡ **Regla II**
Si el verbo 1 es afirmativo, el verbo 2 va en indicativo.
Si el verbo 1 es negativo, el verbo 2 va en subjuntivo (pero normalmente puede ir en indicativo también).
Si el verbo 1 es una orden negativa, el verbo 2 va en indicativo.
Si el verbo 1 es una pregunta negativa, el verbo 2 va en indicativo, pero puede ir en subjuntivo si se cuestiona la información aportada.

VERBOS
- actividad mental
- comunicación
- percepción
- expresiones de certeza

➡ **Otras expresiones**

Es que (no) + INDICATIVO/ *No es que (no)* + SUBJUNTIVO
Eso de que, el hecho de que + SUBJUNTIVO/ INDICATIVO

➡ **Verbos de doble construcción**

acordar
comprender, entender
decidir
decir (recordar, insistir, indicar, señalar)
parecer
sentir

➡ **El estilo indirecto**
Se siguen las reglas hasta aquí anotadas sobre el uso de los modos.
Interrogativas indirectas: el V2 puede ir, esporádicamente, en subjuntivo, para expresar duda o incertidumbre.

10.4. Adverbiales

10.4.1. Condicionales

➡ INDICATIVO

que...que
si...que
que...si

➡ **INFINITIVO SIMPLE O COMPUESTO**

> *de*

➡ **SUBJUNTIVO**

> *a menos que, excepto que, salvo que, a no ser que*
> *mientras*
> *como*
> *siempre que, siempre y cuando, a condición de que, en caso de que*

➡ **INDICATIVO/SUBJUNTIVO**

> *si, salvo si, menos si, excepto si, por si*
> > + INDICATIVO (pasado, presente, atemporal): acción probable.
> > + SUBJUNTIVO (imperfecto, pluscuamperfecto): acción improbable o ya imposible.

➡ **SUBJUNTIVO /INFINITIVO**

> *con (que)*
> *a cambio de (que)*

10.4.2. Temporales

➡ **INDICATIVO**

> *ahora que*
> *mientras que*
> *entre tanto*
> *mientras tanto*

➡ **SUBJUNTIVO**

> *antes de que*

➡ **INFINITIVO**

> *al*
> *nada más*
> *hasta*

➡ **INDICATIVO** (pasado, presente, atemporal)/**SUBJUNTIVO** (futuro)

cuando
cada vez que, siempre que
hasta que
mientras
a medida que, conforme
una vez que
en cuanto, tan pronto como, apenas, no bien
desde que

➡ **INFINITIVO/SUBJUNTIVO**

antes de (que)
después de (que)

10.4.3. Concesivas

➡ **INDICATIVO**

(aun) a sabiendas de que
si bien
y eso que

➡ **SUBJUNTIVO**

por mucho, poco que
por + ADJETIVO+ *que*
*por muy +*ADJETIVO/ADVERBIO/ SUSTANTIVO + *que*
(aun) a riesgo de que
así

➡ **INFINITIVO**

a pesar de
(aun) a riesgo de
pese a

➡ **GERUNDIO**

aun

➡ **INDICATIVO/SUBJUNTIVO**

aunque
a pesar de que
pese a que
*por más (*SUSTANTIVO*) que*
+INDICATIVO: nos referimos a un hecho experimentado o conocido, a la existencia real de un obstáculo o dificultad.
+SUBJUNTIVO: nos referimos a un hecho que no nos importa o no hemos comprobado.

10.4.4. Causales

➡ **INDICATIVO**

ya que
dado que
en vista de que
puesto que
a causa de que
gracias a que
pues
coloq. *que*

➡ **INFINITIVO**

por
de tanto
a fuerza de

➡ **INDICATIVO/SUBJUNTIVO**

porque + INDICATIVO/ *no porque* + SUBJUNTIVO
ya, bien, sea porque...ya, bien, sea porque...+ INDICATIVO/SUBJUNTIVO
como + INDICATIVO/ SUBJUNTIVO (causal literario)

10.4.5. Consecutivas

➥ **INDICATIVO**

> *así que, así pues*
> *por lo tanto, por tanto*
> *por consiguiente*
> *luego*
> *conque*
> coloq. *cómo, si* + EXPRESIÓN DE PROBABILIDAD + *que* + INDICATIVO

➥ **SUBJUNTIVO**

> *de ahí que*

➥ **INDICATIVO/SUBJUNTIVO**

> *tanto que, tan* + ADJETIVO/ADVERBIO + *que*
> *de (tal) modo, forma, manera, suerte que*
> > + INDICATIVO
> > + SUBJUNTIVO (si el verbo principal va en imperativo o forma negativa).

10.4.6. Finales

➥ **SUBJUNTIVO**

> (IMPERATIVO) + *que*
> *de modo, forma, manera que*
> coloq. *no sea que, no fuera que, no vaya a ser que, no fuera a ser que*

➥ **SUBJUNTIVO/INFINITIVO**

> *para*
> *a fin de*
> *con vistas a*
> *con la intención de*
> *con el objeto de*
> *con el fin de*
> *con el propósito de*
> *a (tras verbos de movimiento)*
> > + *que* + SUBJUNTIVO (diferente sujeto)
> > + INFINITIVO (mismo sujeto)
> *con tal de* + INFINITIVO/ *con tal que* + SUBJUNTIVO

10.4.7. Modales y comparativas _____

➡ **SUBJUNTIVO**

como si, igual que si + imperfecto o pluscuamperfecto

⟹ PERO

⇨ coloq. concesivo + INDICATIVO
⇨ coloq. comparativo (*tanto si...como si...*)+ INDICATIVO
⇨ estilo indirecto + INDICATIVO

➡ **INDICATIVO/SUBJUNTIVO**

como, según
cuanto más,menos...
mientras más, menos...
+ INDICATIVO (presente, pasado/conocido).
+ SUBJUNTIVO (futuro/desconocido).

➡ **SUBJUNTIVO/INFINITIVO**

sin
en vez de, en lugar de
+ INFINITIVO + *que* + SUBJUNTIVO

●

✏ **Las siguientes frases han sido extraídas de situaciones reales. Complétalas adecuadamente:**

1. Si no (interesar)............................. la sociología no (venderse)............................. tantos ejemplares de esta obra.
2. Los sindicatos desean (salir) .... de estas reuniones el compromiso del gobierno de negociar la reforma.
3. Nadie quiere (enfrentarse)............................. a la posibilidad de que tras la muerte no (haber)............................. nada.
4. Aunque la situación era muy delicada, optamos por intentarlo (salir)............................. el sol por donde (salir)............................. .
5. Puede que algún día (nosotros, saber) .... toda la verdad.
6. Cualquiera que (leer)............................. este artículo pensará que estamos al borde de la guerra.
7. La organización ha decidido no (cambiar)............................. su actitud hasta (ellos, dejar)............................. de destruir la selva amazónica.
8. Buscamos algo que (ser)............................. distinto.

9. En el caso de que (confirmarse)............................ tu sospecha, habla con ella pero no juzgues su comportamiento.

10. Es muy prudente, así que no (yo, creer)............................ que (ella, decir)............................ nada.

11. No creo que (tú, deber)............................ llevarlo a la fiesta, aunque (él, ser)............................ tu hermano. Sólo te han invitado a ti.

12. Es un invento revolucionario que (cubrir)............................ todas tus necesidades, por muy grandes que (ser)............................ .

13. Cuanto más (tú, mirarlo)............................, más (gustarte) ....

14. Ciertas normas de la empresa me parecen injustas; por lo tanto, no creo que (ser) .... oportuno (mantenerlas) .... por más tiempo.

15. El secretario de la ONU afirmó que el despliegue de soldados (ser) .... necesario para (evitar) .... (malograrse) .... los éxitos conseguidos por la misión de paz.

16. Esa medida es completamente absurda. Es como si se (pedir) .... a los arquitectos y los poetas (ellos, ir) .... a operar de apendicitis a los hospitales.

17. Dondequiera que (tú, ir) ...., te seguiré.

18. Sería muy triste (él, morir) .... antes de (él, ver) .... realizado su sueño.

19. Si (él, conseguir) .... ahora ese empleo (resolverse) .... todos sus problemas.

20. El hecho de que (surgir) .... un departamento que (ocupar) .... a doscientas personas da una idea clara del desarrollo y de las posibilidades de este sector.

21. Cuanto menos (tú, saber) ...., mejor será.

22. Habló con tal gravedad que (hacerse) .... un silencio sepulcral en la sala.

23. Quieren derribar las barreras comerciales donde (ser) .... posible.

24. Me siento bien con cualquier persona que (respetar) .... mi identidad.

25. Tal vez ése (ser) .....'........................ el precio de tu felicidad.

26. No es que (yo, tener) .... mucho a favor de los directivos, pero tampoco puedo olvidar que (haber) .... honrosas excepciones.

27. Están buscando fórmulas que (poder) .... ser provechosas para el desarrollo de la industria del cine en nuestro país.

28. Sólo apoyarán la misión pacificadora en aquellos conflictos que (amenazar) .... la seguridad internacional, cuando (producirse) .... una catástrofe que (exigir) .... ayuda inmediata o cuando (observarse) .... una grave violación de los derechos humanos.

29. Deja de lamentarte. Ni que (morírsete) .... alguien.

30. Habrá negociaciones con los países que (figurar) .... en la lista, para que (ellos, eliminar) .... o (ellos, reducir) .... las barreras comerciales o (ellos, indemnizar) .... a los sectores perjudicados.

31. El dato de que ya (haber) .... tres países que (apresurarse) .... a apoyar al secretario general es muy relevante.

32. A pesar de la agresividad que (él, poder) .... aparentar, es una persona muy dulce.

33. Es posible que ya (ellos, oír) .... que habrá un cambio drástico en la estructura de esa cadena de hoteles.

34. Harán todo lo que (estar) .... de su mano para (ellos, fomentar) .... las inversiones.

35. Las cosas van bastante bien, pero no creo que (nosotros, poder) .... hablar aún de éxito.

36. Actuó como si (él, intuir) .... lo que (ir) .... a ocurrir.

37. No pienso añadir nada más. Quien (querer) .... entender, que (entender) ....

38. La capacidad de trenzar la trama, de suerte que el lector nunca (aburrirse) ...., es una de las grandes cualidades de este novelista.

39. Si (él, aprovechar) .... la ocasión, quizá las cosas (ser) .... diferentes, pero se obstinó de tal manera que no (darse) .... cuenta de la oportunidad que (él, perder) ....

40. No es justo que después de tantos años trabajando no (él, tener) .... derecho a pensión.

41. Instarán al Gobierno a (modificar) .... la actual legislación de tal manera que (ser) .... reconocidos los derechos de las parejas no casadas.

42. No parece que (él, estar) .... en condiciones de llevar a cabo esa tarea.

43. Insinuaron la posibilidad de que no (ser) .... ciertas sus declaraciones.

44. Me dijo que (yo, marcharme) .... antes de que él (volver) ....

45. Es una madre muy severa. Se opone a todo tipo de diversión a no ser que (tener) .... fines educativos.

46. Actúan como si el propósito de hacer borrón y cuenta nueva (poder) .... erradicar el recuerdo del mal que ya se ha hecho.

47. Estoy encantado de que todo (salir) .... bien y de no (yo,tener) .... que preocuparme más por este asunto.

48. Lo ideal sería (ellos, aceptar) .... mi dimisión.

49. No creo que (ellos, hacerme) .... ninguna jugarreta.

50. No (ser) .... lógico que (cumplirse) .... todos los pronósticos en la primera ronda de negociaciones.

51. Por si todo esto (ser) .... poco, aún queda una razón más para confiar en este equipo.

52. Los resultados dependen enteramente de lo que (nosotros, conseguir) .... esta tarde.

53. Podemos ayudarte en los momentos difíciles, pero no nos pidas (nosotros, asumir) .... tus responsabilidades.

54. Han decidido (ellos, no proyectar) .... más este tipo de películas porque temen que sus salas (quedarse) .... vacías.

55. No entiendo para qué (tú, hacer) .... eso.

56. Mientras el acuerdo (seguir) .... en pie, nosotros cumpliremos nuestros compromisos.

57. Si (yo, poder) ...., yo misma (resolvértelo) ...., pero es necesario (tú, cumplir) .... todos los trámites.

58. El congreso del partido concluyó ayer sin que (decidirse) .... modificar la política que (precipitar) .... su descenso en los índices de apoyo de la opinión pública.

59. Le administraron morfina para (él, no sufrir) ....

60. Desde que en abril (ser) .... adoptada esa resolución podía haberse producido en cualquier momento un incidente de este tipo.

61. Cada arma de fuego que (poderse) .... eliminar de las calles (ser) .... un paso adelante contra la violencia ciudadana.

62. No hay nada que (atraer) .... más que algo que (ser) .... difícil.

63. No pienso (ser) .... imprescindible mi colaboración, así que (yo, retirarme) ....

64. Es extraño (ellos, decir) .... que ya no (ser) .... necesario aportar más pruebas.

65. (Ganar) .... quien (ganar) .... en las elecciones, el partido vencedor tendrá que acometer una reforma radical de las viejas estructuras.

66. Se dirigió a ella para (él, rogarle) .... (ella, no escribir) .... sus memorias.

67. Ella negó (ella, tener) .... pensado escribir ningún tipo de memorias.
68. Haz algo antes de que (ser) .... demasiado tarde.
69. Condujo el asunto sin (nadie, enterarse) ....
70. Quienes (acertar) .... todas las respuestas recibirán un premio seguro.
71. ¡Que (irte) .... bien!
72. Hay órdenes de que (hacerse) .... inspecciones por las noches y especialmente los fines de semana.
73. Me gustaría (llegar) .... pronto mi oportunidad.
74. El fiscal pide (ser) .... expulsados del país tres mil extranjeros ilegales presos.
75. La cuestión es preguntarse ahora si, aunque la solución (ser) .... mala, (ser) .... posible emplear otra. ✎

✎ Completa:

Aquel viernes decidió (él, llevar) .... a cabo un experimento: al (salir) .... de la oficina alquiló 20 películas de vídeo y se encerró con ellas en su apartamento. Por lo general, hacía la compra los domingos, pero estaba deseando (las autoridades, prohibir) .... la apertura de las grandes superficies los festivos para no (él, encontrarse) .... en el supermercado con otros como él. Del mismo modo que las embarazadas, él llevaba unos meses que no veía en el supermercado más que duplicados de sí mismo. El domingo anterior, mientras (hacer) .... cola frente a la caja del establecimiento, con el carrito cargado hasta los bordes, tuvo un momento de terror al (comparar) .... aquel grupo humano con el de un conjunto de hormigas indiferenciadas. Había leído que a estos insectos (serles) .... arrebatada en algún tiempo remoto la conciencia, lo que impidió (ellos, continuar) .... evolucionando. De ahí que (ellos, caer) .... en esa forma de obsesión consistente en repetir una y otra vez el mismo circuito, en trazar el mismo círculo, con la esperanza, quizá, de que un siglo cualquiera algún integrante de la colonia (escapar) .... del trayecto establecido y (ir) .... en busca de esa conciencia que (liberarles) .... de la locura de no parar de trazar circuitos meramente alimenticios y reproductores.

Tal vez, ese individuo (ser) .... él. Todos los animales sociales -las abejas, por ejemplo- alcanzaban un punto en que, obsesionados por la economía, (perder) .... la conciencia, quedando atrapados en una noria de actividad que (carecer) .... de sentido. Sus últimos años (ser) .... así: las semanas terminaban indefectiblemente en el agujero del domingo, por el que (entrar) .... la comida que, almacenada en el frigorífico, se iba consumiendo a lo largo del invierno del lunes y del martes y del miércoles, que tenía una puerta -el miércoles- por la que se (llegar) .... a las cámaras huecas del jueves y del viernes.

Juan José Millás, *El sentido de la vida* ✎

10.5. Contrastes

Observa que hay conjunciones que pueden utilizarse con distintos valores:

➡ *como*

⇒ CAUSAL
> *Como nos encantó no dudamos en comprarlo.*

⇒ CAUSAL LITERARIO
> *Como viera que no le hacían caso, decidió no volver.*

⇒ CONDICIONAL
> *Como vuelvas a quejarte me enfadaré.*

⇒ MODAL
> *Convéncela como sea.*

➡ *como si*

⇒ MODAL
> *Me miró como si no me conociera.*

⇒ CONCESIVO
> *¿Que van a denunciarnos? Como si llueve; a mí me da igual.*

⇒ COMPARATIVO
> *Asistiremos, tanto si nos invitan como si no lo hacen.*

⇒ ESTILO INDIRECTO
> *`Antes de concedernos el crédito confirmaron algunos asuntos, como si teníamos una nómina fija.*

➡ *con*

⇒ CONSECUTIVO (conque)
> *Ya van a cerrar, conque date prisa.*

⇒ CONDICIONAL (con que)
> *Con que firmes aquí será suficiente.*

⇒ MODAL (con + INFINITIVO)
> *Con disculparte no resuelves nada.*

➡ *de (tal) modo (forma, manera, suerte) que*

⇒ CONSECUTIVO
> *Hablaba de tal modo que todos reían.*

⇒ FINAL
> *Hablaba de modo que todos rieran.*

➡ *mientras*

⇒ TEMPORAL
> *Mientras riegas el jardín yo ordenaré un poco el apartamento.*

➡ CONDICIONAL
> *Yo ordenaré el apartamento, mientras tú riegues el jardín.*

➡ +*que*: CONTRASTE
> *Yo he recogido toda la casa, mientras que tú sólo has regado las plantas.*

➡ por

➡ CAUSAL
> *Te has quemado por jugar con fuego.*

➡ CONCESIVO
> *Por mucho que te guste, no te lo puedes permitir.*

➡ CONDICIONAL
> *Lo he traído por si querías verlo.*

➡ que

➡ CAUSAL
> *Cierra la puerta, que hay corriente.*

➡ FINAL
> *Sal ya, que no te encuentren aquí.*

➡ DESEO
> *¡Que seas muy feliz!*

➡ SORPRESA
> *¡Que tú me hayas hecho esto!*

➡ NEXO DE SUSTANTIVAS
> *Quiero que me respondas ahora.*

➡ RELATIVO
> *Di lo que sepas.*

➡ CONDICIONAL(que...que...)
> *No teníamos horario. Que nos apetecía, comíamos, que no, lo dejábamos para otro momento.*

➡ si

➡ ESTILO INDIRECTO
> *Dime si vendrás.*

➡ CONDICIONAL
> *Ven si quieres.*

➡ DESEO
> *¡Si lo hubiera sabido antes!*

➡ Coloq. SORPRESA O QUEJA
> *¡Si es facilísimo!*
> *¡Si yo no he hecho nada malo!*

➡ siempre que

➡ TEMPORAL
> *Siempre que vengas serás bien recibido.*

➡ CONDICIONAL
> *Podríamos hacer este trabajo en equipo, siempre que tú estés de acuerdo.*

Completa:

1. No me han indicado si (yo, deber) .... quedarme a hacer horas extraordinarias.
2. ¡Si (yo, quedarme).........................., (irme)............................ mucho mejor!
3. Si (ellos, pedírmelo)..........................., (yo, quedarme)............................ .
4. Dijeron que seguirían allí mientras (ellos, permitírselo) ....
5. Siempre nos toca lo peor, mientras que (ellos, hacer) .... lo más fácil.
6. Mientras (tú, hacer)............................ la siesta, yo estuve leyendo.
7. Hazlo como (ellos, decirte)............................ . Tienen mucha experiencia.
8. Como (llover)............................ nos vamos a empapar. Se me ha olvidado el paraguas.
9. Como (ser)............................ tarde, decidimos coger un taxi.
10. Trabaja como si (irle)............................ la vida en ello.
11. Yo pienso asistir, tanto si me acompañas como si (quedarte)............................ .
12. Tienes que averiguar algunas cosas, como si (haber)............................ alguna posibilidad de pedir
    una prórroga o si se (poder)............................ ampliar el contrato .
13. ¿Que van a venir? Pues como si no (venir) ...., a mí me da igual.
14. Lleva la chaqueta por si (hacer)............................ frío.
15. Le abrieron expediente por (faltar)............................ tanto sin justificación.
16. Por mucho que (tú, insistir)............................ no me vas a convencer.
17. Con (tú, quejarte)............................ no vas a resolver tu problema.
18. Con que (tú, esforzarte) .... un poco llegarás a donde te propongas.
19. No has hecho nada en toda la mañana, conque (tú, empezar)............................ a moverte.
20. Anda, ven a la fiesta. Que (gustarte)............................, te quedas; que (tú, aburrirte)
    ...., te vas.
21. Me despido ya, que (hacérseme)............................ muy tarde y mañana tengo que madrugar.
22. Ven que (yo, verte) .... Te queda muy bien ese traje nuevo.
23. ¡Que no (ellos, avisarme)............................!
24. Dijo que (llover)............................ a cántaros.
25. Me gustan los perfumes que (tener) .... un aroma suave.
26. ¡Ay, que (yo, quemarme)............................!
27. ¡Que (partirte)............................ un rayo!
28. Siempre (a él, olvidársele)............................ las llaves en su casa.
29. Siempre que (él, retrasarse)............................ llama para avisarnos.
30. Aceptaré el contrato, siempre que (cumplirse)............................ todas las condiciones. ✎

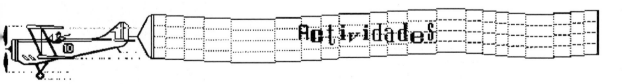

1 . Construye con tus compañeros un diálogo basado en la siguiente situación: en un autobús se produce una disputa entre diversos personajes, como un ladrón, una mujer embarazada de nueve meses, un terrorista despistado, un pasota, un viejo verde, un ama de casa y un niño con un perrito. Intentad usar todas las formas de subjuntivo y léxico coloquial que podáis.

2. Extrae de los siguientes fragmentos las formas propias del lenguaje coloquial y añade las que tú conozcas. Puedes valerte de un diccionario de argot.

¿De qué va, qué cuenta, qué vende?

"Miguel le tiene 'comido el coco' a Bugno"

La pesca del 'chocolate'

Cinco marineros españoles, juzgados en Marruecos por 1.500 kilos de hachís

21.00 NOTICIAS.
21.30 FARMACIA DE GUAR-
DIA. A Carlos acaban de tocarle cinco millo-nes a la lotería, cosa que cae como un tiro a Adolfo, que jamás ha pillado un «gordo».
22.00 EL PELICULÓN.

De esta generación marcada por el vacío dicen que busca deli-beradamente esconderse y que son descreídos. Alicia, una pin-tora de 28 años, casada y madre de una niña de diez meses no puede evitar su escepticismo. "¿Descreídos? pero qué quieren, que encima les hagamos el juego. Yo, paso de seguirles el rollo. Le pago al casero 80 *talegos* todos lo meses por una casa que no tiene calefacción y cada mañana tengo que inventarme mi propio traba-jo.

3. Escucha la canción de Joaquín Sabina "Pacto entre caballeros" y completa los espacios:

No.........................de los.............................
el mayor de los tres chicos
que vinieron a atracarme el mes pasado.

"............................ un ....
y no .... el valiente
que me pongo muy nervioso si me enfado"

.... diez quinientas
y .... marca omega
con un pincho de cocina en la garganta,

pero el bizco se dio cuenta
y me dijo - "oye, ...,
te pareces .... Sabina ese que canta".

Era una noche cualquiera
puede ser que fuera ....,
¿qué más da? pudiera ser que fuera ....

Sólo sé que algunas veces
cuando menos te lo esperas
el diablo ....
-"Este encuentro hay que ....
con ....,
compañeros, antes de que cante el gallo"-

-"tranquilo, ..., perdona,
y .... celebrarlo"-
los tres iban ....

A una ....
me llevaron ....,
no dejaron que pagara ni............................,

............................tres............................
pero a mí me reservaban
los encantos de "Maruja la............................".

Nos pusimos ....,
con la .... y los ....
.... algo más fuerte;

nos hicimos unas fotos
de cabina en tres minutos...,
parecemos la cuadrilla de la muerte.

211

Protegidos por la luna
.... un coche,
me dejaron en mi............................. y ....
por las venas de la noche
- "............................ y haznos una
.... de las tuyas"- me gritaron.

Me devolvieron intacto,
con un guiño, mi dinero,
la cartera, la cadena y el reloj;

yo, que siempre cumplo un pacto
cuando es entre caballeros,
les tenía que escribir esta canción.

Hoy venía en el diario
el .... del más alto,
no lo había vuelto a ver desde aquel día;

escapaba del asalto
al chalé de un millonario
y en la puerta lo esperó la policía.

4. El *cheli* es el dialecto juvenil español, y su palabra clave o comodín es, según Francisco Umbral, *rollo*, que puede tener multitud de significados. Extráelos del siguiente texto:

...El rollo, en principio, es todo el conglomerado juvenil que ha elegido la marginalidad. Así, la frase usual "la gente del rollo". Luego, el rollo, en concreto, puede ser sexual, literario, colectivo, amoroso, drogota, etc. Las jais lo expresan en seguida:

-Anoche conocí a un tío, pero tenía un mal rollo. (Era pesado, aburrido o sobón).

El rollo puede ser bueno o malo. A uno se lo han dicho algunas pasotas, después de la bronca tradicional:

-Y perdona el mal rollo.

O, por el contrario:

-Anoche nos enrollamos bien con la maría.

Hay drogas que tienen un buen rollo y drogas que tienen un mal rollo.

Dentro del mundo del rollo, uno acaba distinguiendo los infinitos matices de la misma palabra, según el contexto. Como sabemos que la *luz* de Guillén o Aleixandre no es la de un poeta particular.

Es peyorativo o meliorativo según los casos. En los argots anteriores, rollo era siempre peyorativo:

-Hemos visto una película que es un rollo.

El cheli toma esta palabra y la potencia al máximo. La forma verbal más sugestiva de rollo es *enrollarse*. "Tengo una gatita que se enrolla mucho", por el animal simpático y cariñoso. O aún una forma ya viciosa: "Tengo una gatita muy enrollada". Y otras cosas que dicen las jais:

-El tío es feo, pero se enrolla muy bien.

Les gusta Aranguren porque se enrolla bien. El enrollarse supone una manifestación total de la personalidad, claro: simpatía, locuacidad, amenidad, estar al día o "llevar un rollo muy peculiar", que es cosa que se valora mucho.

Enrollarse bien es contar bien lo que sea o contar bien la nada o no contar nada. Y por aquí podríamos dar con la máxima verdad y valoración del verbo *enrollarse*, el más importante que se ha creado a partir del viejo sustantivo metafórico *rollo*. Enrollarse es la cualidad humana de comunicarse. Comunicarse no es contar cosas importantísimas o de última hora, sino establecer unas redes léxicas que van envolviendo a todos los presentes, uno o varios, y reteniéndolos mágicamente.

La juventud actual, precisamente porque es lacónica y monosilábica, valora mucho al hombre o la mujer que se enrolla bien. Y enrollarse bien es todo lo contrario de abrumar al personal con historias y dolencias o gracias particulares. Una generación que ha renunciado a la "comunicación profunda" se revela pasota y capaz de flotar en su gusto por el enrolle, que es una vinculación superficial y eficaz.

Después de los "juegos de la verdad", llenos de mala conciencia burguesa, y de los psicoanálisis y las psicoterapias de grupo, no menos morbosos que pedantes, el enrolle es una salvación en la frivolidad o la casualidad.

Francisco Umbral, *Diccionario cheli*

5. Aquí tenéis el comienzo de la obra de teatro *Bajarse al moro*, de José Luis Alonso de Santos, en la que dialogan dos traficantes de drogas y una chica que se ha fugado de su casa. Inventad un final, utilizando todo el léxico coloquial que conozcáis, y escenificadlo.

CHUSA.- ¿Se puede pasar?¿Estás visible? Que mira, ésta es Elena, una amiga muy maja. Pasa, pasa Elena. Éste es Jaimito, mi primo. Tiene un ojo de cristal y hace sandalias.

ELENA.- ¿Qué tal?

JAIMITO.- ¿Quieres también mi número de carnet de identidad? ¡No te digo! ¿Se puede saber dónde has estado? No viene en toda la noche, y ahora tan pirada como siempre.

CHUSA.- He estado en casa de ésta. ¿A que sí, tú? No se atrevía a ir sola a por sus cosas por si estaba su madre, y ya nos quedamos allí a dormir. ¿Quieres un bocata?

JAIMITO.- Ni bocata ni leches. Te llevas las pelas, y la llave, y me dejas aquí colgao, sin un duro... ¿No dijiste que ibas a por papelillo?

CHUSA.- Iba a por papelillo, pero me encontré a ésta, ya te lo he dicho. Y como estaba sola...

JAIMITO.- ¿Y ésta quién es?

CHUSA.- Es Elena.

ELENA.- Soy Elena.

JAIMITO.- Eso ya lo he oído, que no soy sordo. Elena.

ELENA.- Sí, Elena.

JAIMITO.- Que quién es, de qué va, de qué la conoces...

CHUSA.- De nada. Nos hemos conocido anoche, ya te lo he dicho.

JAIMITO.- ¿Otra vez? ¿Qué me has dicho tú a mí, a ver?

CHUSA.- Que es Elena, y que nos conocimos anoche. Eso es lo que te he dicho. Y que estaba sola.

ELENA.- Mucho gusto.

JAIMITO.-¡Anda que...! Lo que yo te diga.

CHUSA (a Elena).- Pon tus cosas por ahí. Mira, ése es el baño, ahí está el colchón. Tenemos *maría* plantada en ese tiesto pero casi no crece, hay poca luz. (A Jaimito) Se va a quedar a vivir aquí.

JAIMITO.-Sí, encima de mí. Si no cabemos, tía, no cabemos. A todo el que encuentra lo mete aquí. El otro día al mudo, hoy a ésta. ¿Tú te has creído que esto es el refugio El Buen Pastor, o qué?

CHUSA.- No seas borde.

ELENA.- No quiero molestar. Si no queréis no me quedo y me voy.

JAIMITO.- Eso es, no queremos.

CHUSA.-No tiene casa. ¿Entiendes? Se ha escapado. Si la cogen por ahí tirada... No seas facha. ¿Dónde va a ir? No ves que no sabe, además.

JAIMITO.- Pues que haga un cursillo, no te jode. Yo lo que digo es que no cabemos. Y no digo más.

CHUSA.- Sólo es por un par de días, hasta que se baje al moro conmigo.

JAIMITO.- ¿Que se va a bajar al moro contigo? Tú desde luego tienes mal la caja.

CHUSA.- ¡Bueno! ¿Quieres un té, Elena?

ELENA.- Sí, gracias; con dos terrones.

JAIMITO.- ¿Y por qué vas a llevarla? Quieres que nos cojan, ¿no?

CHUSA.- Será que me cojan a mí, porque a ti, ahí sentado...

JAIMITO.- Oye, no sé a qué viene eso. Sabes muy bien que no voy por lo de la cara de sospechoso. Pero yo vendo, ¿no? ¿O me echas algo en cara?

CHUSA.- Lo único que digo es que se va a venir conmigo, para sacar pelas. Y ya está.

JAIMITO.-Pues que venda aquí si quiere, pero ir no. Es una cría.

ELENA .- Es que, como quiero viajar...

JAIMITO.- Pues hazte un crucero, tía. ¿Pero tú le has explicado a ésta de qué va el rollo? A ver si se cree que esto es ir de cachondeo con Puente Cultural.

(...)

6 . Identifica el gazapo:

En Bolivia

❏ No se distinque entre *ll* e *y*.

❏ El sonido *rr* (*perro*) se fricatiza.

❏ Como en México, es común la supresión de vocales en sílabas no acentuadas: *cafsito* (=cafecito).

Xenofobia

Del otro lado

MARUJA TORRES

Soñé que (yo, llegar)............................ al aeropuerto de Eceiza, en Buenos Aires; que un policía mal encarado examinaba mis papeles por el derecho y por el revés, y miraba con atención la foto de mi pasaporte y luego me miraba a mí, y contaba con desprecio mi dinero, y al final hacía un gesto con la cabeza y se me acercaban dos guardias, que me empujaban hasta una puerta y, después de (abrirla)............................ , me arrojaban al interior de una habitación en donde otros españoles de aspecto deplorable llevaban muchas horas esperando que las autoridades (decidir)............................ si (ellos, dejarles)............................ entrar o no en Argentina. "Lo más seguro es que (ellos, echarnos)............................ ", me explicó un hombre de ojos opacos. "Están muy bordes últimamente".

Esto soñé, pero que (tratarse)............................ de una pesadilla no me tranquilizó al (despertar)............................ . Prendí un cigarrillo y lo consumí saboreándolo -cada pitillo puede ser el último, en cualquier momento sonará la orden fatal-, y sólo al cabo de un rato apagué la luz y me dormí, deslizándome de nuevo hacia mis temores.

Ahora recorría una calle del centro de Asunción, una de esas calles algo empinadas, estrechas, de edificios bajos pintados en colores claros, con carteles escritos a mano anunciando las mercancías. Al final de la pendiente estaba el río Paraguay, hinchado de barcazas, pero antes se encontraba el hotel en donde yo (deber)............................ entrar. "Alto, española", me atajó el portero con librea. "En este local nos reservamos el derecho de admisión". "No puede ser", me quejé. "Ustedes, los paraguayos, siempre (acoger)............................ con benevolencia al extranjero. Incluso se portaron bien con los conquistadores". "Pues ya ve, las cosas cambian. Márchese y dé gracias a que

(yo, no denunciarla)............................ ". Seguí caminando en dirección al río, pero cerca del palacio de Gobierno, los dos soldados que (montar)............................ guardia en la esquina se fijaron en mí, y di la vuelta con rapidez. Desperté buscando un lugar donde esconderme.

Encendí otro cigarrillo, pero ya no me sabía bien, y lo aplasté casi entero mientras (yo, arrebujarme)............................ en la cama. Debí dormirme de nuevo, porque ahora (yo, estar)............................ sentada en un merendero, en un promontorio de Puerto Limón, y me moría por una cerveza helada mientras (yo, contemplar)............................ el batir de las olas del Atlántico contra la playa. Una cimbreante camarera se me acercó y señaló la puerta con su airoso pulgar: "Fuera. No servimos a españoles". Este sueño lo empalmé con otro en el que me veía a oscuras en un cine de una galería del centro de Santiago de Chile. Veía la película por tercera vez y sabía que aún (quedarme)............................ otro pase antes de (yo, atreverme)............................ a salir a la calle, aprovechando la noche para (meterme)............................ en algún agujero en donde los agentes de Inmigración no (poder)............................ encontrarme. "Alguna vez tuve amigos en esta ciudad", me repetía, pero ya me habían cerrado sus puertas. "No queremos tener nada que ver con cerdos racistas como ustedes".

Seguí soñando el resto de la noche, en busca de refugio y acumulando rechazos. En Santa Rosa, un jesuita guaraní de enorme corpachón me examinó con sonrisa enigmática. "Vaya a buscar un trabajo de criada. Vaya a limpiar la porquería de los otros, cómase los restos de los otros, reciba la menguada paga de los otros, y luego rece para que (ellos, tratarla)............................ como a una persona". Corrí bajo los chivatos florecidos de rojo y así llegué a Ciudad de México, y en el Zócalo casi me lincharon unos nativos que gritaban: "¡Mírenla, qué poca cosa es cuando no (ellos, protegerla) .... !", y yo no encontraba la salida de la inmensa plaza, y la catedral se inclinaba hacia adelante para (aplastarme)............................ . Bajé a San Juan del Sur, pero unos *nicas* me golpearon y pintaron una cruz gamada en mi frente, y cuando (yo, recobrar)............................ el conocimiento estaba cubierta de hormigas. Sin saber cómo, me encontré en una aldea de la Dominicana, en el campo, en un camino enfangado con niños que (jugar) .... descalzos y vacas famélicas que (llevar) .... una grulla parada en el anca. "Váyase de aquí", graznó la grulla. "Somos pobres, pero al menos nos morimos poco a poco".

Entonces desperté del todo y abrí bien las ventanas para (entrar) .... la luz del día y (llevarse)............................ los miedos de la noche. Hice café, me duché, leí los periódicos, escuché la radio, pero como aún era temprano para (telefonear)............................ a Buenos Aires, me puse a limpiar el piso como una maniaca. Fregué los suelos, saqué brillo a la batería de cocina, lavé las fundas de los cojines y, cuando (yo, terminar)............................ , marqué el número de mi mejor amiga de allá y le conté todo: "Che, loca, cómo te vamos a echar. Venite acá y quedáte conmigo". Colgué, después de (dar) .... las gracias, y desde entonces me lo estoy pensando.

El País Semanal

borde: *coloq.* antipático.
atajar: cortar, interrumpir.
librea: uniforme, traje con distintivos.
arrebujarse: cubrirse y envolverse con la ropa de la cama.
guaraní: perteneciente a los pueblos que se extienden desde el Amazonas hasta el Río de la Plata.

 Cuestiones

⚙ Completa los espacios en blanco con una forma correcta del verbo entre paréntesis.

⚙ ¿Qué intenta denunciar la autora del artículo? Resume su contenido.

⚙ Halla las formas de imperativo del texto y analízalas. Después cuenta lo que ocurre en las viñetas de la página siguiente, usando el imperativo siempre que puedas.

Expresión

• Opina sobre el rechazo del que se hace víctimas a las personas por su raza o nacionalidad. Razona sobre las causas y posibles soluciones de este problema social.

Escrita

*A*quel día, ... regresar borracho a casa a las cuatro de la madrugada, encontró en un contenedor de basuras un maniquí desnudo y masculino. Se le ocurrió una absurda idea y se lo llevó a casa, escondiéndolo en el maletero.

A la noche siguiente, en torno a la hora en que solía salir a tomar copas, su mujer empezó a mirarle con rencor. Pero él actuó .... esa noche fuera a quedarse en casa y la tormenta pasó en seguida. Vieron la televisión hasta las once y media y luego se metieron en la cama. .... la respiración de ella adquirió el ritmo característico del sueño, él se incorporó con sigilo y tras comprobar que estaba dormida abandonó las sábanas. Inmediatamente, recuperó el maniquí y lo colocó junto al cuerpo de su mujer. Ella se dio la vuelta .... llegar a despertarse y colocó una mano sobre la cintura del muñeco.

El se vistió .... hacer ruido, salió a la calle y comprobó que la noche tenía aquel grado de tibieza con el que más se identificaba, ... porque le recordaba el calor de las primeras noches locas de su juventud. Respiró hondo y comenzó a andar en dirección a sus bares preferidos. Se sentía bien, ... el peso de la culpa le hubiera abandonado definitivamente. A la segunda copa se acordó del maniquí y, ... sintió una punzada de celos, le pareció que en general tenía muchas ventajas disponer de una especie de doble, si con él evitaba las peleas conyugales originadas por su afición a salir de noche.

De todos modos, ese día volvió a casa en torno a las dos y media, un poco antes de lo habitual. Se dirigió con cautela al dormitorio y comprobó que todo estaba en orden; su mujer continuaba abrazada al maniquí. Con mucho cuidado retiró las manos de ella del muñeco y lo sacó de la cama. .... llevarlo al maletero, pasó con él por el cuarto de baño y .... se lavaba la cara lo sentó en la taza del váter. Le pareció que el rostro de su sustituto tenía un gesto de satisfacción que no había advertido en él

217

.... lo recuperó del contenedor de basuras, pero atribuyó esta percepción a los efectos de las copas. Tras esconder el maniquí, se metió en la cama y su mujer, instintivamente, se abrazó a él de inmediato.

Al día siguiente, ella le preparó un excelente desayuno, ... de este modo le agradeciera el que no hubiera salido aquella noche. Siendo su tendencia noctámbula el único motivo de discusión que solía enturbiar sus relaciones las cosas mejoraron con la introducción del maniquí. Pero él ya no disfrutaba tanto como antes. Se le veía por los bares tenso y malhumorado; algunos compañeros de correrías nocturnas empezaron a rehuirle y ahora se emborrachaba solo en el extremo de las barras .... cantaba canciones de amores desgraciados y de celos. A partir de determinada hora -o de determinada copa- le entraba una especie de fobia que le hacía salir urgentemente de .... estuviera y acudir corriendo a casa. Abría la puerta con cuidado, se descalzaba y caminaba de puntillas hasta la puerta del dormitorio, ... permanecía un rato con todos los sentidos en tensión para ver si percibía algo. Después entraba, arrancaba el muñeco de los brazos de su mujer y se iba con él al cuarto de baño. Estaba seguro de que en el rostro de aquel muñeco se producían cambios imperceptibles con el paso del tiempo. La mueca desportillada de los primeros días, que intentaba reproducir una sonrisa, se había convertido en una sonrisa verdadera. Aquel cuerpo rígido había mejorado en general, ... todas sus necesidades, de la índole que fueran, estuvieran siendo satisfechas plenamente en aquella casa. Claro, que .... contemplaba al muñeco estaba borracho, por lo que podía ser una sugestión promovida por el alcohol. Pero .... hizo propósitos de enfrentarse cara a cara con él a la luz del día, nunca obtuvo la dosis necesaria de valor para llegar a hacerlo.

Los días fueron pasando y el humor de su mujer mejoró notablemente, ... el de él declinaba en dirección a una tristeza sin fronteras. Además, empezó a sentir malestares y dolores que hasta entonces no había padecido. Sus excesos nocturnos le pasaban al día siguiente una factura desconocida para él. Pensó que se estaba haciendo viejo, que debía moderarse un poco más. Pero estos pensamientos le ponían aún más triste, pues sentía que estaba perdiendo al mismo tiempo la juventud y el amor.

En esto, una noche llegó a casa borracho, como era habitual, y tras meter el maniquí en el maletero se introdujo en la cama. Le pareció que las sábanas no estaban lo calientes que debían estar y buscó a ciegas el cuerpo de su mujer para acoplarse a él. Sintió un contacto duro, ... se estuviera abrazando a un maniquí. Tuvo un movimiento de terror que controló en seguida, aplastado por el peso del alcohol, y al día siguiente, ... despertarse, todo parecía normal.

Pero aquella sensación de que su mujer había sido sustituida por un maniquí fue creciendo sin prisas con el paso de las noches. Finalmente, una mañana, ... despertar, comprobó que su mujer no se movía. Al principio pensó que se había muerto por el grado de rigidez y frialdad que mostraba su cuerpo. Pero .... observarla más atentamente comprobó que su carne se había transformado en una especie de material duro cuyo tacto evocaba el del cartón piedra o el de una resina sintética. Se levantó con un horror atenuado por la perplejidad de la resaca, se vistió y fue a buscar su maniquí al maletero. Lo colocó junto al cuerpo de su mujer y ambos muñecos rodaron hacia el centro de la cama, ... se buscaran. Los tapó, salió de casa, y desapareció entre el tráfico .... que se haya vuelto a saber nada de este hombre.

desportillada: deteriorada.
maniquí: armazón en figura de cuerpo humano que se usa para probar o exhibir ropa.
mueca: contorsión del rostro, generalmente burlesca.
perplejidad: confusión, duda, asombro

➤ **Juan José Millás** (España),
El hombre que salía por las noches

❧ Completa los espacios con las siguientes formas:

> al
> antes de
> aunque
> como si
> cuando
> donde
> mientras
> mientras que
> quizá
> siempre que
> sin

❧ ¿Qué significa *a ciegas*? Completa las siguientes frases con las expresiones preposicionales que te ofrecemos:

> a disgusto
> a empellones
> a grandes rasgos
> a la chita callando
> a las mil maravillas
> a punta de pala
> a salto de mata

- Es el papel perfecto para ti. Estoy seguro de que lo interpretarás ....
....
- En el metro y en las horas punta la única manera de avanzar es ....
....
- Se siente .... en la oficina porque aún no han terminado las obras y hay un ruido infernal.
- Suele hacer las cosas ...., sin pensarlas antes, y luego siempre le salen bien. Tiene el don de la improvisación.
- Queda poco tiempo, pero siéntate y te explicaremos el proyecto ....
...., a modo de introducción.
- Entró .... y se llevó el radiocasete sin pedirnos permiso.
- Es el bar más concurrido del barrio. Todos los días entra gente ....
....

Q uiero llorar mi pena y te lo digo
para que tú me quieras y me llores
en un anochecer de ruiseñores,
con un puñal, con besos y contigo.

Quiero matar al único testigo
para el asesinato de mis flores
y convertir mi llanto y mis sudores
en eterno montón de duro trigo.

Que no se acabe nunca la madeja
del "te quiero", "me quieres", siempre urdida
con decrépito sol y luna vieja.

Que lo que no me des y no te pida
será para la muerte, que no deja
ni sombra por la carne estremecida.

➥ **Federico García Lorca** *(España),*
El poeta dice la verdad

 **CUESTIONES**

☙ Explica los diferentes valores de *que* en este poema.

EL SERVICIO MILITAR

 ee las siguientes preguntas e intenta comprender todo su vocabulario. Luego, escucha o lee atentamente el texto correspondiente a esta sección (p. 299) y contéstalas, eligiendo tan sólo una de las tres opciones que se ofrecen.

☛ *El protagonista acude al Hospital Militar para*
    (a)   estudiar sus alegaciones.
    (b)   solicitar la exención del servicio militar.
    (c)   presentarse al médico.

☞ *La temperatura de aquel día era*

    (a)   *de un calor sofocante.*

    (b)   *agradable.*

    (c)   *muy suave.*

☞ *Los jóvenes civiles son*

    (a)   *detenidos por el centinela.*

    (b)   *arrestados.*

    (c)   *obligados a quedarse sin explicación alguna.*

☞ *Aproximadamente, permanecen en el hospital durante*

    (a)   *un día.*

    (b)   *dos días.*

    (c)   *una noche.*

DEBATE

¿Servicio militar obligatorio o ejército profesional? Expón tu postura y arguméntala.

Undécima Unidad

Perífrasis verbales

11

❶ *Halla y explica las construcciones formadas por* VERBO CONJUGADO + INFINITIVO/GERUNDIO/PARTICIPIO *que hay en los siguientes fragmentos.*

Así fui sabiendo que el agujero redondo se llamaba tolva, que era necesario alimentarlo con el trigo o lo que contuvieran las bolsas, que si llegaba a vaciarse ese aparato que separaba el polvo del grano, se estropearía.

«*EL trabajo de Adolfo Schlosser, sumamente convincente y plásticamente deslumbrante, queda abierto a las más ricas y fecundas sugerencias y sigue siendo hoy por hoy una de las propuestas más brillantes y más contundentes de nuestra última escultura*»

«*El talento de Argullol como escritor y hasta como fabulador es innegable. Pero el interés del relato va decayendo a medida que "La peste" proyecta sobre él su sombra, y se notan desfallecimientos en la tensión formal*»

Robert de Niro está acabado

— «Madera de boj», que lo tengo todo ya perfectamente ordenado. Hoy hablaba con mi mujer. Le dije que estaba tratando de poner orden en mi cabeza para escribir «Madera de boj». Ya es el último orden que me falta para escribir la novela. Es una novela que la tengo muy digerida, aquí (señala a la cabeza donde está poniendo orden novelesco para volver a su literatura de ficción en esa novela tan nombrada y esperada). Todo es cuestión de tiempo. Y un poco de suerte, claro, sin suerte no se llega a ningún sitio...

"Doy por perdido mi piso"

¡SALDRA GANANDO!

«*SI, estas memorias van a continuar. Espero ser capaz de hacerlo, de echar el resto y superar el último tranco. Si lo consigo, se titularían "Turno de réplica", pero para eso tengo que tener terminado mi archivo*»

Algunos analistas creen que la absorción de la colonia funciona en ambos sentidos, y señalan que el feudo de Deng se irá pareciendo cada vez más a Hong Kong

LLEVAMOS tanto tiempo hablando y escribiendo de Barradas que la referencia que hago en el título a su «redescubrimiento» —éste implícitamente actual— hasta podría parecer extemporánea.

② *Explica el sentido de la construcción* tener *+* PARTICIPIO *a partir del texto y construye frases similares.*

—¿QUÉ TE TIENE DICHO EL MÉDICO, AGUSTÍN?
¡¿QUÉ TE TIENE DICHO EL MÉDICO?!

11.1. Perífrasis verbales

➡ ESTRUCTURA:

VERBO 1 + (preposición/conjunción) + VERBO 2 (infinitivo, gerundio, participio)

>   *Pensamos denunciarlo* (V1 + infinitivo).
>   *Se quedó descansando* (V1 + gerundio).
>   *Sigue enfadada* (V1 + participio).
>   *Viene a decir lo contrario* (V1+ preposición + infinitivo).
>   *Tienes que comprenderlo* (V1 + conjunción + infinitivo).

➡ El verbo 2 aporta el núcleo de significado y el verbo 1, que pierde total o parcialmente su significado habitual, aporta el tiempo, el modo, el número y la persona. El significado de la perífrasis no es igual a la suma de sus partes; *voy a quedarme* no equivale a **voy y me quedo*. Equivale a *tengo intención de quedarme*, *me quedaré*.

➡ PRONOMBRES
Pueden ir antes o después de los dos verbos de la perífrasis, nunca en medio o separados:
>   *Vengo a contár*telo.
>   Te lo *vengo a contar*.
>   **Vengo a* te lo c*ontar*.
>   **Te vengo a contar*lo.

El comportamiento es diferente si el verbo 2 es una forma compuesta:
>   *Tendría que habérselo dicho*.
>   *Se lo tendría que haber dicho*.

11.2. Infinitivo (hablar/haber hablado)

Puede funcionar como un sustantivo verbal masculino:
>   *Fumar* (sujeto) *no es bueno para la salud*.

Su uso está admitido en instrucciones y avisos (*No entrar después de la señal*) pero se considera vulgar en la lengua informal como imperativo (**¡Mirar, ya llega el tren!*).

11.2.1. Construcciones con infinitivo

Se forman con preposiciones y si su sujeto es diferente del de la oración principal, va pospuesto:
>   *Nos fuimos a dormir* después de irse *todos los invitados*.

➡ *al, antes de*, *después de*, *hasta* + INFINITIVO

Tiempo :
> *Al salir me di cuenta de que había olvidado apagar la luz.*
> *Antes de llegar me encontré con un viejo amigo y conversamos un rato.*
> *Después de comer podríamos tomar café en la terraza.*
> *No opinaré hasta saber toda la verdad.*

➡ *Con* + INFINITIVO

Condición:
> *Con aprobar me conformo* (= si apruebo me conformo).

Concesión:
> *Con protestar no vas a solucionar nada* (= aunque protestes...).

➡ *De* + INFINITIVO

Condición:
> *De saber algo te lo diría* (=si supiera algo..).

➡ *Para* + INFINITIVO

Finalidad:
> *Hemos venido para ayudarte.*

➡ *Por* + INFINITIVO

Modo; indica que la acción aún no se ha realizado:
> *Tengo un montón de asuntos por resolver* (no resueltos).

Causa:
> *Por no querer cargar con el paraguas he vuelto empapado.*

Completa los espacios con las preposiciones adecuadas y expresa su valor.

1. .... terminar la carrera decidió pasar un año viajando .... aprender idiomas.
2. .... haber insistido, los habrías convencido.
3. .... abrir la puerta nos encontramos la casa inundada.
4. No te detengas .... conseguir tu objetivo.
5. .... acabar esta parte me considero satisfecho.
6. .... ponerte nervioso no vas a arreglar nada.
7. .... haberme enterado de que estabas enfermo te habría ido a ver.
8. No paré .... lograr que me escucharan.
9. Eso me ha ocurrido .... ser tan despistada.
10. .... hacerlo, deberíamos pensarlo dos veces.
11. Me quedan cuatro frases .... hacer.
12. Llamaba .... informarme sobre los cursos de idiomas.
13. Hemos perdido el avión .... haber salido tan tarde .
14. Ahora no tengo tiempo .... explicártelo. Te lo contaré .... volver.
15. Bebieron y rieron .... caer rendidos.

11.2.2. Perífrasis de infinitivo

➡ **FUTURO PRÓXIMO E INTENCIONALIDAD**

⟹ ***Ir a* + INFINITIVO**
Con el verbo principal en presente o pretérito imperfecto, indica posterioridad inmediata, con matiz de intención:
> *Voy a inscribirme en un curso de piano.*

Uso coloquial:
> ⟹ frases hechas:
>> *¡Qué te voy a decir!*
>> *¡Qué le vamos a hacer!*
> ⟹ ruego, orden:
>> *No vayas a venir sin avisarme antes* (=no vengas sin...).

⟹ ***Pensar* + INFINITIVO**

Intencionalidad futura:
> *Pienso negarme a aceptar esa norma* (= voy a negarme...).

⟹ ***Tratar de* + INFINITIVO**

Intención:
> *Estamos tratando de convencerla para que cambie de coche.*

⟹ ***Venir a* + INFINITIVO**

Intención:
> *Vengo a informarme.*

➡ **COMIENZO DE ACCIÓN**

⟹ ***Darle a uno por* + INFINITIVO**
Comenzar una acción que sorprende o extraña:
> *Le ha dado por escribir un libro.*

⟹ ***Echar(se) a* + INFINITIVO** (*andar, correr, llorar, nadar, reír, temblar, volar*)
Comienzo brusco de acción:
> *Cuando se lo dijeron se echó a temblar.*

⟹ ***Empezar (comenzar***, más formal) ***a* + INFINITIVO**
> *Empezará a trabajar en la nueva empresa el lunes.*
> *En cuanto entramos comenzó a llover.*

⟹ ***Estar a punto de* + INFINITIVO**
Inminencia de la acción:
> *Estuvo a punto de perder los estribos.*

➠ *Meterse a* **+** INFINITIVO

Empezar una acción para la que no se tienen aptitudes:
> *Se metió a arreglar el motor y claro, terminó de romperlo.*

➠ *Ponerse a* + INFINITIVO

Comienzo de acción:
> *Cuando el perro lo vio se puso a ladrar.*

➠ *Romper a* + **infinitivo** (*llorar, reír*)

Más culto que *echarse a*; indica comienzo brusco de acción:
> *Rompió a reír al verlo disfrazado.*

➡ **TERMINACIÓN**

➠ *Acabar de* **+** INFINITIVO

Acción inmediatamente anterior:
> *Acabamos de enterarnos de que hoy es tu cumpleaños. ¡Felicidades!*

➠ *Acabar por* **+** INFINITIVO

Equivale a *acabar* + GERUNDIO:
> *Acabó por hartarse de tanto esperar (= acabó hartándose, al final se hartó).*

➠ *Dejar de* **+** INFINITIVO

Terminación de una acción que se producía de modo habitual:
> *Deja de molestarme, que tengo un montón de trabajo.*

Coloq. *no dejar de* + INFINITIVO en forma imperativa indica consejo, ruego, petición:
> *No dejes de avisarme* (=avísame) *si tienes algún problema.*

➠ *Llegar a* **+** INFINITIVO

Terminación de una acción como algo extremo (positivo o negativo, con valor intensificador y como final de un proceso):
> *Llegaron a insultarla.*
> *Llegó a dar la vida por sus ideales.*

➡ **OBLIGACIÓN**

➠ *Deber* + INFINITIVO
> *Deberíamos empezar cuanto antes los preparativos de la fiesta.*

➠ *Haber* (3ª persona)+ *que* **+** INFINITIVO

Obligación, pero con matiz de impersonalidad:
> *Hay que olvidarse de los malos momentos.*

Coloq.

⮡ orden indirecta:
Hay que ser más puntual, ¿eh?

⮡ expresiones:
¡Hay que ver cómo eres! (= ¡vaya, cómo eres!).

➠ **Haber de** + INFINITIVO

⮡ obligación; es una forma más propia de la lengua escrita:
Hemos de encontrar una solución.

⮡ probabilidad:
Dice que peligra su empleo, y ha de ser verdad, pues he oído en la radio que su empresa está en quiebra (=probablemente es verdad).

➠ **Tener que** + INFINITIVO
Tienes que ser realista y asumir lo que ha ocurrido.

➥ **REPETICIÓN**

➠ **Volver a** + INFINITIVO
Ayer volví a soñar lo mismo; ¿significará algo?

➥ **SUPOSICIÓN O APROXIMACIÓN**

➠ **Venir a** + INFINITIVO
Aproximación:
Viene a decir lo mismo que el otro libro (=dice aproximadamente lo mismo que el otro libro).

➠ **Deber de** + INFINITIVO
Probabilidad, suposición:
Deben de tener 15 años en esa fotografía.

➥ **OTROS VALORES**

➠ **Estar para** + INFINITIVO: 'estar a punto de'.
Está para nevar.

➠ **Estar por** + INFINITIVO
⮡ Con sujeto de cosa, carencia, acción que no se ha realizado aún:
La sala está por barrer.
⮡ Con sujeto animado, intención:
Estoy por irme.

➠ ***Pasar a*** + INFINITIVO

⇨ Transición de una acción a otra:

En cuanto acabe la explicación pasaré a contestar tu pregunta.

⇨ Col. *pasar de* + INFINITIVO: 'no importar algo, desinteresarse por algo'.

Paso de ir; estoy harto de reuniones.

➠ ***Quedar en*** + INFINITIVO

'Acordar':

Hemos quedado en llamarlos a las ocho.

🌓

✎ **Completa cada espacio en blanco con una perífrasis de infinitivo y explica su valor; intenta que todos sean diferentes.**

1. En septiembre (nosotros) .... recorrer en coche toda la costa occidental del país.
2. No (yo) .... permitir que se aprovechen de ti.
3. (Nosotros) .... encontrarnos en la cafetería a las seis.
4. Un virus ha corrompido completamente el documento.(Yo) .... rehacerlo cuanto antes.
5. (Ella) .... dejar aquel empleo. Trabajaba una barbaridad y le pagaban poquísimo.
6. .... granizar precisamente cuando estábamos saliendo.
7. (Ellas) .... reír al enterarse de que todo había sido una broma.
8. Ya (nosotros) .... lijar la mesa, así que ahora (nosotros) .... pintarla.
9. Hace algún tiempo (a él) .... hacerse vegetariano, pero lo dejó por puro aburrimiento.
10. No deberías .... opinar sobre cosas que no conoces.
11. .... haber habido algún accidente. Este atasco no es normal.
12. El periódico .... decir lo mismo que ya sabíamos.
13. Si (vosotros) .... andar ahora, llegaréis antes de que anochezca.
14. (Nosotros) .... dudar de su integridad.
15. Si pasas por aquí no (tú) .... visitarme. ✎

✎ **Sustituye lo subrayado por una perífrasis de infinitivo:**

16. <u>Se ha encaprichado en guardar</u> todas las cajas de cerillas que encuentra y ya no tiene dónde meterlas.

   ....

17. <u>Es increíble, ha pintado</u> el coche de morado.

   ....

18. <u>Deberías comprender</u> nuestras razones.

   ....

19. <u>Al final se resignó a vivir</u> en una casa que no le gustaba.

   ....

231

20. <u>Incluso suplicó</u> que le dieran otra oportunidad.

....

21. <u>No digas más</u> incongruencias.

....

22. <u>Toca otra vez</u> esa balada. Es mi canción favorita.

....

23. <u>Teníamos ganas de llamarte</u> pero al final no nos decidimos.

....

24. <u>No nos interrumpáis más.</u> Vamos muy mal de tiempo.

....

25. El viaje <u>nos costó aproximadamente</u> lo mismo que a ti.

....

26. Al ver la muñeca rota <u>empezó a llorar</u> desconsolada.

....

27. <u>No arregles</u> el enchufe, no tienes ni idea de electricidad.

....

28. <u>Hemos intentado convencerla</u> de que vaya al médico pero se niega en redondo.

....

29. <u>Es necesario informar</u> a todo el mundo de lo que ha pasado.

....

30. <u>Me he despertado hace un momento</u> y aún no estoy muy lúcido. Cuéntamelo más tarde.

....

11.3. Gerundio (hablando, habiendo hablado)

11.3.1. Construcciones con gerundio

➡ Puede equivaler a un adverbio, y suele expresar:

➡ modo:
> *Siempre habla gritando.*

➡ tiempo:
> ⇨ simultaneidad
> > *Viendo (al ver) lo mal que estaba el camino, cambió de ruta.*
> ⇨ posterioridad

> • gerundio compuesto
> > *El comité, habiendo estudiado (después de estudiar) todas las peticiones, eligió a los tres representantes más idóneos.*

> • gerundio simple (poco recomendado)
> > *Debido a su enfermedad tuvo que abandonar el deporte, volviendo (y volvió) a él meses después.*

➡ El gerundio puede complementar al CD de algunos verbos de sentido (*oír, ver...*), entendimiento (*recordar, distinguir...*) o representación gráfica (*pintar, fotografiar...*):
> *Vieron a los ladrones huyendo (que huían) en una camioneta.*

Sin embargo, esto puede dar lugar a ambigüedades:
> *Oí a Lourdes hablando (ella/ yo) por teléfono.*

➡ Usos COLOQUIALES

◗ puede expresar una orden indirecta:
> *¡Ya te estás callando! ¡Andando!*

◗ puede suprimirse *estar* en perífrasis de gerundio:
> *¡Siempre (estás) divirtiéndote! La verdad es que no pierdes el tiempo.*

➡ El uso excesivo del gerundio se considera un error de estilo en español.

●

Algunas de las siguientes frases presentan usos incorrectos del gerundio ¿Cuáles? ¿Por qué?

1. Encontramos a Luisa paseando en bicicleta.
....

2. La chica paseando en bicicleta era mi prima.
....

3. Tiramos las naranjas estando podridas.
....

4. Hablando se entiende la gente.
....

5. Hablando es la mejor manera de desahogarse.
....

6. Vino corriendo y toda sofocada.
....

7. Creo que olvidando no es fácil.
....

8. Creo que olvidándolo serías más feliz.
....

9. Viajando es como mejor nos lo pasamos.
....

10. Viajando es todo un placer.
....

11. Hemos escuchado una noticia comentando el atentado de esta mañana.
....

12. Se quemó con aceite hirviendo.
....

13. Anoche vimos la cabaña ardiendo.
....

14. Comiendo tanto sólo conseguirás ponerte como una foca.
....

15. Jugando al mus es su pasatiempo favorito.
....

11.3.2. Perífrasis de gerundio

➡ **DURACIÓN**

⟶ *Andar* + GERUNDIO
Sustituye a *estar* + GERUNDIO cuando existe cierto matiz de

⇨ contrariedad, reproche:
Siempre andas quejándote de tu mala suerte.

⇨ despreocupación, casualidad:
¿Qué haces últimamente?
Pues ando buscando trabajo.

⟶ *Estar* + GERUNDIO
Es la más frecuente de las perífrasis de gerundio:
Hemos estado conversando toda la mañana.

⟶ *Ir* + GERUNDIO
⇨ Sustituye a *estar* + GERUNDIO con matiz de lentitud:
Vamos aceptando la situación (=poco a poco).

⇨ Coloq. En imperativo, inicio de acción:
Vete poniendo el coche en marcha, que yo voy en seguida.

⟶ *Llevar* + EXPRESIÓN DE TIEMPO + GERUNDIO
Expresa el desarrollo de una acción que comienza en el pasado y continúa en el presente:
Llevo veinte minutos esperando el autobús (= he estado esperando...).

Coloq. *tirarse* + EXPRESIÓN DE TIEMPO + GERUNDIO
Es muy informal y no se usa en América por el significado tabú de este verbo:
Nos tiramos toda la clase hablando.

⟶ *Quedarse* + GERUNDIO
Indica permanencia, continuidad:
Se quedó durmiendo toda la tarde porque había trasnochado.

⟶ *Seguir/Continuar* + GERUNDIO
Idea de continuación de una acción comenzada anteriormente:
Sigo (continúo) creyendo que habéis hecho lo más adecuado.

⟶ *Venir* + GERUNDIO

⇨ Equivale a *llevar* + GERUNDIO pero con matiz de repetición o progresión y origen en el pasado:
Vienen anunciando el concierto desde el mes pasado.

⇨ Aproximación; equivale a *venir a* + INFINITIVO:
Viene costando unas veinte mil pesetas.

➡ **COMIENZO O TERMINACIÓN**

➡ *Salir* + GERUNDIO

⇨ Con *perder* y *ganar* expresa resultado final:
   Salió ganando con el cambio.

⇨ Con *decir* (y otros verbos de lengua: *contar, quejarse...*) expresa sorpresa, acción inesperada:
   Salió diciendo que la habíamos engañado.

➡ *Acabar* + GERUNDIO
   Expresa el final de un proceso:
   Acabé aceptando la oferta (= finalmente, acepté...)

✎ **Completa las siguientes frases con perífrasis de gerundio.**

1. (Él, trabajar) .... toda su vida y ahora que se ha jubilado no sabe qué hacer con tanto tiempo libre.
2. Nosotros nos fuimos porque teníamos prisa pero los demás (charlar) .... toda la velada.
3. Al final (ellos, admitir) .... que se habían equivocado.
4. Como no tiene mucho tiempo (decorar) .... el apartamento poco a poco, en los ratos libres.
5. (Nosotros, cenar) .... en casa porque estaban todos los restaurantes llenos.
6. (Yo, jugar) .... a la quiniela hasta que me toque.
7. (Yo, intentar) .... comunicar contigo varias horas.
8. Como aún no tienen bastante para comprar el piso, (ellos, ahorrar) ....
9. Cambió su coche por otro nuevo pero (él, perder) .... porque ya se le ha averiado dos veces en lo que va de mes.
10. La dirección (avisar) .... de las restricciones salariales desde fines del año pasado.
11. (Ellos, discutir) .... toda la mañana. No sé qué les pasa.
12. Después de las siete nos vinimos de la playa, excepto Javier y Paco, que (jugar) .... al fútbol con unos amigos que encontraron.
13. (Ella, estudiar) .... francés muchos años pero no lo habla.
14. (El, decir) .... que va a vender todo para irse a vivir al extranjero.
15. (Nosotros, escribir) .... las direcciones en los sobres. Tú podrías (poner) .... las tarjetas dentro.
16. (Tú, hablar) .... por teléfono 45 minutos. Cuelga ya, que espero una llamada importante.
17. (Ella, dormir) .... toda la tarde. Esta noche tendrá insomnio.
18. Siempre (ellos, quejarse) .... de su mala suerte.
19. (Ella, contar) .... una historia increíble para justificarse.

20. Al final (nosotros, bailar) .... en una discoteca.
21. (Vosotros, preparar) .... los documentos, que en unos minutos bajaré a firmarlos.
22. A pesar de todo (nosotros, pensar) .... que no hay otra salida.
23. Hoy (tú, perder) .... el tiempo todo el día. Después no digas que estás agobiada.
24. (Ellos, ir) ....a la cita, aunque no tenían muchas ganas.
25. Siempre (ella, compadecerse) .... a sí misma.
26. Poco a poco (nosotros, acostumbrarnos) .... a este barrio, pero nos gustaba más el otro.
27. No me apetece ir con vosotros. Prefiero (yo, leer) .... toda la tarde.
28. Le he comentado que no me parece honesto (calumniar) ....a la gente.
29. Mientras termino en la cocina (tú, poner) .... la mesa, por favor.
30. La policía (investigar) .... su posible vinculación con el robo de ayer.

11.4. Participio (hablado)

➡ Puede funcionar como un adjetivo:
> *Está muy contenta* (adjetivo)/*satisfecha* (participio) *con los resultados.*

11.4.1. Construcciones con participio

➡ PARTICIPIO ABSOLUTO
Se usa en el lenguaje formal o escrito para indicar un tiempo anterior al del verbo principal:
> *Una vez detenidos los sospechosos, la población se serenó.*

11.4.2. Perífrasis de participio

Su valor general es el de acción terminada, y el participio mantiene la concordancia en género y número con el sustantivo al que se refiere (excepto en las formas compuestas de la conjugación, con *haber*).

⟹ *Andar +* PARTICIPIO
Sustituye a *estar +* PARTICIPIO y también expresa estados físicos, psíquicos y emocionales. Se construye con sujeto animado:
> *Le gusta andar descamisado.*
> *Esa profesora siempre anda dormida.*
> *Miguel y María andan enamorados.*

⟹ *Dar por +* PARTICIPIO
Indica que el sujeto considera la acción terminada:
> *Esta lección la doy por explicada.*

➡ Dejar + PARTICIPIO
➪ Expresa la consecuencia de una acción anterior:
La gripe me ha dejado debilitado/ cansado/ agotado...

➡ Estar + PARTICIPIO
➪ Resultado:
Están preparados desde las siete.

➡ Ir + PARTICIPIO
➪ Sustituye a *estar* + PARTICIPIO y expresa estados físicos, psíquicos y emocionales:
La carta va (viene) escrita con tinta roja.
Suele ir distraído pensando en sus cosas.

➡ Llevar + PARTICIPIO
➪ Equivale a *haber* + PARTICIPIO pero con sentido acumulativo:
Llevamos explicadas 10 lecciones.

➡ Quedar + PARTICIPIO
➪ Resultado:
Este asunto quedará decidido mañana.

➪ Coloq. Uso pronominal (*quedarse*):
Se quedó encantada.

➡ Seguir + PARTICIPIO
➪ Sustituye a *estar* + PARTICIPIO con idea de continuidad de algo que tuvo su origen en el pasado:
Sigue preocupada por lo que le dijimos.

➡ Tener + PARTICIPIO (DE VERBO TRANSITIVO)

➪ Terminación (*tener=haber*):
Tenía pensado (=había pensado) quedarme toda la semana .

➪ Acumulación:
Tienen publicadas tres ediciones.

➪ *Coloq.* advertencia:
Te tengo dicho (avisado, advertido...) que me llames con tiempo antes de contar conmigo para una cita.

➡ Verse + PARTICIPIO
Llegar involuntariamente a una situación límite o extrema:
Nos vimos arrastrados por la multitud.
Se vio obligado a tomar una decisión drástica.

Usa una perífrasis de participio adecuada para cada frase:

1. Las imágenes del terremoto nos .... muy impresionados.
2. (Ella) .... concluida su intervención con un brindis.
3. (Nosotros) .... resignados a que no nos renueven el permiso de estancia en el país.
4. (Él) ya .... avisados a todos sus amigos para su fiesta de cumpleaños.
5. (Yo) .... leídas 57 páginas de esta novela, y aún no sé de qué trata. Es un rollo.
6. El motor .... estropeado. Tendremos que volver a ir al taller de reparaciones.
7. (Ella) .... emocionada cuando le entregaron el ramo de flores.
8. Suele .... vestida de verde. Es su color favorito.
9. (Nosotros) .... gastados tres botes de pintura y todavía no hemos acabado.
10. (Él) .... enloquecido con las obras que están realizando en su edificio. No soporta vivir con tanto ruido.
11. Dijo que nos regalaría el cuadro que estaba pintando cuando lo .... terminado.
12. La cita .... fijada para el jueves de la próxima semana.
13. La cerradura de mi despacho .... estropeada. No funciona desde hace días y por más que lo pido no me la arreglan.
14. El bosque .... calcinado a causa del incendio de la semana pasada.
15. Todos .... enfurecidos con la nueva medida de la administración.
16. Este reloj .... atrasado.
17. Tras la confesión del último testigo, todo .... aclarado.
18. (Él) .... obligado a tomar una decisión drástica.
19. Estas reuniones tan largas me .... agotado.
20. Las ventanas .... pintadas de blanco.
21. (Yo) .... pensado ir a la feria de antigüedades el próximo martes.
22. (Vosotros) .... recorridos ya muchos kilómetros.
23. La batalla .... perdida.
24. (Nosotros) .... aprobadas tres asignaturas.
25. (Yo) .... muy cansado últimamente, quizá necesite vitaminas.

RECAPITULACIÓN.

Forma frases con las siguientes estructuras y explica las diferencias;

26. Quedar + PARTICIPIO...
    Quedarse + PARTICIPIO..
    Quedar en + INFINITIVO..
    Quedarse + GERUNDIO...
    Quedarse + ADJETIVO ....
27. Ir a + INFINITIVO...
    Ir + GERUNDIO...
    Ir + PARTICIPIO..
    Ir + ADJETIVO ....
28. Venir + GERUNDIO..
    Venir + PARTICIPIO..
    Venir a + INFINITIVO...

29. Acabar de + INFINITIVO..
    Acabar por + INFINITIVO..
    Acabar+ PARTICIPIO..
    Acabar + GERUNDIO...
30. Dar por + PARTICIPIO..
    Darle a uno por + INFINITIVO...
    Dárselas de + ADJETIVO..
31. Haber que + INFINITIVO..
    Haber de + INFINITIVO..
    Deber + INFINITIVO...
    Deber de +INFINITIVO...
32. Estar para + INFINITIVO...
    Estar por+ INFINITIVO..
    Estar al + INFINITIVO...
    Estar sin + INFINITIVO...
    Estar a punto de + INFINITIVO...
    Estar + GERUNDIO..
    Estar + PARTICIPIO ....
33. Llevar + PARTICIPIO...
    Llevar + GERUNDIO...
34. Andar + PARTICIPIO...
    Andar + GERUNDIO...
35. Pasar a + INFINITIVO ....
    Pasar de + INFINITIVO ....

Actividades

1. Explica los usos de infinitivo, gerundio y participio presentes en el siguiente texto periodístico.

Transparencia

La mala conciencia ecológica de Occidente sigue dando lugar a propuestas sorprendentes. Un estudio de una consultora, por encargo del Gobierno holandés, ha concluido que el principal enemigo del medio ambiente no son las grandes empresas, sino el ciudadano de a pie, comprando, consumiendo y ensuciando en sus millones de pequeños nichos (ecológicos). Lo que se propone como modelo es el hábito mediterráneo de que las familias salgan de paseo al caer la tarde y coman algo por ahí. 'Cenar fuera ayuda a salvar la tierra', titula la noticia *The Independent*. Este periódico acaba de dar otro dato estremecedor: si los cuerpos de los vegetarianos norteamericanos fueran exportados a la CEE como alimento, su carne sería declarada no apta para el consumo por su elevado contenido de tóxicos (que los pobres consumidores ingieren tanto si quieren como si no). Mientras tanto, el urbanita es controlado con procedimientos cada vez más orwellianos: el *International Herald Tribune* cuenta cómo en Tokio acaba de salir una ley que obliga a usar bolsas de basura transparentes y con el nombre del dueño, con el fin de que se pueda supervisar si separa adecuadamente los materiales reciclables de los que no lo son. Incluso en una población disciplinada, la medida ha provocado fuerte oposición.

239

2. Narra la siguiente historia usando perífrasis. Reflexiona sobre el uso del gerundio que aquí encontramos.

3. Halla el gazapo:

En el español de Argentina, Uruguay y Paraguay

❏ las zonas del interior, son más conservadoras, presentan mayor tensión de *s*, distinción entre *ll* e *y*, asibilación de *rr*.
❏ se usa el pronombtre *tú* para la segunda persona de singular.
❏ en el caso de Paraguay, conviven el español y la lengua original aborigen, el guaraní.

La dictadura de la imagen

La arruga es bella

ROSA MONTERO

l otro día vi en televisión, en una tertulia, a un puñado de mujeres conocidas: folclóricas, artistas, señoras de la prensa del corazón. Todas ellas tenían de media edad para arriba; y a todas ellas les descubrí, de súbito, unos morros prominentes y abultados que no tenían nada que envidiar a los de Mick Jagger. Me sorprendió semejante magnificencia labial, que no recordaba en absoluto que antes tuvieran; y, fijándome mucho, y haciendo un esfuerzo de memoria por reconstruir la boca anterior de esas mujeres, comprendí al fin que todas ellas habían pasado por las manos del esteticista y se habían inyectado el labio superior con silicona o con colágeno, hasta dejárselo tal cual el de Lumumba -o el de Madonna, que también se ha hecho el rellenado.

Que quede claro, en primer lugar, que una no es de piedra; y que a todas nos afecta, y desespera, esa insensata tendencia de las carnes a desplomarse con el paso del tiempo, así como las arrugas, las patas de gallo, la celulitis, las canas o las ojeras. Y es que es difícil sustraerse a la presión social y a esa feroz exigencia del ambiente que obliga a las mujeres a parecer pimpollos aunque hayan cumplido ya los 60 años. Y así, hay que echar el bofe haciendo gimnasia, y vendarse cual momia embadurnada en potingues indecibles, y empacharse de asquerosas comidas dietéticas. Somos débiles, y la dictadura de la imagen exterior es demasiado dura.

Pero habría que empezar a reaccionar, sería conveniente poner límites. La conocida Laly Ruiz, que sabe mucho de salud y estética, me escribió hace poco contándome los destrozos que ella ve llegar a su gimnasio. Sobre todo ahora, en primavera, dice Laly, porque algunas mujeres, pensando que el verano se aproxima y que han de mostrar al mundo la carnecita, se arrojan en los brazos de los cirujanos, se cortan, se pinchan, se chupan las grasas, se agujerean por aquí y por allí, se rebanan la papada, se sacan lonchas de cadera o de barriga, se meten siliconas en el pecho o se hacen bodoques en las nalgas.

Son intervenciones a menudo muy violentas para el organismo, tienen riesgos, pueden traer complicaciones y a veces, encima, salen mal. Laly cuenta cómo las mujeres le llegan con los cuerpos maltratados, recosidos, deteriorados; y cómo le preguntan si hay algún modo de recomponer el estropicio. Esta fiebre de cortarnos y

241

estrujarnos y pincharnos debe de ser algo enfermizo y desde luego una tragedia, porque lo que en el fondo indica es nuestra incapacidad como mujeres para hacer aceptar nuestra propia identidad, para querernos como somos.

Otra cosa es que cada cual, hombre o mujer, intente conservarse bien, ágil, atractivo y sano. Pero el atractivo de las mujeres, ¿ha de pasar necesariamente por esa porfía carnicera e inútil para parecer que una tiene eternamente 20 años? De todos es sabido que a los hombres se les admiten las arrugas, las canas y ese rostro único que el tiempo y la vida van tallando sobre la piel impersonal de la juventud. Las mujeres, sin embargo, se hacen invisibles en algún punto impreciso de su camino entre los 40 y los 50 años. Un día se levantan y no las mira nadie: no cuentan, se borran, cae sobre ellas la bruma de la inexistencia. Entonces, si tienen dinero y angustia suficiente, corren al cirujano más próximo y se cortan unas cuantas tajadas de lo que sea para poder volver a existir en la mirada de los ojos de los hombres.

Esta es una llamada a la insumisión frente a esta penosa dictadura. Y es también una palabra de aliento: porque creo que la situación puede cambiar, que de hecho está cambiando. ¿Por qué las mujeres sólo *existen* en tanto en cuanto se parecen a un modelo único de muchacha bella? Porque las imágenes públicas de mujer que hemos recibido hasta ahora sólo eran así: chicas guapas y tiernas. Únicamente las actrices, las cortesanas, las cantantes, jugaban un rol en la sociedad. Y tenían que ser hermosas y jóvenes, o al menos parecerlo. El único lugar público que se le concedió a la mujer en el mundo tradicional fue el de la belleza.

Pero ahora todo eso es diferente. Ahora hay mujeres profesionales, políticas y abogadas, artistas, empresarias. Empezamos a verlas en televisión, en los periódicos, con 50 ó 60 años, vivas e inteligentes, activas y capaces: tan llenas de existencia como los hombres y perfectamente visibles, pese a haber traspasado la frontera antes fatal, el punto de desaparición y no retorno. Todas esas mujeres, y las que vendrán, son modelos en los que las sociedades se reconocen. Y estos modelos van cambiando, profunda y sutilmente, la manera en que nos percibimos a nosotros mismos. Admitamos, en fin, que el vivir envejece y que la arruga es bella.

El País Semanal

bodoque: abultamiento, hinchazón.
embadurnar: untar, ensuciar, pintarrajear.
empachar: causar saciedad o indigestión.
pimpollo: persona joven que se distingue por su belleza.
rebanar: cortar algo de una parte a otra.
tajada: parte cortada de una cosa, especialmente comestible.

• *Cuestiones* •

✪ *Folclórica* es un vocablo que a menudo se escribe incorrectamente: **folklórica*. Las confusiones fonéticas y ortográficas se dan con muchos términos; elige la opción adecuada de cada uno de los siguientes pares de palabras:

elite/élite
nylon/ nailon
inflación/inflacción
ingerencia/injerencia
con tal de que/ con tal que
contusionar/contundir
contra reloj/contrarreloj
corporizar/corporificar
frustrar/fustrar
riesgoso/arriesgado
cónyuge/cónyugue

humidificar/humedecer
imbatible/invencible
inflingir/infligir
preliminar/liminar
maledicente/maldiciente
provisional/provisorio
pseudónimo/seudónimo
fuertísimo/fortísimo
similaridad/similitud
implementar/equipar
tiernísimo/ternísimo

❖ Explica las siguientes expresiones:

prensa del corazón
de media edad para arriba
morros prominentes
patas de gallo
echar el bofe
potingue
de todos es sabido
desde luego

❖ *Patricio Lumumba* es el nombre de un célebre libertador africano. En general, hay muchos personajes famosos, reales o ficticios, que han dado lugar a expresiones de la lengua. Explica las que siguen:

lazarillo
quijotesco
celestina
tenorio, donjuán, donjuanesco
kafkiano
dantesco
pantagruélico
guillotina
anfitrión
hermetismo
goliardo
morfina
afrodisíaco
pánfilo
espada de Damocles
rocambolesco
salomónico

❖ Halla y explica los gerundios, participios y perífrasis del texto.

❖ Explica el valor del pronombre en la expresión *las mujeres le llegan.*

243

Expresión

• Redacta una composición sobre la importancia de la imagen en la sociedad actual y las anécdotas que conozcas sobre el tema.

E scrita

Y aguaí vio lo que era; e instantáneamente, en plena barbarie de bosque tropical y miseria, surgieron los ojos brillantes, el rabo alto y duro, y la actitud batalladora del admirable perro inglés. Hambre, humillación, vicios adquiridos, todo se borró en un segundo ante las ratas que salían de todas partes. Y cuando volvió por fin a echarse en el rancho, ensangrentado, muerto de fatiga, tuvo que saltar tras las ratas hambrientas que invadían literalmente la casa.

Fragoso quedó encantado de aquella brusca energía de nervios y músculos. Comprendió también de dónde provenía aquella nefasta invasión, y con larga serie de juramentos en voz alta, dio su maizal por perdido. ¿Qué podía hacer Yaguaí solo? Fue al rozado, acariciando al fox-terrier, y silbó a sus perros; pero apenas los rastreadores de tigres sentían los dientes de las ratas en el hocico, chillaban, restregándolo a dos patas. Fragoso y Yaguaí hicieron solos el gasto de la jornada, y si el primero sacó de ella la muñeca dolorida, el segundo echaba al respirar burbujas sanguinolentas por la nariz.

En doce días, a pesar de cuanto hicieron Fragoso y el fox-terrier para salvarlo, el rozado estaba perdido. Las ratas saben muy bien desenterrar el grano adherido aún a la plantita. El tiempo, otra vez de fuego, no permitía ni la sombra de nueva plantación, y Fragoso se vio forzado a ir a San Ignacio en busca de trabajo, llevando al mismo tiempo su perro a Cooper. Lo hacía con verdadera pena, pues las últimas aventuras, colocando al fox-terrier en su verdadero teatro de caza, habían levantado muy alta la estima del cazador por el perrito blanco.

En el camino, el fox-terrier oyó, lejanas, las explosiones de los pajonales del Yabebirí ardiendo con la sequía; vio a la vera del bosque a las vacas que soportando la nube de tábanos empujaban los catiguás con el pecho, avanzando montadas sobre el tronco arqueado hasta alcanzar las hojas. Vio las rígidas tunas del monte tropical dobladas como velas; y sobre el brumoso horizonte de las tardes de treinta y ocho y cuarenta grados, volvió a ver el sol cayendo asfixiado en un círculo rojo y mate. Media hora después entraban en San Ignacio. Siendo ya tarde para llegar hasta lo de Cooper, Fragoso aplazó para la mañana siguiente su visita. Los tres perros, aunque muertos de hambre, no se aventuraron mucho a merodear en país desconocido, con excepción de Yaguaí, al que el recuerdo bruscamente despierto de las viejas carreras delante del caballo de Cooper llevaba en línea recta a casa de su amo.

catiguá: árbol propio de Argentina.
rozar: sembrar.
sanguinolento: sangriento.
tábano: insecto que ataca principalmente a las caballerías.
tuna: chumbera (planta).

➤ **Horacio Quiroga** *(Argentina),*
Yaguaí

CUESTIONES

❦ Analiza las siguientes construcciones de infinitivo y participio, presentes en el texto.

> volvió a echarse
> tuvo que saltar
> quedó encantado
> dio su maizal por perdido
> para salvarlo
> estaba perdido
> se vio forzado
> volvió a ver

❦ Identifica los gerundios contenidos en este fragmento y explica su uso.

❦ *Media hora después entraban en San Ignacio.* ¿Por qué usa el autor aquí el pretérito imperfecto?

❦ Busca palabras que puedan sustituir a las siguientes en el texto sin que varíe esencialmente el significado.

> instantáneamente
> miseria
> surgieron
> se borró
> brusca
> hocico
> estima
> se aventuraron

GASTRONOMÍA

ee las siguientes preguntas e intenta comprender todo su vocabulario. Luego, escucha o lee atentamente el texto correspondiente a esta sección (p. 300) y contéstalas, eligiendo tan sólo una de las tres opciones que se ofrecen.

☞ *Quien llamó al olivo "sangre de la tierra" fue*

    (a)   *Miguel Hernández.*

    (b)   *Gabriela Mistral.*

    (c)   *Federico García Lorca.*

☞ *Las ramas verdes del olivo simbolizan*
>   *(a)   la virtud de los grandes hombres.*
>   *(b)   la paz.*
>   *(c)   las bellas artes.*

☞ *El origen mítico del aceite de oliva se remonta a*
>   *(a)   Beocis.*
>   *(b)   Ariastes.*
>   *(c)   Atenea y Poseidón.*

☞ *Las propiedades curativas y purificadoras del aceite son reconocidas por*
>   *(a)   el Viejo Testamento.*
>   *(b)   Hipócrates y Plinio.*
>   *(c)   Hipócrates, Plinio y la Biblia.*

DEBATE

Comenta los hábitos gastronómicos de tu país y comparálos con los de otras culturas.

Duodécima Unidad

Preposiciones

12

❶ *Muchos verbos exigen ser usados con una preposición determinada. Extrae los verbos de uso preposicional de los siguientes fragmentos de prensa y añade los que tú conozcas.*

Analista bursátil

No basta con devaluar

Mi rechazo a cualquier celebración especial que tenga relación con la condición femenina se ha transformado en fastidio visceral y en aburrimiento mortecino

② *Utiliza en frases correctas las expresiones preposicionales que aquí te ofrecemos.*

DE

de bote en bote, Méx. hasta el tope
de buenas a primeras, de golpe, de repente Ven. Col. en un improviso
de cabo a rabo
de capa caída
de categoría, Riopl. de número, Col. de oro, Arg. de mentas
de gorra
de mal en peor
de mala muerte
de moda
de ningún modo, de ninguna manera
de pacotilla
de padre y muy señor mío
de punta en blanco
de tres al cuarto
de una pieza

A

a bocajarro, Am. a boca de jarro
a capa y espada
a ciegas
a ciencia cierta
a diestro y siniestro
a duras penas
a empellones
a escote, a la romana, Am. a la americana; al aleluya,
cada quien paga la suya; Col. americanamente
a espaldas de
a hurtadillas
a la chita callando
a las mil maravillas
a las tantas
a más no poder, Ch. sacarse los zapatos
a ojo de buen cubero
a quemarropa
a rajatabla
a salto de mata
a solas
a tiro hecho
a tontas y a locas
a trancas y barrancas

❸ *Haz lo mismo con las que aparecen en los siguientes recortes de prensa.*

EMPRESAS

A rienda suelta

Para una vez que tenemos una buena historia de amor, y no de sangre, la Guardia Civil detiene a los culpables de ese amor. La aventura sólo ha durado una semana. Nos ha dejado con un palmo de narices.

"Hay que introducir aire fresco. Si hace falta, hay que abrir el partido a codazos"

El poder del Gobierno queda reducido a la figura inexperta y arbitraria de un «alcalde, único funcionario, máxime autoridad y representante de un poder demasiado lejano como para provocar temor».

Por los pelos

El sector de peluquería mueve en España un negocio de 240.000 millones de pesetas

12.1. Preposiciones: tiempo y espacio

Ya en la unidad 8 del método del nivel intermedio hemos estudiado las preposiciones más problemáticas. Ahora intentaremos sistematizar y contrastar los valores comunes más relevantes -tiempo y espacio- así como reiterar los usos de *por* y *para*, siempre conflictivos, y aportar listados de los verbos preposicionales de uso más frecuente.

12.1.1. Tiempo

➡ TIEMPO EXACTO

➡ *a*: hora; edad; *estar a* + fecha, día de la semana.
> *Se ofrecerá un cóctel **a** las 9.*
> ***A** los quince años se escapó de su casa.*
> *Estamos **a** siete de marzo/ **a** martes.*

➡ *en*: mes, estación, año, época determinada.
> ***En** octubre comenzará el nuevo curso.*
> ***En** verano solemos ir al norte.*
> ***En** 1992 hubo una exposición universal en Sevilla.*
> ***En** Semana Santa nos mudaremos.*

➡ TIEMPO APROXIMADO

➡ *por*: época.
> *Te lo entregaré **por** Navidad.*

➡ *hacia*: fecha, hora.
> *Te lo entregaré **hacia** el 20 de diciembre.*

➡ *sobre*: hora.
> *Te lo entregaré **hacia/sobre** las siete.*

➡ PERIODICIDAD

➡ *por* + UNIDAD DE TIEMPO
➡ *a*+ ARTÍCULO + UNIDAD DE TIEMPO
> *Nos vemos dos veces **a** la /**por** semana.*

➡ EXPRESIONES

➡ *de día/noche/madrugada*
> *Estoy tan cansada que ya no sé si es **de** día o **de** noche.*

➡ *por la mañana/la tarde/la noche*
> ***Por** la noche acabé el trabajo y lo entregué **por** la mañana al profesor.*

➠ *a mediodía/ medianoche*
> *A mediodía hace demasiado calor para pasear.*

➥ **PERÍODOS DE TIEMPO**

➠ *durante*: duración.
> *Nos veremos muchas veces **durante** el congreso.*

➠ *a*+ ARTÍCULO +MEDIDA DE TIEMPO: posterioridad.
> *A las dos horas salió de allí.*

➠ *en* + MEDIDA DE TIEMPO: tiempo invertido en una acción.
> ***En** unos minutos preparó el equipaje.*

➠ *para*: plazo.
> *Necesitamos que nos entregues los planos ya terminados **para** el lunes.*

➠ *hasta*: límite temporal.
> *No te llamaremos de nuevo **hasta** el mes próximo.*

➠ *desde*: inicio.
> *Estaremos en el cóctel **desde** las 9:30.*

➠ *de, desde..a, hasta*: período comprendido entre el inicio y la terminación.
> *Estaremos allí **de** (las) 9 **a** (las) 10/**desde** las 9 **hasta** las 10.*

12.1.2. Espacio

➥ **LOCALIZACIÓN EXACTA**

➠ *en*:localización general.
> *Ha trabajado **en** esa empresa toda su vida.*

➠ *sobre*: superficie.
> *Hemos dejado los libros **en/sobre** la mesa.*

➥ **LOCALIZACIÓN APROXIMADA**

➠ *por*
> *No encuentro el bolígrafo pero debe de estar **por** aquí.*

➠ *hacia* (menos usado)
> *Ten cuidado al bajar. Hay un agujero **hacia** el tercer escalón.*

➡ **EXPRESIONES**

➡ ***a la derecha, a la izquierda, al fondo***
> *El servicio está **al** fondo, **a** la derecha.*

➡ **DIRECCIÓN DEL MOVIMIENTO**

➡ ***a***: general.
> *Vendremos **a** la cena puntualmente.*

➡ ***hacia***: importancia del recorrido.
> *Condujeron **hacia** la estación de tren.*

➡ ***hasta***: importancia del límite.
> *Como se les pinchó una rueda sólo llegaron **hasta** el cruce.*

➡ ***para***: como *hasta*, pero más coloquial.
> *Han salido **para** la clínica.*

➡ ***por***: añade el sentido de atravesar un lugar.
> *Me encanta andar **por** las calles sin rumbo fijo.*

➡ **DISTANCIA**

➡ ***de, desde..a, hasta***: origen o partida y límite.
> *De aquí **a** la gasolinera más cercana hay diez kilómetros.*
> *Le gusta mucho caminar. Cada día va **desde** su casa **hasta** la oficina andando.*

➡ ***desde***: énfasis en el origen.
> *Te vi ayer **desde** la terraza de mi casa.*

➡ ***hasta***: énfasis en el límite.
> *Sólo caminaremos **hasta** la esquina. Allí tomaremos un taxi.*

➡ ***a*** + MEDIDA DE ESPACIO: distancia.
> *No te puedes perder; el restaurante está **a** cien metros de aquí.*

✏️ Completa:

1. La próxima vez que vengas .... esta zona no dejes de visitarme.
2. .... esa época se dedicaba a los negocios pero .... el año pasado no trabaja y se dedica exclusivamente a su familia.
3. .... unos minutos estaré contigo.
4. Pasaremos el verano .... la costa pero .... octubre haremos un viaje .... el interior.
5. Saldremos ya. No queremos llegar .... noche a casa.
6. .... la mañana hubo tres manifestaciones .... mi barrio.
7. Aún no te puedo concretar la hora exacta pero nos veremos .... las siete.
8. Lo detuvieron ayer pero lo liberaron .... las dos horas por falta de pruebas.
9. Te estoy esperando .... que salí del trabajo. Eres de lo más impuntual.
10. Aunque aún no estamos .... primavera, ya han subido bastante las temperaturas.
11. He buscado .... toda la casa pero no he podido encontrar tu pendiente. Debes de haberlo perdido .... otro lugar.
12. Solíamos ir al cine una vez .... semana, pero .... mayo no hemos visto ni una sola película.
13. Salieron .... tu casa .... mediodía. Es extraño que aún no hayan llegado.
14. La secretaría sólo está abierta .... las dos pero .... la tarde atienden al público .... teléfono.
15. El concierto comenzará .... las 11 pero antes actuarán los teloneros. ✏️

✏️ Corrige los usos incorrectos de las preposiciones:

16. Está trabajando desde los dieciséis años.
17. Cruza la calle cuando llegues a la segunda esquina. Encontrarás la boca de metro en la derecha.
18. En los primeros minutos que siguieron al accidente no podía recordar nada.
19. Los libros de jardinería están hacia la cuarta estantería.
20. Estamos en domingo así que no podremos comprar esos encargos hasta mañana.
21. Iremos para la playa en la mañana.
22. Estuvo arreglando el motor por dos horas.
23. Hallaron un barco hundido en el fondo del mar, en diez kilómetros de la costa.
24. De la terraza no se puede ver el parque.
25. Para esta zona no suele haber tráfico.
26. Durante la velada charlamos sobre infinidad de cosas.
27. He estado de vacaciones por tres semanas.
28. Conduciremos hasta que se ponga el sol.
29. Vino a las diez y en los cinco minutos se marchó.
30. La vimos hacia las doce pero no sabemos a dónde ha ido después. ✏️

12.2. Para/Por

➡ **PARA**

➡ **(1)** FINALIDAD *(In order to)*

> *Te lo digo para que lo tengas en cuenta.*
> *Vengo para informarte de lo ocurrido.*

➡ **(2)** DESTINATARIO *(for a person)*

> *Todo esto es para ti.*
> *Han traído este ramo de flores para ella.*

➡ **(3)** OPINIÓN

> *Para nosotros, ésa es la mejor solución.*
> *Para Cortázar, el compromiso con la estética no presupone una traición a la ética personal.*

➡ **(4)** LÍMITE ESPACIAL, DESTINO *para... * (ej: catedral)*

> *Saldremos para Roma el martes.*
> *Iremos para tu casa en cuanto terminemos.*

➡ **(5)** PLAZO, FECHA LÍMITE (valor futuro)

> *El sastre nos dijo que el traje estaría listo para la semana que viene.*
> *Acabaremos de seleccionar al nuevo personal para el viernes.*

➡ **(6)** *NO ESTAR PARA*: AUSENCIA DE DISPOSICIÓN ANÍMICA

> *No está para juergas hoy. Tiene un poco de fiebre.*
> *Si llaman por teléfono, no estoy para nadie.*

➡ **(7)** *ESTAR PARA*: INMINENCIA

> *Estaba para salir cuando sonó la sirena de alarma.*
> *Han dicho en el telediario que hoy hará sol pero yo creo que está para llover.*

➡ **(8)** VALOR CONCESIVO

> *Para ser tan joven ha llegado ya muy lejos* (= aunque es muy joven..)
> *Para haber estado dos semanas en la playa lo encuentro poco bronceado* (= aunque ha estado...).

➡ **(9)** *PARA* + SUSTANTIVO: comparación y valoración (positiva o negativa)

> *Para buen periodismo, el de esa cadena de radio.*
> *Para playas sucias, las de esta zona.*

➡ **(10)** *PARA* + ORACIÓN: comparación y valoración (negativa o irónica)

> *Para lo que has dicho, mejor habría sido que te callaras.*
> *Para lo que han traído, hubiera sido preferible que no trajeran nada.*

➡ **POR**

➡ (1) CAUSA *because of you*

> *Todo lo ha hecho por ti.*
> *Le han dado una medalla por su heroísmo.*

➡ (2) COMPLEMENTO AGENTE DE LA VOZ PASIVA

> *El alijo de cocaína fue encontrado por perros adiestrados del comando antidroga.*
> *El curso fue clausurado por el director.*

➡ (3) LOCALIZACIÓN APROXIMADA

> *Es muy desordenado; siempre deja las cosas por cualquier sitio y después no recuerda dónde están.*
> *Por esta zona hay buenos bares.*

➡ (4) MOVIMIENTO A TRAVÉS DE UN LUGAR *por*

> *Cada mañana corre por el parque durante media hora para mantenerse en forma.*
> *Vete por esta ruta. Es más corta.*

➡ (5) PERIODICIDAD

> *Va al psicoanalista una vez por semana.*
> *Esta máquina imprime diez folios por minuto.*

➡ (6) ÉPOCA APROXIMADA (pasada o futura)

> *Por los años sesenta comenzó el crecimiento económico.*
> *Por esa época yo ya no vivía allí.*

➡ (7) SUSTITUCIÓN

> *El secretario general dará la conferencia por el presidente, que está de viaje.*
> *No te preocupes, nosotros la avisaremos por ti.*

➡ (8) MEDIO

> *Te acaba de llegar una carta por correo certificado.*
> *No me gusta enviar paquetes por barco porque tardan mucho en llegar a su destino.*

➡ (9) PRECIO

> *Lo compré en una subasta por un precio irrisorio.*
> *Adquirieron el cuadro por una suma muy elevada.*

➡ (10) *ESTAR POR*: con sujeto de cosa, carencia; con sujeto de persona, voluntad.

> *La casa está por limpiar desde hace una semana, así que manos a la obra.*
> *Estoy por renunciar a esa oferta de trabajo. Me supondría un esfuerzo excesivo.*

Completa con *para* o *por*:

1. No he encendido la luz ...Para.... no despertarte.
2. ....Por..... mí puedes irte ya.
3. Eso aún está ....Por...... demostrar.
4. En ningún otro sitio podrás comprar una bicicleta ...Por...... tan poco dinero.
5. Tardaremos mucho más si vamos ...Por........ el centro.
6. Aún no me he acostumbrado a enviar documentos ...Por...... fax.
7. ....Para.... casa bonita, la de Miguel.
8. Hemos traído champán ..Para...... brindar ..Por......... vuestra victoria.
9. ...Para..... la mayoría de la gente lo más importante es ser feliz.
10. ....Para.... lo que nos ayudas mejor habría sido que te quedaras en tu casa.
11. Podríamos pasear un ratito ..Por......... la orilla. Así nos refrescaremos.
12. ....Para....(mala)persona, su suegra. (opinión)
13. Todo lo hace ..Por......... ti, y nunca se lo agradeces.
14. Quedan aún muchas cartas ..Por........ entregar.
15. Cada vez es más frecuente la compra de artículos ..Por........ teléfono. (medio)
16. No estaré en la ciudad ..Para..... esas fechas.
17. No estamos ..Para..... celebraciones. Hoy ha sido un día pésimo.
18. Tenemos clase de pintura dos veces ..Por........ semana.
19. Acabo de ver a tu hermano ..Por......... allí.
20. La han ascendido ..Por........ su eficiencia. (causa)
21. ..Para...... ser político tiene poco don de palabra.
22. Estaba ..Por........ llamarte pero te me has adelantado.
23. No está ...Para.... risas. Acaba de saber que ha suspendido.
24. ..Para...... mí, ésta es la mejor exposición que se ha hecho en esta galería. (opinión)
25. Tenemos una sorpresa ..Para....... ti.
26. Estoy tan contento con la noticia que estoy Por......... llamar ..Por...... teléfono a todos mis amigos ..Para.... contárselo. (In order to)
27. Como ha firmado ..Por.......... otras personas lo han acusado de falsificar documentos. (Instead o
28. Quiero que esto esté terminado ..Para..... la reunión del viernes. fecha límite
29. Verás todo con más optimismo ...Por........ la mañana.
30. Quedan dos vacantes ..Por.......... cubrir.

12.3. Verbos con preposición ─────────────

En esta sección intentaremos ofrecer sólo los usos más frecuentes de verbo con preposición. No debe considerarse en ningún caso que la lista es exhaustiva o excluyente; hay muchísimas posibilidades más.

A

acercarse a	disponerse a
acostumbrarse a	enseñar a
aficionarse a	invitar a
alcanzar a	ir a
aprender a	jugar a
arriesgarse a	negarse a
asistir a	obligar a
asomarse a	oler a
comenzar a	parecerse a
condenar a	resolverse a
decidirse a	saber a (tener sabor a)
detenerse a	subir a
dirigirse a	

CON

casarse con
conformarse con
contar con
contentarse con
cumplir con
encontrarse con
entenderse con
meterse con
soñar con
tropezar con

DE

abusar de	despedirse de
acordarse de	disfrutar de
alejarse de	enamorarse de
apartarse de	enterarse de
aprovecharse de	fiarse de
asombrarse de	gozar de
burlarse de	ocuparse de
cansarse de	olvidarse de
carecer de	preocuparse de
cesar de	quejarse de
compadecerse de	reírse de
constar de	servir de
darse cuenta de	tratar de
depender de	valerse de

EN

complacerse en
confiar en
consentir en
consistir en
convenir en
empeñarse en
fijarse en
insistir en
pensar en
tardar en

VARIAS

acabar con/ de/por
> *Ya hemos acabado de cenar.*
> *Acabaron con los caramelos en un momento.*
> *Acabó por hartarse de su malhumor.*

alegrarse con/ de/por
> *Nos hemos alegrado mucho de/con/por tu venida.*

asustarse con/ de/por
> *Se asustó con/ de/por la explosión.*

atreverse a/con
> *No se atrevió a decir ni una palabra.*
> *Nos atreveremos con cualquier reto.*

cambiar de/por
> *Hemos cambiado el altavoz por otro de más potencia.*
> *Es muy caprichoso; ha cambiado de coche dos veces en los últimos tres años.*

colgar de/en
> *Es un cuadro muy bonito. Lo colgaremos de un clavo en esta pared.*

comprometerse a/con
> *Me he comprometido a terminar antes del lunes.*
> *No podemos vendérselo. Nos hemos comprometido con otro cliente.*

contribuir con/para/a
> *Suele contribuir con elevadas sumas para las campañas benéficas.*
> *No quiso contribuir a la reelección.*

convencer de/para
> *Lo convenceremos de que eso es lo mejor.*
> *Lo convenceremos para que no falte a la reunión.*

esforzarse en/por
> *Deberían esforzarse en/por mejorar el local.*

interesarse por/en
> *Siempre se interesa por los temas más extraños.*
> *No estoy muy interesada en asistir.*

sorprenderse con/de
> *Nos sorprendimos de/con su respuesta.*

tratar de/sobre un asunto, con alguien
> *Debería tratar de ser más cortés.*
> *Debería tratar sobre este asunto directamente con el interesado.*

votar en/por
> *En las próximas elecciones votarán por la oposición.*

Completa:

1. Se acercaron .... saludarnos en cuanto nos vieron.
2. Se casó .... su novia .... toda la vida.
3. Tardamos .... llegar .... una solución.
4. Es una mala persona. Se complace .... hacer daño .... los demás.
5. Con esa actitud sólo conseguirás que se burlen .... ti.
6. Me acostumbré .... sus silencios.
7. Subieron .... el mirador .... contemplar la puesta .... sol.
8. Piensa .... lo que te he dicho.
9. Aislarte no te servirá .... ayuda.
10. Por fin se resolvió .... sumarse .... la huelga.
11. Insisto .... ir solo.
12. Te pareces mucho .... tu hermana mayor.
13. Este café sabe .... quemado.
14. Me conformo .... que me escuchen.
15. Nos acostumbramos.................. cenar temprano.
16. Hay que reírse .... los malos momentos y ser optimista.
17. Me niego.................. aceptar esas condiciones.
18. La obligaron .... firmar la declaración .... culpabilidad.
19. Nos disponíamos .... salir cuando nos dimos cuenta .... que teníamos el reloj parado.
20. Cuento .... ellos .... que me lleven al aeropuerto esta tarde.
21. No alcanzaron .... comprender .... qué se trataba.
22. Hemos aprendido .... preparar el tiramisú.
23. Me aproveché .... que mis padres estaban .... viaje .... hacer una fiesta .... casa.
24. No te apartes .... tu carril.
25. Podríamos jugar .... el ajedrez.
26. Se han arriesgado .... que los expulsen.
27. Estamos cansados .... que nos hagan esperar.
28. Su postura carece .... sentido.

29. Confía .... nosotros. No te fallaremos.
30. La sirena ha cesado .... sonar.
31. No le gusta que los demás se compadezcan .... él.
32. El curso consta .... tres trimestres.
33. Asistían .... las reuniones regularmente.
34. Nos invitó .... su casa .... campo.
35. Hoy nos han enseñado .... conjugar los verbos irregulares.
36. No deberías asomarte .... el balcón si tienes vértigo.
37. Comenzaremos .... ir .... clase la próxima semana.
38. Los condenaron .... cadena perpetua .... su crimen.
39. Se han detenido .... descansar unos minutos.
40. Diríjase .... el director .... reclamar.
41. Finalmente nos hemos decidido .... venir.
42. No te olvides .... llamarme en cuanto sepas algo.
43. Ocúpate .... tus asuntos.
44. Es muy mayor pero goza .... óptima salud.
45. No te fíes .... lo que te dicen.
46. No nos hemos enterado .... lo que ha ocurrido.
47. Se ha enamorado .... un sueño imposible.
48. Hemos disfrutado .... un tiempo espléndido estas vacaciones.
49. Nos hemos despedido ya .... todos nuestros amigos.
50. El resultado final depende .... el esfuerzo que hagas.
51. El examen consiste .... redactar una composición .... un tema propuesto.
52. Convinimos .... ir juntos .... la estación.
53. No te empeñes .... hacerlo solo. Es demasiado trabajo .... una sola persona.
54. Nos contentaremos .... que nos permitan asistir.
55. Nos entendemos muy bien .... nuestro jefe.
56. Siempre abusan .... su paciencia.
57. Me he encontrado .... Juan en la gasolinera.
58. No te metas .... mi pasado.
59. Soñamos .... una casa frente .... el mar.
60. No suelo acordarme .... apagar las luces cuando salgo.

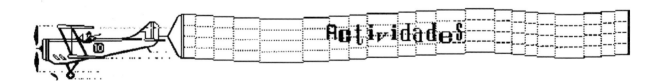

1. Busca textos interesantes, fotocópialos, borra sus preposiciones e intercámbialos con tus compañeros. Los podéis completar en equipo. Aquí tenéis dos modelos.

Completa:

a-con-de-en-para-por

PROPIEDADES DE UN SILLON

.... casa .... Jacinto hay un sillón .... morirse. Cuando la gente se pone vieja, un día la invitan .... sentarse en el sillón que es un sillón como todos pero .... una estrellita plateada en el centro del respaldo. La persona invitada suspira, mueve un poco las manos como si quisiera alejar la invitación, y después va .... sentarse en el sillón y se muere.

Los chicos, siempre traviesos, se divierten .... engañar a las visitas .... ausencia .... la madre, y las invitan .... sentarse .... el sillón. Como las visitas están enteradas pero saben que .... eso no se debe hablar, miran a los chicos con gran profusión y se excusan .... palabras que nunca se emplean cuando se habla .... los chicos, cosa que .... éstos los regocija extraordinariamente. Al final las visitas se valen .... cualquier pretexto .... no sentarse, pero más tarde la madre se da cuenta .... lo sucedido y .... la hora de acostarse hay palizas terribles. No .... eso escarmientan, ... cuando .... cuando consiguen engañar .... alguna visita cándida y la hacen sentarse .... el sillón. .... esos casos los padres disimulan, pues temen que los vecinos lleguen .... enterarse .... las propiedades del sillón y vengan .... pedirlo prestado .... hacer sentar .... una u otra persona .... su familia o amistad. Entre tanto los chicos van creciendo y llega un día .... que sin saber por qué dejan .... interesarse .... el sillón y las visitas. Más bien evitan entrar .... la sala, hacen un rodeo .... el patio, y los padres que ya están muy viejos cierran .... llave la puerta de la sala y miran atentamente .... sus hijos como queriendo leer-en-su-pensamiento. Los hijos desvían la mirada y dicen que ya es hora .... comer o .... acostarse. .... las mañanas el padre se levanta el primero y va siempre .... mirar si la puerta .... la sala sigue cerrada .... llave, o si alguno .... los hijos no ha abierto la puerta .... que se vea el sillón desde el comedor, porque la estrellita .... plata brilla hasta .... la oscuridad y se la ve perfectamente desde cualquier parte del comedor.

Julio Cortázar

Completa:

a-con-de-desde-en-hasta-para-por-sin

MENDIGO

Suelo darle mi ropa vieja .... un mendigo que lee .... James Joyce. Viene .... casa algunos domingos .... la mañana. Nunca traspasa la puerta. Bajo el dintel hablamos .... algunas verdades insustanciales mientras rebusco unas monedas .... los bolsillos, y después .... aceptar esta limosna preceptiva él se aleja, y entonces descubro que .... veces lleva una chaqueta raída que le sienta muy bien. Siempre he deseado ser tan elegante como este mendigo. También acostumbra .... ponerse aquellos pantalones .... franela gris y los últimos zapatos que deseché. .... fuera alguien podría creer que soy yo mismo, pero el mendigo tiene un esqueleto .... mejor calidad, y mi ropa ajada, que se paseó inútilmente .... los salones, ahora cuelga con toda su armonía .... el cuerpo magro............... este hombre, y el paño

261

libera todas las vibraciones que estaban ahogadas. El mendigo trabaja .... forma regular .... la puerta de una iglesia .... un barrio burgués, y a veces le he visto sentado .... la escalinata leyendo el *Ulises*. El otro día, ... la puerta del templo, no sólo llevaba mi corbata .... seda pasada de moda y un traje .... Versace que yo usaba cuando era un tipo esbelto, sino aquel abrigo marrón que compré .... Londres hace ya tantos años. .... ese tiempo, yo también leía .... James Joyce, y la talla del mendigo era exactamente la mía. Ahora él estaba absorto .... la lectura esperando que salieran los fieles .... la iglesia .... tenderles la mano. Me limité .... contemplarlo .... la acera y .... pronto recordé algunas sensaciones del pasado que no se podían separar .... sus prendas raídas. Aquel bolsillo destrozado me recordaba un viaje............... Italia lleno de amor; el cuello rozado me traía el perfume de unos días lánguidos .... historia; algunos sueños y todas las frustraciones aparecían............... cada uno de los desgarros, pero debajo de aquellos paños ajados había una carne llena .... heridas, y .... través .... ellas penetré .... el interior del mendigo .... reconocerme. El levantó los ojos .... las páginas del *Uises* y mantuvo largo tiempo la mirada conmigo sonriendo.

Manuel Vicent

2. En los siguientes fragmentos de prensa hay errores de diversa índole. Corrígelos.

---

cree que su formación tendrá grupo parlamentario y que será decisiva de cara a la formación del Gobierno

---

Son los suyos. Les une una amistad cultivada fuera de las paredes de La Moncloa y un sentimiento de privilegio por haberle conocido. Son pocos, tienen una lealtad inquebrantable y creen todavía lejano el momento de volverle a ver vestido de paisano.

LUZ SÁNCHEZ-MELLADO
FOTOGRAFÍA: MANUEL ZAMBRANA

El alcalde pide al Gobierno que salga de las elecciones 56.000 millones para carreteras

Aseguró que el Ayuntamiento no es el culpable del retraso de la M-40

Un teatro de Lavapiés representa los fines de semanas obras clásicas para chiquillos y adolescentes

13 diputados a estrenar

Los parlamentarios primerizos por Madrid creen que su tarea es "nacional"

3. Identifica el gazapo:

En el español de Chile
❏ se distingue perfectamente *l* y *r*.
❏ se llama *once* a la hora del té.
❏ se forma una semiconsonante tras /x/: *el jiéfe*.

Generación X

Una nueva etiqueta que define las inquietudes de los veinteañeros frente a los gustos del 'yuppy'

PERE GREENHAM

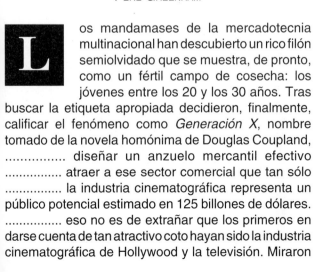

Los mandamases de la mercadotecnia multinacional han descubierto un rico filón semiolvidado que se muestra, de pronto, como un fértil campo de cosecha: los jóvenes entre los 20 y los 30 años. Tras buscar la etiqueta apropiada decidieron, finalmente, calificar el fenómeno como *Generación X*, nombre tomado de la novela homónima de Douglas Coupland, ... diseñar un anzuelo mercantil efectivo .... atraer a ese sector comercial que tan sólo .... la industria cinematográfica representa un público potencial estimado en 125 billones de dólares. .... eso no es de extrañar que los primeros en darse cuenta de tan atractivo coto hayan sido la industria cinematográfica de Hollywood y la televisión. Miraron

sus números y vieron que el mercado *yuppie* (representado principalmente .... los jóvenes profesionales entre los 30 y los 40 años) estaba saturado de viandas y que ya no les quedaba espacio .... llevarse nada más al estómago. En cambio, los *veintitantoañeros* tenían el apetito poco saciado .... la poca atención que les habían prestado. Tenían que hablar su propio idioma y buscar reclamos con los que se sintieran identificados.

263

Los señores entre 40 y 50 años, si tuvieran un himno que identificara a su generación sería *No siempre se puede conseguir lo que se quiere*, de los Rolling Stones. En cambio, la sintonía que identificaría a los de la generación X sería: *¿Puedes con ello?*, del *rapper* Yo Yo, de 22 años. Los niños de posguerra cumplieron su mayoría de edad en los años sesenta, conformando la apoteosis de la cultura juvenil, con fuertes señas de identidad comunes: el *rock and roll*, la moda, la cultura pop, la rebeldía contra una sociedad que nunca los había tenido en cuenta.

Muy al contrario de esta generación llena de idealismo y de una fuerza nueva que los hacía sentir *especiales* y que en mayor o menor medida podían cambiar el mundo, la X cae de bruces en la desconfianza en el futuro. Es, cualitativamente hablando, la generación de los descreídos. El relativismo, la ausencia de proyectos políticos y sociales alternativos los ha transformado en supervivientes del presente y en cínicos observadores de un futuro sometido a vertiginosos cambios económicos, políticos y sociales.

La *Generación X* es la que más gasta en ver películas (en cine, compradas o alquiladas), la que más tarde apaga el televisor, la que más asiste a conciertos, la que más importancia da a la imagen y la estética en todos los ámbitos (vestimenta, diseño gráfico, publicidad, decoración, tanto tradicional como alternativa), y la que menos libros lee (sustituyéndolos por revistas).

El creciente índice de desempleo ha hecho, ... otro lado, crecer el número de los integrantes de la *Generación X*, amparados en la economía sumergida y en los contratos temporales, que han influido en que aumente su tiempo de ocio.

Bombardeados............... el *videoclip* y .... la asequibilidad de aparatos que graban, crean, transmiten, recrean, modifican y retienen las imágenes, la *Generación X* se ha convertido en una hambrienta esponja que las absorbe, dejando de lado el imperio de la palabra oral y escrita que no vaya acompañada .... su correspondiente soporte gráfico. De ahí que la *Generación X* sea una ávida consumidora de tebeos (*comics*) y panfletos (*fanzines*), que contienen a rebosar guisos de fácil digestión y evacuación, creando todo un subgénero literario que hace las delicias del sector.

Entre los temas reyes de la literatura *trash* (basura, chatarra) está la ciencia ficción, recuperada de los años cincuenta, con ingentes dosis de violencia estilizada, seña inconfundible de la cultura pop, el humor escatológico, la fantasía sexual, la serie negra nostálgica .... las historias criminales y detectivescas de los años cuarenta, y muy especialmente los apartados que se han erigido como el laxante antiborreguismo cultural más adorado .... esta generación: la *morcillería* y *casquería* (*gore* y *splatter*, respectivamente), todo un género cinematográfico mimadísimo .... la serie B.

Cualquier miembro actualizado y *enterado* de la camada X que se precie de serlo ha creado un sistema de defensas que lo hace inmune a ver escenas de *zombies*, descuartizamientos, canibalismo, necrofilia, vudú y demás *delicatessen*, sin que se le atraganten las palomitas y la Coca-Cola. Todo lo contrario, es un motivo de fiesta con los amigos .... festejar con carcajadas las escenas previamente *congeladas* en el vídeo.

¿Son .... esto unos desalmados?, ¿peligros sociales de mente enfermiza? No, tan sólo son conscientes de lo que separa a la realidad de la fantasía. Y que se sumergen en una película .... liberar los reprimidos instintos de violencia, rebeldía y condicionamiento social que los han costreñido a un ideal de belleza, éxito, poder y brillo social -el de los *yuppies*-que no pueden o no quieren conseguir.

El País (Babelia)

escatológico: relativo a la suciedad o la ultratumba.
estilizar: someter a una reelaboración refinada.
ingente: muy grande.
laxante: que disminuye la tensión.
mandamás: *coloq.* nombre irónico para el que desempeña el mando.
mercadotecnia: principios y prácticas que buscan el aumento del comercio.
vianda: sustento y comida de los mortales.

●●●●●●●●●●●●●●●●●●●●●●●● *Cuestiones* ●●●●●●●●●●●●●●●●●●●●●●●

❀ Completa los espacios con las preposiciones *para* o *por*.

❀ ¿Cuáles son las características más relevantes de la llamada *Generación X*?

❀ Observa la construcción de los siguientes vocablos y busca tres formados según cada procedimiento:

> ❏ *semi*olvidado
> ❏ *pos*guerra
> ❏ *super*viviente
> ❏ *con*formar
> ❏ *des*empleo
> ❏ *re*crear
> ❏ *anti*borreguismo
> ❏ *sub*género

❀ Explica con tus propias palabras las siguientes expresiones en su contexto:

> un fértil campo de cosecha
> un anzuelo mercantil
> mercado saturado de viandas
> caer de bruces en la desconfianza
> contienen a rebosar guisos de fácil digestión y evacuación
> temas reyes de la literatura *trash*
> serie negra
> serie B
> necrofilia, vudú y demás *delicatessen*
> escenas *congeladas* en el vídeo

❀ Observa el uso de los siguientes verbos preposicionales en el texto y construye con ellos tus propios ejemplos:

> tomar de
> saturar de
> identificarse con
> poder con
> gastar en
> ampararse en
> influir en
> convertir en
> preciarse de
> sumergirse en

265

Expresión

- ¿Te sientes identificado con la Generación X? ¿Cómo describirías a la gente de tu edad?

Escrita

L *a cortesía no es mi fuerte. En los autobuses suelo disimular esta carencia .... la lectura o el abatimiento. Pero hoy me levanté .... mi asiento automáticamente, ante una mujer que estaba de pie, con un vago aspecto de ángel anunciador.*

La dama beneficiada .... ese rasgo involuntario lo agradeció con palabras tan efusivas, que atrajeron la atención de dos o tres pasajeros. Poco después se desocupó el asiento inmediato, y al ofrecérmelo .... leve y significativo ademán, el ángel tuvo un hermoso gesto de alivio. Me senté allí con la esperanza de que viajaríamos .... desazón alguna. Pero ese día me estaba destinado, misteriosamente. Subió al autobús otra mujer, sin alas aparentes. Una buena ocasión se presentaba para poner las cosas en su sitio; pero no fue aprovechada .... mí. Naturalmente, yo podía permanecer sentado, destruyendo así el germen de una falsa reputación. Sin embargo, débil y sintiéndome ya comprometido .... mi compañera, me apresuré .... levantarme, ofreciendo con reverencia el asiento a la recién llegada. Tal parece que nadie le había hecho en toda su vida un homenaje parecido: llevó las cosas al extremo con sus turbadas palabras de reconocimiento.

Esta vez no fueron ya dos ni tres las personas que aprobaron sonrientes mi cortesía. .... lo menos la mitad del pasaje puso los ojos .... mí, como diciendo: "He aquí un caballero". Tuve la idea de abandonar el vehículo, pero la deseché inmediatamente, sometiéndome .... honradez a la situación, alimentando la esperanza de que las cosas se detuvieran allí.

Dos calles adelante bajó un pasajero. .... el otro extremo del autobús, una señora me designó .... ocupar el asiento vacío. Lo hizo sólo con una mirada, pero tan imperiosa, que detuvo el ademán de un individuo que se me adelantaba; y tan suave, que yo atravesé el camino............... paso vacilante .... ocupar en aquel asiento un sitio .... honor. Algunos pasajeros masculinos que iban .... pie sonrieron con desprecio. Yo adiviné su envidia, sus celos, su resentimiento, y me sentí un poco angustiado. Las señoras, ... cambio, parecían protegerme con su efusiva aprobación silenciosa.

Una nueva prueba, mucho más importante que las anteriores, me aguardaba .... la esquina siguiente: subió al camión una señora con dos niños pequeños. Un angelito .... brazos y otro que apenas caminaba. Obedeciendo la orden unánime, me levanté inmediatamente y fui al encuentro de aquel grupo conmovedor. La señora

venía complicada con dos o tres paquetes; tuvo que correr media cuadra .... lo menos, y no lograba abrir su gran bolso .... mano. La ayudé eficazmente .... todo lo posible, la desembaracé .... nenes y envoltorios, gestioné .... el chófer la exención de pago .... los niños, y la señora quedó instalada finalmente .... mi asiento, que la custodia femenina había conservado libre .... intrusos. Guardé la manita del niño mayor .... las mías.

Mis compromisos .... con el pasaje habían aumentado de manera decisiva. Todos esperaban .... mí cualquier cosa. Yo personificaba en aquellos momentos los ideales femeninos de caballerosidad y de protección .... los débiles. La responsabilidad oprimía mi cuerpo como una coraza agobiante, y yo echaba de menos una buena tizona en el costado. Porque no dejaban .... ocurrírseme cosas graves. Por ejemplo, si un pasajero se propasaba .... alguna dama, cosa nada rara en los autobuses, yo debía amonestar al agresor y aun entrar .... combate con él. En todo caso, las señoras parecían completamente seguras .... mis reacciones de Bayardo. Me sentí al borde del drama.

En esto llegamos a la esquina .... que debía bajarme. Divisé mi casa como una tierra prometida. Pero no descendí. Incapaz de moverme, la arrancada del autobús me dio una idea de lo que debe ser una aventura trasatlántica. Pude recobrarme rápidamente; yo no podía desertar así como así, defraudando a las que .... mí habían depositado su seguridad, confiándome un puesto de mando. Además, debo confesar que me sentí cohibido .... la idea de que mi descenso pusiera .... libertad impulsos .... entonces contenidos. Si .... un lado yo tenía asegurada la mayoría femenina, no estaba muy tranquilo acerca de mi reputación .... los hombres. Al bajarme, bien podría estallar .... mis espaldas la ovación o la rechifla. Y no quise correr tal riesgo. ¿Y si aprovechando mi ausencia un resentido daba rienda suelta a su bajeza? Decidí quedarme y bajar el último, ... la terminal, hasta que todos estuvieran .... salvo.

Las señoras fueron bajando una a una en sus esquinas respectivas, con toda felicidad. El chófer ¡santo Dios! acercaba el vehículo junto a la acera, lo detenía completamente y esperaba a que las damas pusieran sus dos pies .... tierra firme. .... el último momento, vi en cada rostro un gesto .... simpatía, algo así como el esbozo de una despedida cariñosa. La señora .... los niños bajó finalmente, auxiliada .... mí, no .... regalarme un par de besos infantiles que todavía gravitan .... mi corazón, como un remordimiento.

Descendí en una esquina desolada, casi montaraz, ... pompa ni ceremonia. En mi espíritu había grandes reservas de heroísmo sin empleo, mientras el autobús se alejaba vacío de aquella asamblea dispersa y fortuita que consagró mi reputación .... caballero.

➥ **Juan José Arreola** *(México),*
Una reputación

---

abatimiento: tristeza, postración.
efusivo: que muestra sus sentimientos generosamente.
desazón: pesadumbre, inquietud.
resentimiento: pesar o enojo.
envoltorio: lío hecho de paños u otras cosas.
cohibir: reprimir.
rechifla: burla, mofa.
remordimiento: pesar que queda después de realizar una mala acción.
propasarse: excederse de lo razonable.

🔊 Completa cada espacio con una preposición adecuada.

🔊 Explica el significado de *tizona* y *Bayardo*.

🔊 En el texto hay tres expresiones formadas a partir del verbo *poner* : *poner las cosas en su sitio, poner los ojos en alguien, poner en libertad.* Completa las siguientes frases con las expresiones que te proponemos.

> PONER...
> como chupa de dómine
> a alguien por las nubes
> algo en tela de juicio
> el cascabel al gato
> el dedo en la llaga
> el grito en el cielo
> las cartas boca arriba
> los puntos sobre las íes
> pies en polvorosa
> toda la carne en el asador

- Al ver a la policía pusieron ....
- Son muy cotillas. En cuanto te das la vuelta te ponen ....
- Ésta es mi última oportunidad así que voy a poner...
- Creo que han cometido una injusticia, así que cuando los vea les voy a poner
  ....
- Es muy despabilado. Siempre se las arregla para ser él quien le pone ....
  ....
- No sabía lo de su divorcio y le preguntó por su mujer, así que puso ....
  y pasó un apuro tremendo.
- La oposición ha puesto .... la constitucionalidad de esa
  ley.
- Debe de ser un profesional muy valioso. Todos sus colegas lo ponen siempre ....
  ....
- Hay que ser franco y poner .... Lo contrario es
  juego sucio.
- Los vecinos pusieron .... al enterarse de que iban
  a transformar el parque en un aparcamiento.

BUROCRACIA

ee las siguientes preguntas e intenta comprender todo su vocabulario. Luego, escucha o lee atentamente el texto correspondiente a esta sección (p.301) y , contéstalas eligiendo tan sólo una de las tres opciones que se ofrecen.

☞ *El protagonista*

    (a)   es atacado por varios navajeros.
    (b)   es tratado de modo descortés.
    (c)   es amenazado con un puñal.

☞ *Para renovar el carné le piden*

    (a)   2.000 pesetas.
    (b)   3.000 pesetas.
    (c)   3.000 pesetas, el carné y una foto.

☞ *Según el resultado final del test, el protagonista*

    (a)   se precipita.
    (b)   pulsa el timbre.
    (c)   no se anticipa.

☞ *Llama tríptico medieval a*

    (a)   el carné de conducir.
    (b)   el certificado médico.
    (c)   el diploma.

DEBATE

Comenta con tus compañeros algún caso similar a éste que conozcas directamente, y discute luego sobre los problemas de la burocracia y sus posibles soluciones.

Apéndice I

*Morfología
verbal*

1. SER

INDICATIVO

Presente	Pretérito perfecto
soy	he sido
eres	has sido
es	ha sido
somos	hemos sido
sois	habéis sido
son	han sido

Pretérito imperfecto	Pretérito pluscuamperfecto
era	había sido
eras	habías sido
era	había sido
éramos	habíamos sido
erais	habíais sido
eran	habían sido

Pretérito indefinido o perfecto simple	Pretérito anterior
fui	hube sido
fuiste	hubiste sido
fue	hubo sido
fuimos	hubimos sido
fuisteis	hubisteis sido
fueron	hubieron sido

Futuro simple	Futuro perfecto o compuesto
seré	habré sido
serás	habrás sido
será	habrá sido
seremos	habremos sido
seréis	habréis sido
serán	habrán sido

Condicional simple	Condicional perfecto o compuesto
sería	habría sido
serías	habrías sido
sería	habría sido
seríamos	habríamos sido
seríais	habríais sido
serían	habrían sido

SUBJUNTIVO

Presente	Pretérito perfecto
sea	haya sido
seas	hayas sido
sea	haya sido
seamos	hayamos sido
seáis	hayáis sido
sean	hayan sido

Pretérito imperfecto	Pretérito pluscuamperfecto
fuera/-se	hubiera/-se sido
fueras/-ses	hubieras/-ses sido
fuera/-se	hubiera/-se sido
fuéramos/-semos	hubiéramos/-semos sido
fuerais/-seis	hubierais/-seis sido
fueran/-sen	hubieran/-sen sido

Futuro simple	Futuro perfecto o compuesto
fuere	hubiere sido
fueres	hubieres sido
fuere	hubiere sido
fuéremos	hubiéremos sido
fuereis	hubiereis sido
fueren	hubieren sido

IMPERATIVO
Presente

sé
sea
seamos
sed
sean

FORMAS NO PERSONALES

Infinitivo simple	Infinitivo compuesto
ser	haber sido

Gerundio simple	Gerundio compuesto
siendo	habiendo sido

Participio
sido

2. ESTAR

INDICATIVO

Presente

estoy
estás
está
estamos
estáis
están

Pretérito perfecto

he estado
has estado
ha estado
hemos estado
habéis estado
han estado

Pretérito imperfecto

estaba
estabas
estaba
estábamos
estabais
estaban

Pretérito pluscuamperfecto

había estado
habías estado
había estado
habíamos estado
habíais estado
habían estado

Pretérito indefinido o perfecto simple

estuve
estuviste
estuvo
estuvimos
estuvisteis
estuvieron

Pretérito anterior

hube estado
hubiste estado
hubo estado
hubimos estado
hubisteis estado
hubieron estado

Futuro simple

estaré
estarás
estará
estaremos
estaréis
estarán

Futuro perfecto o compuesto

habré estado
habrás estado
habrá estado
habremos estado
habréis estado
habrán estado

Condicional simple

estaría
estarías
estaría
estaríamos
estaríais
estarían

Condicional perfecto o compuesto

habría estado
habrías estado
habría estado
habríamos estado
habríais estado
habrían estado

SUBJUNTIVO

Presente

esté
estés
esté
estemos
estéis
estén

Pretérito perfecto

haya estado
hayas estado
haya estado
hayamos estado
hayáis estado
hayan estado

Pretérito imperfecto

estuviera/-se
estuvieras/-ses
estuviera/-se
estuviéramos/-semos
estuvierais/-seis
estuvieran/-sen

Pretérito pluscuamperfecto

hubiera/-se estado
hubieras/-ses estado
hubiera/-se estado
hubiéramos/-semos estado
hubierais/-seis estado
hubieran/-sen estado

Futuro simple

estuviere
estuvieres
estuviere
estuviéremos
estuviereis
estuvieren

Futuro perfecto o compuesto

hubiere estado
hubieres estado
hubiere estado
hubiéremos estado
hubiereis estado
hubieren estado

IMPERATIVO

Presente

está
esté
estemos
estad
estén

FORMAS NO PERSONALES

Infinitivo simple

estar

Infinitivo compuesto

haber estado

Gerundio simple

estando

Gerundio compuesto

habiendo estado

Participio

estado

3. VERBOS REGULARES
3.1. PRIMERA CONJUGACIÓN (-AR) : AMAR

INDICATIVO		SUBJUNTIVO	
Presente	**Pretérito perfecto**	**Presente**	**Pretérito perfecto**
amo	he amado	ame	haya amado
amas	has amado	ames	hayas amado
ama	ha amado	ame	haya amado
amamos	hemos amado	amemos	hayamos amado
amáis	habéis amado	améis	hayáis amado
aman	han amado	amen	hayan amado
Pretérito imperfecto	**Pretérito pluscuamperfecto**	**Pretérito imperfecto**	**Pretérito pluscuamperfecto**
amaba	había amado	amara/-se	hubiera/-se amado
amabas	habías amado	amaras/-ses	hubieras/-ses amado
amaba	había amado	amara/-se	hubiera/-se amado
amábamos	habíamos amado	amáramos/-semos	hubiéramos/-semos amado
amabais	habíais amado	amarais/-seis	hubierais/-seis amado
amaban	habían amado	amaran/-sen	hubieran/-sen amado
Pretérito indefinido o perfecto simple	Pretérito anterior	Futuro simple	Futuro perfecto o compuesto
amé	hube amado	amare	hubiere amado
amaste	hubiste amado	amares	hubieres amado
amó	hubo amado	amare	hubiere amado
amamos	hubimos amado	amáremos	hubiéremos amado
amasteis	hubisteis amado	amareis	hubiereis amado
amaron	hubieron amado	amaren	hubieren amado

Futuro simple	**Futuro perfecto o compuesto**	IMPERATIVO **Presente**
amaré	habré amado	
amarás	habrás amado	ama
amará	habrá amado	ame
amaremos	habremos amado	amemos
amaréis	habréis amado	amad
amarán	habrán amado	amen

Condicional simple	**Condicional perfecto o compuesto**	FORMAS NO PERSONALES	
		Infinitivo simple	**Infinitivo compuesto**
amaría	habría amado	amar	haber amado
amarías	habrías amado		
amaría	habría amado	**Gerundio simple**	**Gerundio compuesto**
amaríamos	habríamos amado	amando	habiendo amado
amaríais	habríais amado		
amarían	habrían amado	**Participio** amado	

3.2. SEGUNDA CONJUGACIÓN (-ER) : TEMER

<table>
<tr><td colspan="2">INDICATIVO</td><td colspan="2">SUBJUNTIVO</td></tr>
<tr><td>Presente</td><td>Pretérito perfecto</td><td>Presente</td><td>Pretérito perfecto</td></tr>
<tr><td>temo</td><td>he temido</td><td>tema</td><td>haya temido</td></tr>
<tr><td>temes</td><td>has temido</td><td>temas</td><td>hayas temido</td></tr>
<tr><td>teme</td><td>ha temido</td><td>tema</td><td>haya temido</td></tr>
<tr><td>tememos</td><td>hemos temido</td><td>temamos</td><td>hayamos temido</td></tr>
<tr><td>teméis</td><td>habéis temido</td><td>temáis</td><td>hayáis temido</td></tr>
<tr><td>temen</td><td>han temido</td><td>teman</td><td>hayan temido</td></tr>
<tr><td>Pretérito imperfecto</td><td>Pretérito pluscuamperfecto</td><td>Pretérito imperfecto</td><td>Pretérito pluscuamperfecto</td></tr>
<tr><td>temía</td><td>había temido</td><td>temiera/-se</td><td>hubiera/-se temido</td></tr>
<tr><td>temías</td><td>habías temido</td><td>temieras/-ses</td><td>hubieras/-ses temido</td></tr>
<tr><td>temía</td><td>había temido</td><td>temiera/-se</td><td>hubiera/-se temido</td></tr>
<tr><td>temíamos</td><td>habíamos temido</td><td>temiéramos/-semos</td><td>hubiéramos/-semos temido</td></tr>
<tr><td>temíais</td><td>habíais temido</td><td>temierais/-seis</td><td>hubierais/-seis temido</td></tr>
<tr><td>temían</td><td>habían temido</td><td>temieran/-sen</td><td>hubieran/-sen temido</td></tr>
<tr><td>Pretérito indefinido o perfecto simple</td><td>Pretérito anterior</td><td>Futuro simple</td><td>Futuro perfecto o compuesto</td></tr>
<tr><td>temí</td><td>hube temido</td><td>temiere</td><td>hubiere temido</td></tr>
<tr><td>temiste</td><td>hubiste temido</td><td>temieres</td><td>hubieres temido</td></tr>
<tr><td>temió</td><td>hubo temido</td><td>temiere</td><td>hubiere temido</td></tr>
<tr><td>temimos</td><td>hubimos temido</td><td>temiéremos</td><td>hubiéremos temido</td></tr>
<tr><td>temisteis</td><td>hubisteis temido</td><td>temiereis</td><td>hubiereis temido</td></tr>
<tr><td>temieron</td><td>hubieron temido</td><td>temieren</td><td>hubieren temido</td></tr>
<tr><td>Futuro simple</td><td>Futuro perfecto o compuesto</td><td colspan="2">IMPERATIVO
Presente</td></tr>
<tr><td>temeré</td><td>habré temido</td><td colspan="2"></td></tr>
<tr><td>temerás</td><td>habrás temido</td><td colspan="2">teme</td></tr>
<tr><td>temerá</td><td>habrá temido</td><td colspan="2">tema</td></tr>
<tr><td>temeremos</td><td>habremos temido</td><td colspan="2">temamos</td></tr>
<tr><td>temeréis</td><td>habréis temido</td><td colspan="2">temed</td></tr>
<tr><td>temerán</td><td>habrán temido</td><td colspan="2">teman</td></tr>
<tr><td>Condicional simple</td><td>Condicional perfecto o compuesto</td><td colspan="2">FORMAS NO PERSONALES</td></tr>
<tr><td></td><td></td><td>Infinitivo simple</td><td>Infinitivo compuesto</td></tr>
<tr><td>temería</td><td>habría temido</td><td>temer</td><td>haber temido</td></tr>
<tr><td>temerías</td><td>habrías temido</td><td></td><td></td></tr>
<tr><td>temería</td><td>habría temido</td><td>Gerundio simple</td><td>Gerundio compuesto</td></tr>
<tr><td>temeríamos</td><td>habríamos temido</td><td>temiendo</td><td>habiendo temido</td></tr>
<tr><td>temeríais</td><td>habríais temido</td><td></td><td></td></tr>
<tr><td>temerían</td><td>habrían temido</td><td>Participio
temido</td><td></td></tr>
</table>

3.3. TERCERA CONJUGACIÓN (-IR) : VIVIR

INDICATIVO

SUBJUNTIVO

Presente	Pretérito perfecto	Presente	Pretérito perfecto
vivo	he vivido	viva	haya vivido
vives	has vivido	vivas	hayas vivido
vive	ha vivido	viva	haya vivido
vivimos	hemos vivido	vivamos	hayamos vivido
vivís	habéis vivido	viváis	hayáis vivido
viven	han vivido	vivan	hayan vivido

Pretérito imperfecto	Pretérito pluscuamperfecto	Pretérito imperfecto	Pretérito pluscuamperfecto
vivía	había vivido	viviera/-se	hubiera/-se vivido
vivías	habías vivido	vivieras/-ses	hubieras/-ses vivido
vivía	había vivido	viviera/-se	hubiera/-se vivido
vivíamos	habíamos vivido	viviéramos/-semos	hubiéramos/-semos vivido
vivíais	habíais vivido	vivierais/-seis	hubierais/-seis vivido
vivían	habían vivido	vivieran/-sen	hubieran/-sen vivido

Pretérito indefinido o perfecto simple	Pretérito anterior	Futuro simple	Futuro perfecto o compuesto
viví	hube vivido	viviere	hubiere vivido
viviste	hubiste vivido	vivieres	hubieres vivido
vivió	hubo vivido	viviere	hubiere vivido
vivimos	hubimos vivido	viviéremos	hubiéremos vivido
vivisteis	hubisteis vivido	viviereis	hubiereis vivido
vivieron	hubieron vivido	vivieren	hubieren vivido

Futuro simple	Futuro perfecto o compuesto	IMPERATIVO Presente
viviré	habré vivido	
vivirás	habrás vivido	vive
vivirá	habrá vivido	viva
viviremos	habremos vivido	vivamos
viviréis	habréis vivido	vivid
vivirán	habrán vivido	vivan

Condicional simple	Condicional perfecto o compuesto	FORMAS NO PERSONALES

FORMAS NO PERSONALES

Infinitivo simple	Infinitivo compuesto
vivir	haber vivido

Condicional simple	Condicional perfecto o compuesto
viviría	habría vivido
vivirías	habrías vivido
viviría	habría vivido
viviríamos	habríamos vivido
viviríais	habríais vivido
vivirían	habrían vivido

Gerundio simple	Gerundio compuesto
viviendo	habiendo vivido

Participio
vivido

4. VOZ PASIVA

AMAR

INDICATIVO

Presente

soy
eres   amado/-a
es
somos
sois   amados/-as
son

Pretérito imperfecto

era
eras   amado/-a
era
éramos
erais   amados/-as
eran

**Pretérito indefinido
o perfecto simple**

fui
fuiste   amado/-a
fue
fuimos
fuisteis   amados/-as
fueron

Futuro simple

seré
serás   amado/-a
será
seremos
seréis   amados/-as
serán

**Condicional
simple**

sería
serías   amado/-a
sería
seríamos
seríais   amados/-as
serían

Pretérito perfecto

he sido
has sido   amado/-a
ha sido
hemos sido
habéis sido   amados/-as
han sido

**Pretérito
pluscuamperfecto**

había sido
habías sido   amado/-a
había sido
habíamos sido
habíais sido   amados/-as
habían sido

**Futuro perfecto
o compuesto**

habré sido
habrás sido   amado/-a
habrá sido
habremos sido
habréis sido   amados/-as
habrán sido

**Condicional perfecto
o compuesto**

habría sido
habrías sido   amado/-a
habría sido
habríamos sido
habríais sido   amados/-as
habrían sido

SUBJUNTIVO

Presente			**Pretérito perfecto**	
sea			haya sido	
seas	amado/-a		hayas sido	amado/-a
sea			haya sido	
seamos			hayamos sido	
seáis	amados/-as		hayáis sido	amados/as
sean			hayan sido	

Pretérito imperfecto			**Pretérito pluscuamperfecto**	
fuera/-se			hubiera/-se sido	
fueras/-ses	amado/-a		hubieras/-ses sido	amado/-a
fuera/-se			hubiera/-se sido	
fuéramos/-semos			hubiéramos/-semos sido	
fuerais/-seis	amados/-as		hubierais/-seis sido	amados/-as
fueran/-sen			hubieran/-sen sido	

IMPERATIVO

Presente

sé	amado/-a
sea	
seamos	
sed	amados/-as
sean	

FORMAS NO PERSONALES

Infinitivo simple	**Infinitivo compuesto**
ser amado	haber sido amado

Gerundio simple	**Gerundio compuesto**
siendo amado	habiendo sido amado

5. VERBOS IRREGULARES

5. 1. IRREGULARIDADES VOCALICAS

E > IE

Verbos

Ascender, atender, atravesar, cerrar, comenzar, defender, descender, despertar, empezar, encender, entender, fregar, pensar, perder, querer, regar, sentar, temblar, tender, verter.

Conjugación

Presente de indicativo	Presente de subjuntivo	Imperativo
cierro	cierre	
cierras	cierres	cierra
cierra	cierre	cierre
cerramos	cerremos	cerremos
cerráis	cerréis	cerrad
cierran	cierren	cierren

E > I

Verbos

Conseguir, corregir, despedir, elegir, impedir, medir, pedir, perseguir, repetir, seguir, servir, vestir.

Conjugación

Presente de indicativo	Pretérito indefinido	Presente de subjuntivo	Imperfecto de subjuntivo	Imperativo	Gerundio
pido	pedí	pida	pidiera/-se		pidiendo
pides	pediste	pidas	pidieras/-ses	pide	
pide	pidió	pida	pidiera/-se	pida	
pedimos	pedimos	pidamos	pidiéramos/-semos	pidamos	
pedís	pedisteis	pidáis	pidierais/-seis	pedid	
piden	pidieron	pidan	pidieran/-sen	pidan	

E ≻ I/IE

Verbos

Advertir, divertir, consentir, convertir, preferir, sentir, sugerir.

Conjugación

Presente de indicativo	Pretérito indefinido	Presente de subjuntivo	Imperfecto de subjuntivo	Imperativo	Gerundio
siento	sentí	sienta	sintiera/-se		sintiendo
sientes	sentiste	sientas	sintieras/-ses	siente	
siente	sintió	sienta	sintiera/-se	sienta	
sentimos	sentimos	sintamos	sintiéramos/-semos	sintamos	
sentís	sentisteis	sintáis	sintierais/-seis	sentid	
sienten	sintieron	sientan	sintieran/-sen	sientan	

I ≻ IE

Verbos

Adquirir, inquirir.

Conjugación

Presente de indicativo	Presente de subjuntivo	Imperativo
adquiero	adquiera	
adquieres	adquieras	adquiere
adquiere	adquiera	adquiera
adquirimos	adquiramos	adquiramos
adquirís	adquiráis	adquirid
adquieren	adquieran	adquieran

O ≻ UE

Verbos

Absolver, acordar, acostar, aprobar, cocer, comprobar, colgar, contar, devolver, disolver, doler, encontrar, esforzarse, morder, mover, mostrar, oler, probar, recordar, resolver, sonar, torcer, volar, volver.

Conjugación

Presente de indicativo	Presente de subjuntivo	Imperativo
cuento	cuente	
cuentas	cuentes	cuenta
cuenta	cuente	cuente
contamos	contemos	contemos
contáis	contéis	contad
cuentan	cuenten	cuenten

O > U/UE

Verbos

Dormir, morir.

Conjugación

Presente de indicativo	Pretérito indefinido	Presente de subjuntivo	Imperfecto de subjuntivo	Imperativo	Gerundio
duermo	dormí	duerma	durmiera/-se		durmiendo
duermes	dormiste	duermas	durmieras/-ses	duerme	
duerme	durmió	duerma	durmiera/-se	duerma	
dormimos	dormimos	durmamos	durmiéramos/-semos	durmamos	
dormís	dormisteis	durmáis	durmierais/-seis	dormid	
duermen	durmieron	duerman	durmieran/-sen	duerman	

5. 2. IRREGULARIDADES CONSONÁNTICAS

C > ZC

Verbos

Conocer, conducir, complacer, deducir, desconocer, inducir, introducir, nacer, producir, reducir, seducir, traducir, yacer.

Conjugación

Presente de indicativo	Presente de subjuntivo	Imperativo
conozco	conozca	
conoces	conozcas	conoce
conoce	conozca	conozca
conocemos	conozcamos	conozcamos
conocéis	conozcáis	conoced
conocen	conozcan	conozcan

UI > UY

Verbos

Concluir, construir, contribuir, destituir, destruir, disminuir, distribuir, excluir, fluir, huir.

Conjugación

Presente de indicativo	Pretérito indefinido	Presente de subjuntivo	Imperfecto de subjuntivo	Imperativo	Gerundio
huyo	huí	huya	huyera/-se		huyendo
huyes	huiste	huyas	huyeras/-ses	huye	
huye	huyó	huya	huyera/-se	huya	
huimos	huimos	huyamos	huyéramos/-semos	huyamos	
huís	huisteis	huyáis	huyerais/-seis	huid	
huyen	huyeron	huyan	huyeran/-sen	huyan	

Ø ≻ -UV-

Verbos

Andar, contener, estar, retener, sostener, tener.

Conjugación

Pretérito indefinido	Imperfecto de subjuntivo
anduve	anduviera/-se
anduviste	anduvieras/-ses
anduvo	anduviera/-se
anduvimos	anduviéramos/-semos
anduvisteis	anduvierais/-seis
anduvieron	anduvieran/-sen

C, Ø ≻ -J-

Verbos

Conducir, contradecir, bendecir, decir, maldecir, predecir, reducir, traducir, traer.

Conjugación

Pretérito indefinido	Imperfecto de subjuntivo
traje	trajera/-se
trajiste	trajeras/-ses
trajo	trajera/-se
trajimos	trajéramos/-semos
trajisteis	trajerais/-seis
trajeron	trajeran/-sen

5. 3. CAMBIOS ORTOGRÁFICOS

C/ Z/ Q

Verbos en -*cer*:
c + a, o ≻ za, zo

MODELO: convencer ➔ convenzo, convenza.
VERBOS: cocer, ejercer, torcer, vencer.

Verbos en -*car*:
c + e ≻ que

MODELO: acercar ➔ acerqué, acerque.
VERBOS: aparcar, aplicar, arrancar, atacar, buscar, certificar, colocar, complicar, comunicar, criticar, chocar, destacar, edificar, equivocar, explicar, fabricar, indicar, multiplicar, pescar, sacar, suplicar, tocar, ubicar, volcar.

Verbos en -zar:
z + e > ce

MODELO: abra**z**ar ➤ abra**c**é, abra**c**e.
VERBOS: alcanzar, amenazar, avanzar, bautizar, bostezar, cazar, comenzar, cruzar, disfrazar, empezar, lanzar, organizar, rechazar, rezar, rizar, rozar, tropezar, utilizar.

G / J

Verbos en -gar:
g + e > gue

MODELO: abri**g**ar ➤ abri**gu**é, abri**gu**e
VERBOS: apagar, colgar, despegar, encargar, entregar, fregar, investigar, jugar, llegar, madrugar, navegar, negar, obligar, pagar, pegar, prolongar, regar, rogar, vagar.

Verbos en -ger, -gir:
g + a, o > j

MODELO: co**g**er ➤ co**j**o, co**j**a
VERBOS: colegir, corregir, dirigir, escoger, exigir, proteger, recoger, rugir, sumergir, surgir.

Verbos en -guir:
gu + a, o > ga, go

MODELO: conse**gu**ir ➤ consi**g**o, consi**g**a
VERBOS: distinguir, perseguir, seguir.

5. 4. IRREGULARIDADES PROPIAS

CABER

Presente de indicativo: quepo, cabes, cabe, cabemos, cabéis, caben.
Indefinido: cupe, cupiste, cupo, cupimos, cupisteis, cupieron.
Futuro: cabré, cabrás, cabrá, cabremos, cabréis, cabrán.
Condicional: cabría, cabrías, cabría, cabríamos, cabríais, cabrían.
Presente de subjuntivo: quepa, quepas, quepa, quepamos, quepáis, quepan.
Imperfecto de subjuntivo: cupiera/-se, cupieras/-ses, cupiera/-se, cupiéramos/-semos, cupierais/-seis, cupieran/-sen.
Imperativo: cabe, quepa, quepamos, cabed, quepan.

CAER

Presente de indicativo: caigo, caes, cae, caemos, caéis, caen.
Indefinido: caí, caíste, cayó, caímos, caísteis, cayeron.
Presente de subjuntivo: caiga, caigas, caiga, caigamos, caigáis, caigan.
Imperfecto de subjuntivo: cayera/-se, cayeras/-ses, cayera/-se , cayéramos/-semos, cayerais/-seis, cayeran/-sen.
Imperativo: cae, caiga, caigamos, caed, caigan.
Gerundio: cayendo.

DAR

Presente de indicativo: doy, das, da, damos, dais, dan.
Indefinido: di, diste, dio, dimos, disteis, dieron.
Presente de subjuntivo: dé, des, dé, demos, deis, den.
Imperfecto de subjuntivo: diera/-se, dieras/-ses, diera/-se, diéramos/-semos, dierais/-seis, dieran/-sen.
Imperativo: da, dé, demos, dad, den.

DECIR

Presente de indicativo: digo, dices, dice, decimos, decís, dicen.
Indefinido: dije, dijiste, dijo, dijimos, dijisteis, dijeron.
Futuro: diré, dirás, dirá, diremos, diréis, dirán.
Condicional: diría, dirías, diría, diríamos, diríais, dirían.
Presente de subjuntivo: diga, digas, diga, digamos, digáis, digan.
Imperfecto de subjuntivo: dijera/-se, dijeras/-ses, dijera/-se, dijéramos/-semos, dijerais/-seis, dijeran/-sen.
Imperativo: di, diga, digamos, decid, digan.
Gerundio: diciendo.

ESTAR
(V. sección 2)

HABER
Presente de indicativo: he, has, ha(hay), hemos, habéis, han.
Indefinido: hube, hubiste, hubo, hubimos, hubisteis, hubieron.
Futuro: habré, habrás, habrá, habremos, habréis, habrán.
Condicional: habría, habrías, habría, habríamos, habríais, habrían.
Presente de subjuntivo: haya, hayas, haya, hayamos, hayáis, hayan.
Imperfecto de subjuntivo: hubiera/-se, hubieras/-ses, hubiera/-se, hubiéramos/-semos, hubierais/-seis, hubieran/-sen.

HACER

Presente de indicativo: hago, haces, hace, hacemos, hacéis, hacen.
Indefinido: hice, hiciste, hizo, hicimos, hicisteis, hicieron.
Futuro: haré, harás, hará, haremos, haréis, harán.
Condicional: haría, harías, haría, haríamos, haríais, harían.
Presente de subjuntivo: haga, hagas, haga, hagamos, hagáis, hagan.
Imperfecto de subjuntivo: hiciera/-se, hicieras/-ses, hiciera/-se, hiciéramos/-semos,

hicierais/ -seis, hicieran/-sen.
Imperativo: haz, haga, hagamos, haced, hagan.

IR

Presente de indicativo: voy, vas, va, vamos, vais, van.
Indefinido: fui, fuiste, fue, fuimos, fuisteis, fueron.
Presente de subjuntivo: vaya, vayas, vaya, vayamos, vayáis, vayan.
Imperfecto de subjuntivo: fuera/-se, fueras/-ses, fuera/-se, fuéramos/-semos, fuerais/-seis, fueran/-sen.
Imperativo: ve, vaya, vayamos, id, vayan.
Gerundio: yendo.

JUGAR

Presente de indicativo: juego, juegas, juega, jugamos, jugáis, juegan.
Indefinido: jugué, jugaste, jugó, jugamos, jugasteis, jugaron.
Presente de subjuntivo: juegue, juegues, juegue, juguemos, juguéis, jueguen.
Imperativo: juega, juegue, juguemos, jugad, jueguen.

OÍR

Presente de indicativo: oigo, oyes, oye, oímos, oís, oyen.
Indefinido: oí, oíste, oyó, oímos, oísteis, oyeron.
Presente de subjuntivo: oiga, oigas, oiga, oigamos, oigáis, oigan.
Imperfecto de subjuntivo: oyera/-se, oyeras/-ses, oyera/-se, oyéramos/-semos, oyerais/-seis, oyeran/-sen.
Imperativo: oye, oiga, oigamos, oíd, oigan.
Gerundio: oyendo.

PODER
Presente de indicativo: puedo, puedes, puede, podemos, podéis, pueden.
Indefinido: pude, pudiste, pudo, pudimos, pudisteis, pudieron.
Futuro: podré, podrás, podrá, podremos, podréis, podrán.
Condicional: podría, podrías, podría, podríamos, podríais, podrían.
Presente de subjuntivo: pueda, puedas, pueda, podamos, podáis, puedan.
Imperfecto de subjuntivo: pudiera/-se, pudieras/-ses, pudiera/-se, pudiéramos/-semos, pudierais/-seis, pudieran/-sen.
Imperativo: puede, pueda, podamos, poded, puedan.
Gerundio: pudiendo.

PONER

Presente de indicativo: pongo, pones, pone, ponemos, ponéis, ponen.
Indefinido: puse, pusiste, puso, pusimos, pusisteis, pusieron.
Futuro: pondré, pondrás, pondrá, pondremos, pondréis, pondrán.
Condicional: pondría, pondrías, pondría, pondríamos, pondríais, pondrían.
Presente de subjuntivo: ponga, pongas, ponga, pongamos, pongáis, pongan.
Imperfecto de subjuntivo: pusiera/-se, pusieras/-ses, pusiera/-se, pusiéramos/-semos, pusierais/-seis, pusieran/-sen.
Imperativo: pon, ponga, pongamos, poned, pongan.

QUERER

Presente de indicativo: quiero, quieres, quiere, queremos, queréis, quieren.
Indefinido: quise, quisiste, quiso, quisimos, quisisteis, quisieron.
Futuro: querré, querrás, querrá, querremos, querréis, querrán.
Condicional: querría, querrías, querría, querríamos, querríais, querrían.
Presente de subjuntivo: quiera, quieras, quiera, queramos, queráis, quieran.
Imperfecto de subjuntivo: quisiera/-se, quisieras/-ses, quisiera/-se, quisiéramos/-semos, quisierais/-seis, quisieran/-sen.
Imperativo: quiere, quiera, queramos, quered, quieran.

SABER

Presente de indicativo: sé, sabes, sabe, sabemos, sabéis, saben.
Indefinido: supe, supiste, supo, supimos, supisteis, supieron.
Futuro: sabré, sabrás, sabrá, sabremos, sabréis, sabrán.
Condicional: sabría, sabrías, sabría, sabríamos, sabríais, sabrían.
Presente de subjuntivo: sepa, sepas, sepa, sepamos, sepáis, sepan.
Imperfecto de subjuntivo: supiera/-se, supieras/-ses, supiera/-se, supiéramos/-semos, supierais/-seis, supieran/-sen.
Imperativo: sabe, sepa, sepamos, sabed, sepan.

SALIR

Presente de indicativo: salgo, sales, sale, salimos, salís, salen.
Futuro: saldré, saldrás, saldrá, saldremos, saldréis, saldrán.
Condicional: saldría, saldrías, saldría, saldríamos, saldríais, saldrían.
Presente de subjuntivo: salga, salgas, salga, salgamos, salgáis, salgan.
Imperativo: sal, salga, salgamos, salid, salgan.

SER
(V. sección 1)

TENER

Presente de indicativo: tengo, tienes, tiene, tenemos, tenéis, tienen.
Indefinido: tuve, tuviste, tuvo, tuvimos, tuvisteis, tuvieron.
Futuro: tendré, tendrás, tendrá, tendremos, tendréis, tendrán.
Condicional: tendría, tendrías, tendría, tendríamos, tendríais, tendrían.
Presente de subjuntivo: tenga, tengas, tenga, tengamos, tengáis, tengan.
Imperfecto de subjuntivo: tuviera/-se, tuvieras/-ses, tuviera/-se, tuviéramos/-semos, tuvierais/-seis, tuvieran/-sen.
Imperativo: ten, tenga, tengamos, tened, tengan.

VALER

Presente de indicativo: valgo, vales, vale, valemos, valéis, valen.
Futuro: valdré, valdrás, valdrá, valdremos, valdréis, valdrán.
Condicional: valdría, valdrías, valdría, valdríamos, valdríais, valdrían.
Imperativo: vale, valga, valgamos, valed, valgan.

VENIR

Presente de indicativo: vengo, vienes, viene, venimos, venís, vienen.
Indefinido: vine, viniste, vino, vinimos, vinisteis, vinieron.
Futuro: vendré, vendrás, vendrá, vendremos, vendréis, vendrán.
Condicional: vendría, vendrías, vendría, vendríamos, vendríais, vendrían.
Presente de subjuntivo: venga, vengas, venga, vengamos, vengáis, vengan.
Imperfecto de subjuntivo: viniera/-se, vinieras/-ses, viniera/-se, viniéramos/-semos, vinierais/-seis, vinieran/-sen.
Imperativo: ven, venga, vengamos, venid, vengan.
Gerundio: viniendo.

5. 5. PARTICIPIOS IRREGULARES

abrir	abierto
absolver	absuelto
componer	compuesto
cubrir	cubierto
decir	dicho
descomponer	descompuesto
describir	descrito
descubrir	descubierto
desenvolver	desenvuelto
deshacer	deshecho
devolver	devuelto
disolver	disuelto
disponer	dispuesto
encubrir	encubierto
entreabrir	entreabierto
entrever	entrevisto
envolver	envuelto
escribir	escrito
freír	frito
hacer	hecho
imprimir	impreso
inscribir	inscrito
maldecir	maldito
morir	muerto
poner	puesto
prescribir	prescrito
proscribir	proscrito
proveer	provisto
resolver	resuelto
revolver	revuelto
romper	roto
satisfacer	satisfecho
subscribir	suscrito
ver	visto
volver	vuelto

Apéndice II

Textos periodísticos

Unidad 1
Un gen

La astronave de 2001, una odisea espacial, tenía de todo para la subsistencia; incluso una máquina que preparaba ricos menús con sólo pulsar el correspondiente botón. El invento ya está superado -hoy en día aprietas un botón y sale un gazpacho cortijero- pero aquel ingenio fue un fascinante futurible de la época.

Todo lo que el hombre imagina acaba haciéndose realidad. Basta sólo con esperar que los progresos de la ciencia se adecuen a la fantasía. Cuestión de tiempo. Es lo que le ocurrió a un servidor cuando auguró que un día no lejano se podría cultivar la paella valenciana. La biotecnología ha conseguido insertar el gen de un pez en el maíz, para hacerlo resistente a las heladas. El descubrimiento abre fastuosas perspectivas y ya no hay inconveniente alguno en insertar gen de pollo en el arroz, para que fructifique en los campos la paella valenciana.

Es una cuestión de capital importancia para el mundo en general y para Valencia en particular que los políticos, sin embargo, no incluyen en sus propuestas electorales. Ahora bien, tampoco está claro que le interese al electorado. Anoche celebraron debate en televisión los líderes de los principales partidos y a la mayoría de los espectadores sólo les interesaba ver si se ponían nerviosos, si uno era capaz de triturarle los higadillos al otro, quién tenía mejor palmito. O sea, como si en vez de elegir presidente del Gobierno estuvieran buscando novio.

Afortunadamente, la vida seguirá su curso, mande quien mande; la biotecnología no dejará de convertir en realidad los devaneos de la imaginación y la fantasía seguirá siendo el motor del mundo. "La fantasía es la loca de la casa", definió Malebranche, hace de esto dos siglos. Es lo que dijo la familia cuando anuncié lo de la paella. Y reconozco que me sentó mal. Si aún hubieran dicho loco...

Joaquín Vidal, El País

Unidad 2
Gordismo

Según unas recientes encuestas realizadas entre empresarios norteamericanos, el 44% de ellos sólo daría trabajo a un gordo en circunstancias excepcionales, y el 16% no se lo daría nunca. De modo que casi la mitad de los encuestados discriminarían a un grupo de personas sólo por pesar unos kilos de más, les privarían de un bien y un derecho tan fundamental como el del trabajo sólo por barrigones. Estas encuestas vienen de Estados Unidos, pero estoy segura de que se cuece el mismo desdén al gordo en otras partes.

Al igual que los racistas, los gordistas intentan apoyar el disparate de su prejuicio en algún argumento peregrino: dicen que en las grasas se les nota que no tienen autodisciplina, voluntad ni empuje. En otras sociedades (y en la nuestra, hace años) eso mismo se decía de los muy delgados. Pero las modas cambian, y ahora prima lo esquelético por encima de cualquier asomo de cordura; y así, seguro que hoy la pobre y desastrosa princesa Diana, con su caótica inseguridad, su neura y su bulimia, les hubiera parecido a los encuestados, sin embargo, la pura estampa física de la ejecutiva eficiente y segura. Una tontuna.

Yo ya sabía que vivimos en un necio mundo de apariencias y que empieza a valer más la marca de nuestra chaqueta que la enjundia de nuestra conversación, pongo por caso. Pero no pensé que hubiéramos llegado hasta ese abismo de estupidez, de gordismo indecente, de marginación cruel de mantecosos y rollizos. Con el agravante de que, como toda minoría verdaderamente postergada, los obesos no son populares. Imaginen que el 44% de los empresarios se atreviera a decir que no quieren contratar negros: se organizaría un buen escándalo y resultaría una afirmación desagradable e infamante. Pero si en vez de decir negros dicen gordos, a lo peor hasta nos da risa.

Rosa Montero, El País

Unidad 3
Violencia

De la misma forma que en una galería de espejos el tigre y los cuchillos de Borges se multiplican indefinidamente, así también la violencia se reproduce a sí misma hasta el infinito al reflejarse en la pantalla de televisión, en la radio y en los periódicos cada día. La capacidad de información ha cambiado la naturaleza de las cosas. Las cámaras penetran ahora por el mismo boquete que acaba de abrir la navaja del homicida. En un pasillo del juzgado, los reporteros ponen el micrófono en la boca de los asesinos, los cuales ofrecen al mundo su punto de vista con una sonrisa plácida. Ninguna matanza se considera válida si no es televisada en directo. Cualquier desgracia que suceda en el rincón más apartado del planeta ya no se distingue de la sopa de menudillos que uno toma en la comida. La niña que en la vida real es violada y descuartizada sólo una vez, en los medios de información sigue siendo violada y descuartizada de la mañana a la noche con todo detalle durante la semana entera. Los informes del forense constituyen hoy la única fuente de la filosofía. La sustancia de las cosas cambió aquel día en que las imágenes nos sirvieron a la carta, como una degustación, el asesinato de Kennedy y a renglón seguido la muerte de su asesino. A partir de ese momento el poder de la información no ha cesado de cabalgar con toda su furia sobre la antigua concepción del mundo hasta producir ese salto cuálitativo que en nuestros días ha cambiado la naturaleza de la realidad. La sobrecarga de información ha creado un universo paralelo habitado por ciudadanos cebados de noticias que se multiplican hasta el infinito en la galería de espejos reflejando un solo hecho sangriento hasta formar con él una sola catástrofe planetaria. No obstante, el mundo ahí fuera nunca ha sido tan feliz como ahora. Lo que está mal sólo son las imágenes que han generado este principio de modernidad: nadie se puede considerar un héroe si no asesina o es asesinado a tiempo para alcanzar la cabecera del primer telediario.

Manuel Vicent, El País

Unidad 4
Popeye, sin espinacas y de Armani

Una noticia de agencia advierte que Popeye, el marino de los desproporcionados bíceps, va a sufrir un cambio de imagen radical: a partir de octubre, siguiendo las indicaciones de un mercader de turno, dejará de fumar en pipa y de consumir espinacas.

La idea de marras parece ser que se le ha ocurrido a un italiano que responde al nombre de Giancarlo Fergnani, seguramente un adepto tardío a la posmodernidad, miembro de la sociedad que posee los derechos del personaje para Italia. El señor Fergnani ha anunciado que en la próxima Feria de Frankfurt los lectores de Popeye podrán ver a su personaje vistiendo modernas camisas de marca y acompañado de unos amigos que habrán mudado igualmente su apariencia externa (Olivia prescindirá de su falda larga) y hasta sus ocupaciones (Bluto habrá encontrado trabajo como pinchadiscos en una discoteca).

De cualquier forma, vengan como vengan los hechos, nada puede pillar desprevenido a un personaje que, desde su creación, ha ido sufriendo una mutación que le haría irreconocible para su creador, en el caso de que Mr. Segar resucitase un día de éstos.

Elzie Crisler Segar nació en Illinois en 1894 y empezó a realizar historietas muy joven. Su gran oportunidad le llegó cuando en 1919 le encargaron la creación de una serie original, que se llamó Teatro Dedal y era una visión satírica de la sociedad a través de las vicisitudes de una familia, los Oyl, en un país imaginario que gobernaba un monarca maníaco depresivo.

Popeye no aparecería hasta 1929, cuando Castor Oyl le contrataba para un negocio de barcos. Casi inmediatamente, aquel marino tuerto, con la pipa sujeta entre los dientes, se enamoraría de la hermana de Castor, Olivia, que tenía por entonces un pretendiente carente de talla para hacerle sombra a aquel lobo marino.

En ese esquema inicial, los superpoderes del marinero venían causados por la frotación contra los tres pelos que ostentaba en su cabeza una especie de gallina exótica, razón única y última de su supervivencia a las balas y los puñales que una y otra vez dejaban su cuerpo como un colador.

Las virtudes mágicas de las espinacas fueron apuntadas con posterioridad, como algo episódico en lo que muchos vieron una acertada campaña propagandística de consumo de una verdura nutritiva y barata para sobrellevar los difíciles años de la Depresión.

Pero la trivialización del personaje empezó antes de que Segar falleciese en 1938, debido a la versión que los hermanos Fleischer hicieron para los dibujos animados. La circunstancia de que ese nuevo producto estuviera dirigido a un público infantil marcó las dos directrices emblemáticas del héroe: su repetido recurso a las espinacas y sus continuas peleas con el gigantesco Bluto por el amor de Olivia (o Rosario, como también la hemos conocido los lectores hispanos).

Por si no hubiera sido bastante el que en 1987 los también productores de dibujos animados Hanna y Barbera nos lo presentaran casado desde hacía diez años con Olivia y padre de un crío de nueve años, ahora nos llega el señor Fergnani y, no contento con hacerlo antitabaquista, nos lo quiere vestir de Armani.

Felipe Hernández Cava, El Mundo

293

Unidad 5
La ducha

El maestro Cañabate, que era un gran escritor y un sabio, me advirtió una vez: "¿Tú también tienes la manía de ducharte? Pues, ¡cuidado!: en las duchas es donde se producen los peores accidentes". Se refería a los resbalones, supongo, y no andaba descaminado. Hay materiales que palían estos percances, pero aún no se ha inventado el sistema para eliminarlos del todo. El mejor quizá sería colgar del techo dos correas que el maniático de la ducha se pasaría bajo las axilas y cuando acaeciera el resbalón no se partiría el cráneo en un grifo (según suele suceder), sino que quedaría suspendido, grácil, balanceante e ileso, gozando de las voluptuosas caricias del agüita templada. Y podría sustituir el repertorio de zarzuelas que han sido compuestas para cantar en la ducha -por ejemplo, El huésped del sevillano- por otras más acordes con la situación, como El cocherito leré.

Peores trances se pasan en los hoteles, donde tienen conectada la ducha con el teléfono de la mesilla de noche. Es una conexión automática e inexorable: abres la ducha, suena el teléfono. Entonces, claro, hay que salir de la ducha precipitadamente y atender enjabonado la llamada. La conversación quizá sea breve, pero no importa cuánto dure, porque, al volver a la ducha y abrir de nuevo el grifo, ya está sonando el teléfono otra vez. No falla jamás.

Cierta mañana, harto de correr empapado por la habitación, decidí ducharme entero sin hacer caso al teléfono, así se le reventara el timbre o me llamara a consulta el Papa de Roma. De manera que me enjaboné de cabo a rabo (con perdón), y ya atacaba aquello de "¡Fiel espada triunfadora!" cuando hubo un estruendo de golpes en la puerta y luego un comando de alborotadas camareras irrumpió en el cuarto de baño gritando: "¿Le pasa algo? ¿Por qué no coge el teléfono?".

Qué duro es ducharse, ¿verdad?

Joaquín Vidal, El País

Unidad 6
Imperialismo verde

Cada vez que ocurre alguna calamidad en la Amazonia brasileña, ya sea la masacre de los Yanomami o el asesinato de algún ecologista, surgen invariablemente voces en occidente reclamando algún tipo de control e injerencia por parte de la comunidad internacional. Eso es precisamente lo que buscan las fuerzas opuestas a los derechos de los indígenas y a la conservación de la selva. Se les sirve en bandeja su argumento preferido: la soberanía de Brasil está amenazada por intereses extranjeros que, bajo pretexto de preocuparse por las plantas, los animales y los indios, en el fondo quieren su parte de riqueza de la Amazonia. Corolario de este razonamiento: ocupemos cada centímetro cuadrado de nuestro territorio nacional para asegurar nuestra defensa; más importante es que 150 millones de habitantes tengan asegurada la soberanía de su país que los derechos de un puñado de indígenas. En Brasil, esto se denomina doctrina de Seguridad Nacional, y la dictadura militar arrasó la selva en base a estos argumentos ultra-nacionalistas. El espectro del intervencionismo ha sido siempre el pretexto utilizado antes de cada oleada colonizadora, por eso es contraproducente agitarlo.

Todavía hoy las relaciones de Francia con Brasil sufren del desliz efectuado en su día por el presidente Mitterrand a quien se le ocurrió sugerir que el destino de la Amazonia, herencia global de toda la humanidad, fuese administrado por un organismo internacional. Lo único que consiguió fue la unánime repulsa de todos los sectores de la sociedad brasileña, incluidos los más progresistas, así como llevar las relaciones entre los dos países a su nivel más bajo en la historia. Más o menos lo mismo le ocurrió al senador republicano Robert Kasten: "El hecho es que los necesitamos y los utilizamos. En este sentido, los bosques tropicales son también nuestros", declaró en 1989, lo que le valió ser tildado de "imperialista verde" en Brasil. Un ministro recordó que EEUU destruyó buena parte de sus bosques y aniquiló a sus comunidades indígenas en la conquista de su interior, lo que todavía no ha ocurrido en Suramérica. También recordó que los países ricos son responsables de la mayor parte de la contaminación mundial y aseguró que el primer mundo carece de autoridad moral para dar consejos en materia de medio ambiente o derechos indígenas.

El problema que revela la matanza de los Yanomami va más allá de una simple interpretación maniquea entre garimpeiros malos e indios buenos. Casi todos los buscadores de oro son campesinos pobres que no tienen otra manera de ganarse la vida que adentrándose en la selva en unas condiciones durísimas. Lo que precisa Brasil son medios para controlar el territorio indígena y medidas que alivien su deuda externa para poder dedicar recursos a sus apremiantes problemas sociales. Más que lágrimas de cocodrilo, los indígenas necesitan que se refuercen las organizaciones encargadas de defender sus derechos.

Javier Moro, Diario 16

Unidad 7
El sacrificio de los toros

Las primeras "corridas" en España se celebraron en ocasión de las bodas. La "corrida" más antigua, según el conde de las Navas, fue en 1080 con motivo del matrimonio en Ávila entre el infante Sancho de Estrada y doña Urraca Flores. Pero la intervención del toro en la ceremonia nupcial es anterior y común a la mayor parte de las regiones de España. Gracias a una cantiga de Alfonso el Sabio, y a otros textos y representaciones artísticas, se puede reproducir bastante fielmente una corrida nupcial. Antes de la boda, el novio "corría" un toro y lo conducía a casa de la novia. Los mozos le pasaban con sus capas y le lanzaban para enfurecerle azagayas y arponcillos, origen muy posible de las banderillas actuales. Para correr al animal por las calles del pueblo los mozos utilizaban sus capas de vestir, el tradicional capote español de color gris, casi idéntico al que en su versión roja y amarilla se emplea en las modernas corridas. En una miniatura de las cantigas de Santa María, la forma como un mozo tiende el capote al toro tras una valla es idéntica a la del peón actual tras el burladero. La novia tenía también su intervención. Lo que pretendía el novio con este juego era "poner sus vestidos en contacto con el animal genésico, contacto destinado a transmitir mágicamente la virtud del toro". Es decir, su potencia para la reproducción. El velo de la novia, en contacto con la cara del toro, era garantía de que el nuevo matrimonio tendría hijos. Se escogía, por eso, un toro particularmente bravo, "porque la bravura es, ante todo, el exponente del hipergenitalismo". Como se ve, ese factor de la bravura está siempre en el fondo de la Fiesta. Sin él no existiría la corrida. El rito taurino nupcial, que es el origen medieval de las corridas de toros, explica, por ejemplo, el actual empleo de la capa, de las banderillas y de la muleta, es decir, de los instrumentos que se utilizan para ejecutar las principales suertes. La vara deriva más bien, según algunos historiadores, del alanceo caballeresco. El sacrificio del toro como víctima propiciatoria ofrecido a los dioses de la reproducción anticipaba que la pareja engendraría hijos.

Luis María Ansón, ABC Cultural

Unidad 8
¿Por la boca muere el pez?

Hay gente que tiene refranes para todo. Hablen de lo que hablen, siempre recurren a un buen refrán para ilustrar sus opiniones. En eso se parecen a los pedantes, incapaces de conversar si no es soltando un latinazo aquí, una frase de Kundera allá o un versículo bíblico acullá. Puede que, en el fondo, los refranes sean las citas de los pobres, un supuesto patrimonio de sabiduría popular que, como las deudas de juego, se hereda de padres a hijos y de abuelos a nietos. Si uno llega al trabajo de mal humor porque la vida es un asco y el tráfico estaba imposible y, además, se da la circunstancia de que es lunes, siempre habrá algún gracioso dispuesto a soltarnos: "Del lunes al martes, pocas artes" (¿y qué tendrá que ver que sea lunes con que mi mujer me engañe, mis hijos ya no me hablen y mi equipo esté a punto de bajar a Segunda División?). Si, con razón o sin ella, nos quejamos del aumento en el precio del alquiler, la portera nos dirá: "Quien alquila, daño espera" (¿Más daño aún? ¿No basta con el precio, con la falta de luz en la escalera y con un ascensor eternamente averiado?). Si un adolescente pretende entrar en una discoteca y es expulsado salvajemente por una pandilla de gorilas, puede que, al regresar a casa con el ojo morado y un esguince en el tobillo, su padre le consuele con esta perla de rancio abolengo popular: "Quien va al molino, enharinado saldrá" (¿y qué pinta el maldito molino y la harina, si de lo que se trata es de abuso de autoridad y de la falta de cerebro de algunos matones?). Eso si la madre no se le anticipa con un: "Tanto va el cántaro a la fuente que, al final, se rompe" (¿qué cántaro?, ¿qué fuente?). Por si esto fuera poco, la mayoría de los refranes tiene un tono sombrío, fatalista, y una moraleja de perdedor que lo justifica todo, o casi. Pero el refranero es sabio y compensa esta tendencia general a la resignación con una excepción muy celebrada: "Mal de muchos, consuelo de tontos" (¿o era "mal de tontos, consuelo de muchos"?).

Lo malo de los refranes es que se pronuncian sin pensar demasiado en su significado, de forma casi automática. Somos capaces de comprender lo que quiere decir: "A la vejez, viruelas" -algo así como un anuncio del Inserso-, aunque no sepamos a qué viene eso de hablar de viruelas. Me temo que, para los tiempos que corren, hay en el refranero demasiados molinos, pulgas, harinas, pajares, palacios, ascuas, zorros, mercaderes, cojos, taberneros, alcahuetas y herreros con cuchillo de palo. Quizá fuera necesaria una renovación y actualización del género. Si la Real Academia de la Lengua se pone al día (aunque sea tarde y mal), si incluso algunas estructuras religiosas amplían sus horizontes y toleran el sacerdocio de las mujeres, ¿por qué no renovar también el refranero? ¿O vamos a seguir repitiendo durante siglos "quien ha ventura, con rábanos se desayuna", en un mundo en el que la privilegiada minoría que se desayuna lo hace con extraños preparados de cereales importados de Estados Unidos y en el que cada vez hay menos rábanos?

Para que no se diga que sólo hago crítica destructiva, propongo algunas innovaciones adaptadas a la realidad actual que, asimismo, tengan en cuenta la evolución, a peor, del pesimismo. Por ejemplo, que el clásico: "A palabras necias, oídos sordos", sea reemplazado por un categórico y televisivo "A palabras necias, máximas audiencias". Que el ingenuo "Quien parte y reparte se queda con la mejor parte" sufra una reconversión y pase a ser "Quien parte, nunca reparte", más de acuerdo con la realidad. Y no nos engañemos más, lo de: "A la tercera va la vencida" ha resultado ser una mentira, piadosa, de acuerdo, pero mentira al fin y al cabo. A la tercera va la tercera. Y punto. Otra muestra de sumisa aceptación de la fatalidad: "A mal tiempo, buena cara". Hagamos caso al chiste: "A mal tiempo, paraguas". ¿"Contra el vicio de pedir, hay la virtud de de no dar"? ¡Que se lo pregunten a los sindicatos! Contra el vicio de pedir, hay el vicio, peor aún, de no dar. Dice el refranero: "De lo que no sabes, no hables", pero tras escuchar numerosas emisoras de radio, me temo que sería más correcto decir: "De lo que no sabes, tertulia". Quizá, así, adaptándolos a la realidad, se podría lograr que el refrán según el cual "decir refranes es decir verdades" no provocara risa.

Sergi Pàmies, El País (Tentaciones)

Unidad 9
Exit

Estoy indagando en Londres sobre la sociedad de eutanasia Exit, por encargo de un amigo previsor que no encuentra sucursal en España de tan polémica institución. El tema de la buena muerte ha sido traído sobre el tapete por los excesos de la tecnología médica. En Oriente muere tanta gente en lo que para nosotros es la flor de la edad, que incluso los cadáveres aparecen en espacios públicos, como un parque, un andén de estación o una simple acera. Supongo que en esos países el valor de la muerte es distinto y que no se entablarían polémicas sobre el derecho a detener la vida cuando la muerte se ha presentado ya en forma de un proceso degenerativo irreversible. Y no sólo la polémica sería distinta por la familiaridad con la muerte, sino, sobre todo, por la creencia en lo que sucede después de ella y sobre las instancias sobrenaturales que se supone confieren la vida.

En Oriente se practica la meditación o introspección psíquica en diversas formas, algunas de ellas pretenden llegar a separar la conciencia del cuerpo, de modo que la conciencia de una persona se va del cuerpo y vaga por el espacio, e incluso el tiempo, fuera de él. Cuando vuelve a entrar, el meditador se despierta de su trance, si no vuelve, eso se llama la muerte: un cuerpo que se ha quedado sin conciencia, un ordenador sin programa, un televisor sin señal. De hecho, algunos sabios pretenden haber escogido ellos mismos el momento de su muerte, poniéndose en estado de meditación "mahasamahdi" y no volviendo al cuerpo. ¿Qué es lo que se va: el alma, el espíritu, el "élan vital"? Y si eso, sea lo que fuera, se va, ¿sigue entero fuera del cuerpo?

Esas son cuestiones que cada religión responde a su manera: el Islam con el paraíso, los germanos con el Walhalla, los cristianos con el cielo, purgatorio e infierno, los hinduistas y budistas con la reencarnación, los egipcios con la momificación. En los últimos años, el doctor Moody, en Estados Unidos, condujo una serie de encuestas con personas a las puertas de la muerte, que han estado clínicamente muertos y luego, por lo que sea, han regresado, que han salido de estados comatosos y que cuentan trayectorias mentales intrigantemente parecidas: el túnel, el ángel, la luz blanca. ¿Acaso la fisiología del cerebro en estado terminal produce esas alucinaciones o es que, realmente, hay conciencia fuera del cuerpo, a pesar de su descomposición? Existe en el Tíbet un libro del canon budista mahayana llamado "Bardo Thodol" que pretende explicar al fallecido el itinerario de su alma, o su conciencia, durante los cuarenta días posteriores a su muerte. ¿Es un resumen de alucinaciones tibetanas, que coinciden con las recogidas por Moody, porque los cerebros son similares aquí y en el Tíbet? No lo podemos decir aún, no hay experimento crucial que nos permita contrastar estas hipótesis que caen fuera del paradigma científico vigente. En cualquier caso, lo que me interesa recalcar es que el juicio sobre la eutanasia dependerá en gran medida de la actitud metafísica de quien lo emita.

El escritor Arthur Koestler y otros intelectuales ingleses fundaron la sociedad Exit para practicar la eutanasia, lo cual hizo el propio Koestler cuando su cáncer devino virulento. Me parece éticamente lógico que un moribundo pueda acelerar su muerte cuando se haya detectado a ciencia cierta un proceso letal irreversible. Entonces, si esa persona está lúcida y pide terminar, debería ayudársele a ello. De esta manera, además, el moribundo podría acabar sus días en casa, en su sitio, entre sus cosas, en vez de esas desagradables, desabridas y desangeladas muertes en el hospital, en la UVI, rodeados de cables, enchufes y fontanería. ¿Qué mejor muerte que la de morir en la cama en que se nació? Hay una mejor, la de Píndaro, el poeta de los atletas olímpicos, que se quedó dormido en el hombro de su joven amigo en las gradas del teatro durante una representación y ya no despertó.

Luis Racionero, Diario 16

Unidad 10
Con el pijama puesto

"Preséntese en el Hospital Militar hoy por la mañana".

Un grupo de jóvenes recibió la misma indicación, tras irse presentando al tribunal médico que estudiaba sus alegaciones para pedir la exención del servicio militar. Y hasta allí fueron llegando aquel caluroso y pegajoso día de verano. Entraron por el portalón de la fachada. En el patio interior la temperatura era más agradable, aunque en la calle la sombra que proporcionaban los eucaliptos suavizaba el bochorno de aquella avanzada hora de la mañana.

Después de una espera que a todos pareció prolongada, llegó el momento de rellenar las fichas de identificación, antes de pasar a ver al médico. "¿Nombre?". Tac-tac-tac, suena la máquina de escribir al escucharse la respuesta. "¿Apellidos?". Tac-tac... "¡Tch! Me equivoqué. Un momento que coja otra ficha".

El tiempo fue pasando, mientras esos jóvenes civiles (todavía) miraban a su alrededor, observaban cómo las teclas de la máquina de escribir dejaban sus nombres impresos en las cartulinas blancas, volvían la cabeza para ver pasar a un par de muchachos que, en pijama de gruesa tela gastada, caminaban conversando por algún pasillo perdido.

Pero, llegado el mediodía, pocas eran las fichas que habían sido escritas y el grupo de jóvenes recibió una nueva orden. "El médico ya ha terminado y no vuelve hasta mañana. Así que se les dará un pijama y se les asignará una cama...". Sorpresa, entre el grupo: "No se moleste. Yo vuelvo mañana". "Sí, ¿a qué hora hay que estar aquí mañana?".

"¡De aquí no sale nadie! El que lo intente será detenido por el centinela", es la enérgica respuesta, a la que sucedió una no menos enérgica protesta colectiva. "¿Cómo que no puedo irme a mi casa?". "Oiga, que yo tengo que presentarme en mi trabajo hoy por la tarde"...Fue inútil.

Quince minutos más tarde todos hacían cola ante la única cabina telefónica que había cerca del portalón de la entrada y que, por el momento, no parecía de salida.

El centinela, alertado por el pequeño alboroto miraba hacia dentro. Los de dentro sentían la luz de la calle como algo, de repente, lejano.

Finalmente, con el pijama de gruesa tela gastada y talla indefinible, que una monja de avanzada edad repartió, se fueron acomodando en sus camas, rodeados de otras camas, entre altas paredes frías y un crucifijo de grandes proporciones que vigilaba desde el fondo de la sala con la expresión de dolor, la cabeza ladeada, la mirada al suelo de su figura.

No tenían ni cepillo de dientes, ni dinero, ni ropa interior limpia para poderse cambiar, ni... Bueno, resumiendo: tenían un pijama de gruesa tela gastada y una cama con sábanas limpias.

Desayuno en la habitación y comida y cena en el comedor, en un pabellón al que se accedía tras cruzar el jardín. Desde la calle llegaban "provisiones" por medio de una cuerda que las izaba hasta el primer piso. Después, como todo aquello que se recuerda transcurrido el tiempo, sirve para comentar con aquellos que compartieron una suerte parecida ("¿Y te acuerdas cuando...?") o para sorprender a otros ("Pues imagínate que allí...").

Finalmente llega la hora de salir. Con la propia ropa al fin, al cruzar la salida, una mirada de reojo al centinela y bajar los escalones, pisando firmemente la acera gris sombreada por los eucaliptos que suavizan el bochorno del verano. Algunos volverán la cabeza para mirar el edificio y hasta para observar la extraña cúpula que lo caracteriza.

Yuri Millares, *La Provincia*

Unidad 11
El olivo y la cultura mediterránea

Hoy se está descubriendo y aplaudiendo, incluso en la otra parte del Océano, la llamada cocina mediterránea como una nueva cultura de la calidad de la vida. Y de dicha cocina el rey absoluto es el aceite de oliva. Pero lo que no todos saben o recuerdan es que el árbol que produce dicho aceite ha sido a lo largo de los siglos objeto de mitos, leyendas, costumbres variadas y hasta objeto de culto religioso. Y que han sido pocos los poetas que no hayan dedicado sus versos al olivo. Miguel Hernández, por ejemplo, nos legó un poema sobre los aceituneros, fiel reflejo de la dicotomía belleza-infelicidad: "Andaluces de Jaén/Aceituneros altivos/decidme en el alma: ¿quién, quién levantó los olivos?". Y Gabriela Mistral define el aceite: "más lento que la lágrima y más pausado que la sangre", mientras que García Lorca describió el árbol sagrado con este poema: "Conozco tu encanto sin fin, padre olivo/al darnos la sangre que extraes de la tierra/como tú yo extraigo mi sentimiento/el olio bendito que tiene las ideas". En el Museo Arqueológico Nacional se puede contemplar un vaso griego, de aproximadamente el año 340 a. de C., que muestra la disputa entre Palas Atenea y Poseidón para dar nombre a lo que luego se llamaría Atenas. Un olivo completa la escena, después de que la diosa lo hiciera brotar de la tierra y ganase a Poseidón el derecho a darle nombre a la recién fundada ciudad de Ática. Un olivo con sus ramas verdes que a lo largo de la historia pueblos muy diversos han utilizado para honrar a sus héroes, exaltar las virtudes de sus grandes hombres, premiar el cultivo de las bellas artes y erigirlo en símbolo de la paz.

La realidad, que no se aleja mucho del mito, la podemos ver también en un ánfora que se conserva en el Museo Británico. Muestra escenas de la recolección de la cosecha de aceitunas para posteriormente ser molidas y que, según la leyenda, fue idea de Ariastes, hijo de Apolo y de la ninfa Cirene. Frutos que al molturarlos rezuman aceite de oliva, alimento secular de los pueblos mediterráneos, medicina que cura toda clase de maleficios, ungüento que lubrifica el cuerpo de los atletas, líquido energético que da luz en luminarias y sirve de unción a los enfermos.

Mitos y realidades paganas o religiosas, siempre uncidas al tronco de este árbol que produce aceite. Alimento que, según Ovidio, se balancea entre la realidad y el mito, pues también es alimento de dioses. Beocis prepara a Júpiter y Mercurio una comida a base del fruto del olivo. Pan y aceite, dos sustancias indispensables donde lo mítico o lo religioso se une a lo culinario. Pan y aceite, dos alimentos seculares de las sociedades agrarias cuya escasez y acaparamiento produjeron -y siguen produciéndolo en tantas partes del mundo, empezando por la ex Unión Soviética-, hambre, sangre y muerte. "La sangre, el trigo, el aceite, que corran en las calles", se decía en una hoja subversiva repartida en Baena (Córdoba) a raíz de la revolución bolchevique de 1917.

Aceite con propiedades curativas que ya reconocía el Viejo Testamento. Lo leemos en el Levítico cuando alude a la purificación de los leprosos con aceite de oliva. Lo recomendaba Hipócrates para curar la úlcera y también Plinio que narra cómo un longevo llegó a los cien años gracias al uso del zumo natural de oliva. Los ingleses, tan pragmáticos, han vendido siempre el aceite de oliva en las farmacias. Pero ahora, bajo la influencia de los científicos norteamericanos, se comprende mejor que nunca. Han redescubierto el Mediterráneo que ya descubrió en su día Hipócrates.

Se ha dicho que los árabes sólo eran felices allí donde florecía el olivo. Aceite -del árabe azzait o jugo de aceitunas-, al igual que alcuza, almazara, alpechín y tantas otras palabras de origen árabe, relacionadas con el olivo y el aceite. Me imaginaba hace unos días, en un recorrido por la Mezquita de Córdoba, las mil arrobas de aceite que se quemaban anualmente en iluminarla.

Manuel Piedrahita, El País

Unidad 12
Diario de un mirón

Acudo a Tráfico para renovar mi permiso de conducir. En la puerta me asaltan varios tipos con aspecto de navajeros. Uno de ellos me hunde una tarjeta en la barriga. "¿Reconocimiento médico?", pregunta. Digo que sí, y el tipo me arrastra con esa tarjeta como un puñal en la barriga hasta una de las clínicas que hay enfrente. Aquí, una enfermera me pide 3.000 pesetas, el carné y una foto. Obedezco. Me da un impreso. Lo relleno. Firmo. Me pasa a una habitación donde otra enfermera me dice que me siente y mire la pantalla del televisor. Está muy seria. En la pantalla hay una bola y una raya ancha. La bola tiene que atravesar la pantalla, pero yo no la veré, aunque debo imaginarme cuándo llega al final. Entonces tocaré un timbre. "¿Entendido?". Digo que sí. La bola empieza su camino. Luego toco el timbre y miro a la enfermera. La enfermera tuerce la boca. "Repítalo". La bola va ahora más despacio. Toco el timbre. La enfermera vuelve a torcer la boca. "¿Lo hago mal?", me atrevo a preguntarle. No contesta. "Repita". Repito y pulso el timbre, entonces la enfermera suspira. Yo también. Dice: "Se trata de un test de anticipación y usted se precipita. Pero, bueno, lo ha pasado".

Me empujan a otra habitación donde espera un tipo que jamás ha sonreído. Estoy tentado de tocarle y ver si es un médico de verdad. "El brazo", dice. Entiendo que quiere mi brazo. "La manga", dice. Me subo la manga. Me toma la tensión. "Tres botones", dice. Me desabrocho tres botones de la camisa y él mete esa bocina y me ausculta. Luego viene con un cartón que parece un calzador y me lo mete entre un ojo y las gafas. "Lea". Leo. Luego hace lo mismo con mi otro ojo. Y vuelvo a leer. Luego dice: "El papel". Le entrego el papel que llevo en la mano. Lo firma. Cuando ya me va a echar, le pregunto, temeroso: "¿Estoy bien de tensión?". Responde: "Normal".

Entonces cruzo la calle sin saber si estoy sano o enfermo ni si lo que quiero es un carné de conducir o un diploma de veterinario. Entro en Tráfico sorteando colas de tanatorio. Aquí me piden 2.000 pesetas. Las doy. Yo mismo me doy las gracias. Una funcionaria advierte que no vuelva a plastificar el tríptico medieval. Que espere hasta oír mi nombre. Detrás del mostrador, un funcionario que parece un barman agita un micrófono como si fuera la coctelera. Lee nombres. Los interesados se lanzan a retirar el carné, que huele a pescado.

Ignacio Carrión, El País

OTRAS PUBLICACIONES DE LENGUA Y LITERATURA ESPAÑOLAS

COLECCIÓN ESPAÑOL PRÁCTICO

- **ORTOGRAFÍA: DEL USO A LA NORMA. Método práctico con autocorrección.**
Eugenio Cascón Martín - 232 págs. - 15 x 21 cm.
- **MANUAL PRÁCTICO DE PUNTUACIÓN. Con ejercicios y solucionario.**
José Antonio Benito Lobo - 192 págs. - 15 x 21 cm
- **SINTÁXIS. Teoría y Práctica del análisis oracional.**
Eugenio Cascón Martín - 232 págs. - 15 x 21 cm. - 2.ª ed.
- **ESPAÑOL COLOQUIAL. Rasgos, Formas y fraseología de la lengua diaria.**
Eugenio Cascón Martín - 192 págs. - 15 x 21 cm.

COLECCIÓN INICIACIÓN UNIVERSITARIA

- **EXPLICACIÓN LINGÜÍSTICA DE TEXTOS**
José Luis Girón Alconchel - 240 págs. - 15 x 21 cm. - 3.ª ed.
- **LITERATURA ESPAÑOLA CONTEMPORÁNEA. Comentario de Textos.**
Alberto Otón y Elías Serra - 300 págs. - 15 x 21 cm. 2.ª ed.

COLECCIÓN ACCESO A LA UNIVERSIDAD

- **ANÁLISIS LINGÜÍSTICO DE TEXTOS**
Eugenio Cascón Martín - 224 págs. - 15 x 21 cm. 3.ª ed.
- **EL COMENTARIO DE TEXTOS. Asimilación y sentido crítico.**
José A. Benito y Martín Fernández - 176 págs. - 15 x 21 cm. 4.ª ed.

COLECCIÓN UNIVERSIDAD

- **LA PUNTUACIÓN: USOS Y FUNCIONES.**
José Antonio Benito Lobo - 224 págs. 15 x 21 cm.

COLECCIÓN ESPAÑOL PARA EXTRANJEROS

- **MÉTODO DE ESPAÑOL PARA EXTRANJEROS. Nivel intermedio.**
Aurora Centellas y Selena Millares. 236 págs. - 20 x 26 cm.
- **LIBRO DE CLAVES**
- **CASETE**

TÍTULOS DE PRÓXIMA APARICIÓN

- **MÉTODO DE ESPAÑOL PARA EXTRANJEROS. Nivel inicial.**
- **ERRORES LINGÜÍSTICOS FRECUENTES.**
- **VIDA Y LITERATURA.**
MANUAL DE ESTILO.